国家科学技术学术著作出版基金资助出版

协同物流网络优化：
理论、方法与应用

徐小峰 著

科学出版社

北 京

内 容 简 介

作为共享经济下智慧物流的一种新形态,协同物流网络的核心理念是"开放共赢、共享网络、全局协同",通过对网络中物流活动与资源的最优化匹配,盘活现有的存量资源,实现集约化经营目标。本书汲取和吸收了国内外物流研究的思想精髓,在充分考虑协同物流发展现状的基础上,介绍协同物流网络的构成要素、基本特征和运行机制等,并详细阐述不同情形下的资源优化体系及有序调配流程。

本书是一本向高等院校供应链物流、运筹优化和管理科学等专业学生介绍协同物流相关知识的基础性教材,也可作为相关科研人员、MBA、EMBA 和物流规划及管理人员等的学习参考书。

图书在版编目(CIP)数据

协同物流网络优化:理论、方法与应用 / 徐小峰著. —北京:科学出版社,2022.11

ISBN 978-7-03-071999-7

Ⅰ. ①协⋯ Ⅱ. ①徐⋯ Ⅲ. ①物流-网络系统-最优设计-研究 Ⅳ. ①F252.1

中国版本图书馆 CIP 数据核字(2022)第 055268 号

责任编辑:周 炜 裴 育 罗 娟 / 责任校对:任苗苗
责任印制:吴兆东 / 封面设计:陈 敬

科学出版社 出版
北京东黄城根北街 16 号
邮政编码:100717
http://www.sciencep.com

北京中石油彩色印刷有限责任公司印刷
科学出版社发行 各地新华书店经销
*

2022 年 11 月第 一 版 开本:720×1000 1/16
2025 年 1 月第三次印刷 印张:11 1/4
字数:227 000

定价:88.00 元
(如有印装质量问题,我社负责调换)

前　言

传统的物流模式难以支撑中国互联网蓝海经济发展，必须转变思维，用智慧物流、智慧商业来破解这些难题。可以说，智能、数据、共享改变了中国物流，也促进了中国经济改革。作为智慧物流的重要表现形式，协同物流网络是围绕企业物流活动的大规模服务定制需求，以高效、便捷、低耗为目标，在 B2B、B2C 和 C2C 之间建立起的稳定战略联盟。

在互联网+、大数据和数字化转型背景下，协同物流网络以大数据协同为基础，通过创造协同环境使企业/客户能够共享资源和信息，让企业/客户可以获取供应链中诸如产品生产、运输等计划和进度状态的透明信息，从而为整个商业链、供应链协同平台提供有力的基础支撑。

作为共享经济下智慧物流的新形态，协同物流网络的核心理念是"开放共赢、共享网络、全局协同"，依托大数据、云计算和智能决策等技术实现集约化经营，通过对网络中物流活动与资源的最优化匹配，盘活现有存量资源、提升物流网络效率，从而降低物流作业成本，提高物流服务质量。

本书正是聚焦物流资源的最优化匹配展开深入阐述。书中围绕实现协同物流网络所需的构成要素、组织体系和互动模式，分析共享经济下协同物流网络的内涵特征，阐述协同物流网络的运行机理并探索系统演化，分解协同物流网络的资源优化体系。

本书以资源共享、社会协同为视角开展协同物流网络的全面探讨，反映了协同物流网络实质上是一个开放共赢的多元化共享网络，其核心价值在于使企业能够与网络中的合作伙伴实现协同，实现物流活动与共享资源的最优化匹配，引导/驱动网络所有共享节点有序协同合作，从而达到时效、费效和成效的整体最优，进而达到整体竞争力提升和网络个体增益的目的。同时，本书结合共享经济下中国的物流实践，围绕物流活动与资源的最优化匹配问题，对协同物流网络进行全面阐述，用以破解传统物流经营模式对经济转型带来的障碍与制约。其研究成果无论是对企业个体发展还是整体物流行业的发展都是大有裨益的，这也是国内首次对协同物流网络运行体系和资源优化的系统性研究，希望能给读者带来一定的理论参考和启发。

本书撰写过程中,东北大学樊治平教授、北京化工大学李想教授对本书的体系架构和写作内容提出了很多宝贵建议,我的博士生何洋洋、林姿汝,硕士生常玮洪、王成龙、姜明月等对本书也贡献颇多,在此一并表示感谢。

最后,感谢国家科学技术学术著作出版基金和国家自然科学基金(71871222)的资助,使得本书能够顺利付梓。

作　者

2022 年 1 月

于青岛家中

目 录

前言
第1章 绪论 ·· 1
  1.1 协同物流网络的产生背景 ·· 1
  1.2 协同物流网络的研究价值 ·· 2
  1.3 协同物流网络的研究进展 ·· 3
    1.3.1 关于协同物流网络的研究 ·· 3
    1.3.2 关于物流资源优化的研究 ·· 7
  1.4 协同物流网络的研究趋势 ·· 9
第2章 协同物流网络的资源规划优化研究 ·· 11
  2.1 协同物流网络概述 ·· 11
    2.1.1 协同物流 ·· 11
    2.1.2 物流网络 ·· 12
    2.1.3 协同物流网络 ··· 13
    2.1.4 协同物流网络的构成要素 ·· 14
    2.1.5 协同物流网络的基本特征 ·· 15
  2.2 协同物流网络的运行机制 ·· 16
    2.2.1 协同物流网络的演化机理 ·· 16
    2.2.2 协同物流网络的组织体系 ·· 18
    2.2.3 协同物流网络的互动模式 ·· 20
    2.2.4 协同物流网络的组织场景 ·· 23
    2.2.5 相关案例 ·· 24
  2.3 协同物流网络的有序度分析 ··· 26
    2.3.1 成员协同度分析 ·· 26
    2.3.2 联盟稳定性分析 ·· 28
    2.3.3 系统自组织分析 ·· 30
  2.4 本章小结 ·· 31
第3章 协同物流网络随机需求与资源共享的耦合机理研究 ························ 32
  3.1 协同物流资源-任务问题因素分析 ·· 32
    3.1.1 外部因素 ·· 32

  3.1.2 内部因素 ·· 36
  3.1.3 因素/目标确定 ··· 39
 3.2 问题描述 ·· 40
  3.2.1 问题基本假设 ··· 40
  3.2.2 参数设置 ·· 42
 3.3 随机需求与资源共享模型构建 ··· 43
  3.3.1 随机条件转化 ··· 43
  3.3.2 目标函数设计 ··· 43
  3.3.3 条件约束 ·· 47
 3.4 资源共享对照模型设计 ·· 47
  3.4.1 资源独立模型设计 ·· 48
  3.4.2 资源独立模型构建 ·· 49
 3.5 随机需求对照模型设计 ·· 52
  3.5.1 需求确定模型设计 ·· 52
  3.5.2 需求确定模型构建 ·· 53
 3.6 模型求解 ·· 57
  3.6.1 求解思路 ·· 57
  3.6.2 距离聚类 ·· 57
  3.6.3 NSGA-II ·· 58
 3.7 算例仿真 ·· 61
  3.7.1 案例设置 ·· 62
  3.7.2 参数设置 ·· 62
  3.7.3 结果分析 ·· 63
 3.8 本章小结 ·· 68

第4章 协同物流网络的资源优化体系研究 ·································· 69
 4.1 协同物流网络资源分类及特点 ··· 69
  4.1.1 资源分类构成 ··· 69
  4.1.2 资源功能特点 ··· 70
 4.2 协同物流网络资源优化的表现形式 ·································· 70
  4.2.1 点-点协同 ·· 70
  4.2.2 点-线协同 ·· 70
  4.2.3 线-线协同 ·· 71
  4.2.4 链-链协同 ·· 71
 4.3 协同物流网络资源优化的目标分析 ·································· 71

  4.3.1 核心企业的经营目标 ……………………………………… 71
  4.3.2 多目标间的背反关系 ……………………………………… 72
  4.3.3 资源优化的控制目标 ……………………………………… 74
 4.4 协同物流网络资源优化的体系结构 …………………………… 74
  4.4.1 空间体系 …………………………………………………… 74
  4.4.2 协同原则 …………………………………………………… 75
  4.4.3 协同层次 …………………………………………………… 76
 4.5 协同物流网络资源优化的内涵构成 …………………………… 77
  4.5.1 约束模型 …………………………………………………… 78
  4.5.2 活动层次 …………………………………………………… 79
  4.5.3 运作流程 …………………………………………………… 80
 4.6 本章小结 ………………………………………………………… 82

第5章 协同物流网络的资源规划优化研究 …………………………… 83
 5.1 协同物流网络的资源规划基本内容 …………………………… 83
  5.1.1 资源规划的决策因素 ……………………………………… 83
  5.1.2 资源能力的负荷平衡 ……………………………………… 85
  5.1.3 递阶规划的体系结构 ……………………………………… 86
 5.2 协同物流网络资源规划不确定性控制优化 …………………… 88
  5.2.1 不确定性对协同物流网络的影响 ………………………… 88
  5.2.2 资源规划的不确定性来源 ………………………………… 88
  5.2.3 不确定性仿真及鲁棒优化 ………………………………… 91
  5.2.4 算例设计及仿真应用分析 ………………………………… 97
 5.3 协同物流网络资源规划实施进度优化分析 …………………… 101
  5.3.1 进度偏差分类及产生动因 ………………………………… 101
  5.3.2 赢得值反馈控制原理 ……………………………………… 102
  5.3.3 资源规划可靠性评价 ……………………………………… 103
  5.3.4 算例设计及实证应用 ……………………………………… 105
 5.4 本章小结 ………………………………………………………… 106

第6章 协同物流网络的资源获取优化研究 …………………………… 107
 6.1 协同物流网络的资源需求分解 ………………………………… 107
  6.1.1 资源需求的要素结构 ……………………………………… 107
  6.1.2 资源需求的分解途径 ……………………………………… 107
  6.1.3 资源需求的分类评价 ……………………………………… 109
 6.2 协同物流网络的资源发现流程 ………………………………… 110

            6.2.1 资源信息的建模描述 ·· 110
            6.2.2 资源需求的发现匹配 ·· 111
            6.2.3 备选资源的物理定位 ·· 114
        6.3 协同物流网络的资源优化选择 ·· 114
            6.3.1 资源评价的信息反馈 ·· 115
            6.3.2 资源优选的决策建模 ·· 116
            6.3.3 系统试验与回归拟合 ·· 117
            6.3.4 应用实例及结果分析 ·· 120
        6.4 本章小结 ·· 123
第7章 协同物流网络的资源集成优化研究 ·· 124
        7.1 协同物流网络资源集成的主要内容 ······································ 124
            7.1.1 资源集成的基本形式 ·· 124
            7.1.2 资源集成的关系模型 ·· 126
            7.1.3 资源集成的主体框架 ·· 128
        7.2 协同物流网络资源集成的具体步骤 ······································ 129
            7.2.1 资源注册与封装耦合 ·· 129
            7.2.2 资源协同与共享设计 ·· 130
            7.2.3 资源调度与分配管理 ·· 130
        7.3 协同物流网络的资源优化调配 ·· 131
            7.3.1 资源优化调配问题描述 ·· 131
            7.3.2 multi-agent 调配优化机制 ·· 132
        7.4 本章小结 ·· 133
第8章 考虑不确定影响的协同物流网络资源调配研究 ······················· 134
        8.1 资源调配问题描述 ·· 134
            8.1.1 问题基本假设 ·· 134
            8.1.2 不确定性指标描述 ·· 135
        8.2 考虑不确定性资源调配模型 ·· 135
            8.2.1 双层规划模型构建 ·· 135
            8.2.2 不确定性指标约束转化 ·· 137
            8.2.3 模型求解方案设计 ·· 137
        8.3 资源调配过程算例仿真 ·· 139
            8.3.1 算例设计 ·· 139
            8.3.2 计算分析 ·· 141
            8.3.3 结果分析 ·· 141

8.4 本章小结 …………………………………………………………… 142
第9章 考虑不确定影响的协同物流网络资源调配有序度研究 ……… 144
9.1 资源调配有序度分析描述 …………………………………………… 144
9.1.1 问题基本假设 …………………………………………………… 144
9.1.2 不确定性指标描述 ……………………………………………… 145
9.1.3 有序度设计计算 ………………………………………………… 145
9.2 资源调配有序度分析模型 …………………………………………… 146
9.2.1 有序度分析关联维数模型 ……………………………………… 146
9.2.2 有序度分析 Kolmogorov 熵模型 ……………………………… 147
9.3 相关参数选取 ………………………………………………………… 148
9.3.1 嵌入维数 m 的确定 …………………………………………… 148
9.3.2 延迟时间 τ 的选取 …………………………………………… 148
9.3.3 无标度区间选择 ………………………………………………… 149
9.4 有序度优化算例仿真 ………………………………………………… 149
9.4.1 有序度分析算例设计 …………………………………………… 149
9.4.2 不确定性指标 PDF 选择 ……………………………………… 150
9.4.3 有序与无序特征分析 …………………………………………… 151
9.5 本章小结 ……………………………………………………………… 153
第10章 考虑不确定影响的协同物流网络资源优化措施 ……………… 154
10.1 协同物流网络资源调配过程控制措施 …………………………… 154
10.2 协同物流网络资源调配有序度控制措施 ………………………… 155
10.3 本章小结 …………………………………………………………… 157
参考文献 ……………………………………………………………………… 158
附录 …………………………………………………………………………… 167

第 1 章 绪　　论

1.1　协同物流网络的产生背景

2010年,我国社会物流总额为125.4万亿元;而到2016年,截至11月当年的全国社会物流总额就达到了208.8万亿元,几年时间,我国社会物流总额增加了近1倍。物流行业迅猛发展,使得物流作为"第三利润源泉",越来越受到企业的关注和重视[1]。早在2013年5月28日,阿里巴巴集团就联合顺丰、申通、圆通、韵达、宅急送等企业宣布启动"中国智能物流骨干网"项目,希望借助遍布全国的开放式、社会化物流网络,为客户提供优质、高效和智能的物流服务。在互联网+和大数据时代的背景下,客户需求存在多样性、可变性,企业物流活动表现出大规模服务定制特征,如果物流协作渠道变更,则其机会成本增加。这使得B2B(business-to-business,企业对企业)、B2C(business-to-customer,企业对顾客)和C2C(customer-to-customer,顾客对顾客)之间需要建立起稳定的战略联盟关系[2,3]。如果企业仅从自身角度考虑降低物流成本,或是仅从与自身相关的供应链角度去提高物流运行效率,均不能实现物流综合服务效果最佳。协同物流网络正是在这种新的发展趋势和市场驱动下应运而生的。

协同物流网络作为智慧物流的新形态,是以物流信息化为基础,将企业协调和控制范围扩大到供应链所有节点,并通过创造协同环境使企业能够共享资源和信息,让企业可以获取供应链中诸如产品生产、运输等计划和进度状态的完全信息。它是由核心企业或独立第三方物流企业主导的虚拟组织,是由原材料和设备等供应协作节点、运输和仓储等物流功能节点以及节点间链路和关系构成的供需网络,其核心任务是对网络节点资源进行整体规划、调配获取和集成优化,实现网络整体增益和使客户满意的最终目标[4]。可以说,协同物流网络通过改变企业互动协作关系和物流运作方式,促使供应链物流向协同物流和社会物流转变。

尽管协同物流网络借助信息技术得到了迅速发展,并产生了诸如敏捷物流、冷链物流、电商物流和云物流等具体市场表现形式,但是人们对其内部运作管理并没有清晰了解。近年来,协同物流网络影响领域和范围越来越广,使得国内外学术界开始重视对其资源调配管理问题的研究,并产生了丰硕的研究成果。这些研究成果涉及从协作机制、运营模式到资源优化配置等各个方面,并应用于货品运输、复杂制造、产品回收、智能调度和经济评价等具体的协同物流网络运作管理中。作为动态开放的复杂系统,协同物流网络具有多主体、多阶段、并发性、竞合性和不确定性等特征,其运作管理通常包括仓储包装、资源配送、成本控制和进度管理等系列活动[5]。这些特点和活动使得协同物流网络运作管理仍存在大量共性基础科学问题亟须解决。目前,对协同物流网络资源调配的研究虽然涉及运行机制问题,但是并没有进行全面的系统研究。在了解运行机制的基础上,明晰如何进行资源调配也至关重要,并且只有物流网络有序后才能保证各项物流资源调配任务顺利进行。因此,系统研究协同物流网络的资源调配控制与优化具有重要的理论意义与应用价值。

1.2 协同物流网络的研究价值

我国众多企业和物流服务业还没有实现有效的配套服务,通过走访可以发现,大多数企业基本实现了生产外包,但是在物流外包方面进展缓慢,其中很大的原因是企业的生产特性,而物流服务业提供的服务不成熟以及运作过程中环境和行为所带来的不确定风险也是关键的影响因素之一。在提供物流服务的过程中,各物流节点仅从自身的局部利益考虑,力求风险系数最小,个体利益最大,相互之间缺少有效的信息沟通,缺乏全局的协作观念和保障机制,这也阻碍了企业物流外包服务的发展,其中主要的阻碍因素有:利益的"二律背反"、信息的"牛鞭效应"、同质个体间的恶性竞争、缺乏有效的协作运行机制和运作模式等。因此,以协同物流网络为核心进行资源优化,避免由无序竞争导致的秩序混乱和资源浪费,成为当前我国企业物流外包服务亟须解决的问题。

协同物流网络是智慧物流、智慧商业的基础支撑,国内外关于协同物流网络的研究还处于起步阶段,可以说,协同物流网络的资源优化研究是一项系统又复杂的工作。本书的主要目的是:介绍横跨和连接企业、客户的中间体——协同物流网络,阐明其中的资源优化问题,在对整个网络系统进行演化分析和有序度度量的基础上,提出协同物流网络的资源优化框架,并尝试通过对资源优化问题的逐步分解,最终实现协同物流网络的资源整体优化。

本书所阐述的内容是该领域最新的研究成果,是国内外首次对协同物流网络的资源优化问题进行的系统性连续研究,具有重要的理论和实践指导意义。

1. 对于明晰协同物流网络的内涵特征和研究领域具有重要的理论意义

国内外关于协同物流网络研究的分散性,导致了其相关研究的无序和混乱,本书在前人研究的基础上通过对协同物流网络概念的提炼,明晰了协同物流网络的内涵及其特征,这对确定其未来的研究方向和领域具有重要的理论指导意义。

2. 对于探索协同物流网络的系统演化具有重要的理论意义

结合企业经营特性和协同物流网络的分析,对协同物流网络的系统演化和运行机制进行深入研究,确定系统的机理、组织体系和互动模式,在此基础上对系统的有序度进行协同度、稳定性和自组织的数学推理分析,为协同物流网络的深入研究提供坚实的理论基础。

3. 对于促进协同物流网络的资源优化具有重要的理论意义

通过建立协同物流网络的资源优化体系,明确资源优化的目标及其优先次序,确定资源优化的约束模型、活动层次和运作流程,为开展有序的资源优化研究指明方向。同时,对资源优化问题的逐级分解也将有利于复杂问题简单化,故具有重要的理论借鉴价值。

4. 对于指导资源优化体系进行资源优化控制具有一定的现实意义

协同物流网络的资源优化问题是由资源规划、资源获取和资源集成等资源优化体系的核心子问题组成的,所以整个体系优化的问题可以通过对这几个子问题的优化求解来解决,而这几个子问题往往是针对实际中某一具体问题提出的,因此对协同物流网络中实际问题的解决具有一定的借鉴意义。

1.3 协同物流网络的研究进展

协同学(synergetics)一词来源于希腊文,寓意为"科学的合作"(science of co-operation)[6],是研究微观系统临时或特定组织中协同合作的综合性学科,其探讨的重点是各种复杂开放系统在外界涨落力和内部序参量非线性综合作用下从无序走向有序的演变过程,应用领域涵盖物理、化学、生物、社会和管理科学等多个学科。物流系统作为动态开放的网状系统,其内部组成个体要生存和发展就必须相互沟通协作,风险和利益共担,这就要求提高物流网络系统整体的协同性[7],合理利用网络系统中的物流资源,以降低运营成本,提高运作效率和服务质量。下面从协同物流网络和物流资源优化两个方面介绍协同物流网络的国内外研究现状。

1.3.1 关于协同物流网络的研究

随着相关领域研究的日臻成熟,将协同学应用于物流这一全新领域的条件也日渐成熟;同时,物流领域发展环境的成熟度以及市场竞争的激烈性都对协同物流网络的构建提出了强烈的需求,关于协同物流网络的研究也开始不断出现,其研究内容主要包括协同物流网络的运行机制、协同机理、发展环境、组织架构、要素控制和有序控制六个方面。

1. 协同物流网络的运行机制

考虑到传统合作模式下物流服务供需双方缺乏有效的信息沟通和合作机制,各独立个体仅从自身局部利益出发,最终各独立个体的经营利润和生存空间被不断压缩。因此,协同物流网络应采取何种运行机制,合理利用物流资源成为其运作管理相关研究的首要关注焦点。例如,Kahn等[8]较早地将改进物流绩效的方法归纳为业务层物流活动、组织层部门内部和部门与部门之间的相互协调,由此提出了基于这两方面的协同模型。随后,Langley[9]从全局的角度出发,根据物流网络的运行环境及机理,建立了物流网络各个成员应该遵循的七个法则。要想使物流网络的成员有更多的潜在收益,就需要成员之间实现信息的共享、资源的共用以及共同建立合作规定。Chang等[10]在全球化协作背景下,针对物流企业间无序竞争和运行网络组合复杂等特点,提出了面向中小型物流企业的协同物流网络运行组织架构。Stefansson[11]则从第三方物流服务运营的角度出发,提出了协同物流网络在业务层面活动交互、组织层面跨部门协作等运行互动模式。

国内的研究主要集中在区域物流的运行机制以及物流网络协作层次和协作模式等方面。徐青青等[12]将物流的经济空间演化机理作为重点,从理论体系、协同运作等方面研究了区域物流系统网络。随后,高健智等[13]从物流系统内部与子系统之间的协调关系方面再次阐明了区域物流系统的发展机理,并对系统的各项指标进行了定量分析。在协作层次方面,鄢飞等[14]在给定协同物流网络定义的基础上,研究了点(物流节点)-线(物流线路)、点-点、线-线和链(物流链)-链协同之间的关系,分析了企业节点的协同机理。刘介明[15]将物流网络的协同层次分为战略层、策略层和技术层的协同,协同的内容分为有形协同和无形协同两种。在协作模式方面,谭跃雄等[16]研究了现代企业运作管理的物流过程及物流组织的协同机制,提出了基于网络的企业物流组织模式。陈娟等[17]从资源整合和流程再造两个角度分析了供应链物流的协作模式。

2. 协同物流网络的协同机理

鄢飞等[18]认为物流网络是一个协同系统,并分析了其协同特性、协同效应及协同机理。他们认为协同物流网络由战略协同层、战术协同层和业务协同层三个层次组成,其协同效应是点-点、点-线、线-线和链-链等多种协同效果的集成体现。在此基础上,借助协同学原理和势函数,引入利润序参量方程,对协同物流网络节点企业的协同机理进行了理论分析,并对企业联盟物流网络、第三方物流网络与产业链物流网络三种典型物流网络开展协同前后的效果进行比对,验证了协同物流网络的优越性。

Ning 等[19]研究了协同物流网络的节点协同机制和合作策略,用以提高整个网络和协作成员的经营业绩水平。他们基于物流活动的构成及关系,结合节点内外活动描述了物流网络节点的协作机制,并分析了资源共享约束、作业成本和运营价值。在此基础上,提供了协同物流网络节点优化的数学模型,并举例说明不同网络成员的协作过程,描述协作产生的协同效应和利益双赢,验证了协同机制和网络模型的正确性。

3. 协同物流网络的发展环境

Langley[9]和 Lynch[20]研究了协同进化环境下的物流领域,提出了使参与供应链协作全过程的组织成员保持协调一致的"7 个永恒法则"。他们认为协同物流需要一个健全的网络作为支撑,在这个网络中的成员被允许投入资源以获取更高的效率。网络成员在信息共享、资源利用和合作规则制定等方面均有共识,越多成员加入,整个网络就会获得越多的潜在收益。同时,协同物流网络要能为供应链上每条链路都提供有效的基础设施支持,这不仅包括整个链条上的承运人和运送人,因此必须要为真正的物流协同创造一种实时联机的网络环境。

Shimon[21]界定了协同物流网络所依赖的电子商务环境(e-work)范畴,并对其与电子企业(e-enterprise)、电子商业(e-commerce)的区别和联系进行了比较分析,结合所面临的节点信息过载和任务超负荷等挑战,从电子商务、集成—合作—协同、分布决策支持、中间构件四个方面,重新探讨研究了有效电子商务环境的基本设计原理。

Camarinha-Matos 等[22,23]研究了对协同物流网络具有重要启发意义的协同网络,认为协同网络是一个由虚拟组织、虚拟企业、动态供应链、专业虚拟团队和协作科研机构等构成的复杂系统。协同网络中存在的大量经验知识与网络发展都是相关和有益的,因此迫切需要巩固这种经验知识并建立有利于其可持续发展的稳定基础,在这种情况下,建立关于协同网络的科学学科则显得非常必要。在此基础上,结合协同网络作为一个学科应具备的特征,提出了建立该学科的可行先决条件。

4. 协同物流网络的组织架构

Chang 等[10]针对当前物流企业间日益增加的无序竞争和物流网络计算数据的复杂性以及全球化协作的快速发展,提出了面向中小型物流企业的协同物流联盟网络组织架构。他们认为在传统物流联盟网络中,各个企业独立运营,使得运输、仓储等信息提取和数据跟踪难度增加,多次重复操作在无形中增加了信息处理量和数据冗余;同时,随着电子商务的进一步发展,客户要求通过Internet(互联网)对物流服务进行跟踪和控制,这都对传统物流联盟网络提出了挑战。基于此,提出了运用电子商务中心(e-hub),利用基于可扩展标记语言(extensible markup language,XML)的移动代理,来实现物流企业信息系统的无缝集成,形成一个稳定的、透明的、可信任的协同物流联盟网络。

Stefansson[24]研究了物流网络在不同服务和活动方面的协作情况,并结合物流相关文献和案例,分析了第三方物流服务提供商的角色特点。他认为在物流网络中,依据工作组和第三方服务来源不同,可将参与成员分为运营商、物流服务提供商和物流服务中介三大类,它们在物流网络中扮演不同角色,并提供各种服务。为了能更好地控制物流网络中各角色间的信息流和物资流,优化信息交互界面属性和信息系统架构,提出了协同物流网络的组织管理模式,并依据这种协同框架来具体配置不同角色的功能。同时,针对协同物流网络中存在的物流外包现象,揭示了第三方物流服务提供商的作用。

Lyons等[25]从社会科技角度分析了协同物流网络给包含自适应技术和人员协作在内的物流规划带来的新影响,认为这将给包括协同技术、人机协同活动和社会方面协同在内的社会科技系统带来新挑战。为了更好地研究协同带来的这些挑战,需要借助综合学科研究方法建立关于协同物流网络的理论框架,为此,他们以社会科技为视角利用协同技术构建了能够实现有效信息传递的协同物流网络组织架构。

5. 协同物流网络的要素控制

Lynch[26]分析了现有的物流运作模式,指出"隐藏成本"中的"资源定位成本"是导致现有物流网络成本虚高的根本所在。他认为在供应链快速响应机制的要求下,面对激烈的竞争环境,协同物流将是物流企业求得生存和发展的唯一出路。协同物流网络中的成员通过信息共享可实现隐藏成本的可视化,并通过共同协作来实现成本的降低。协同物流网络创造了一个真正多赢的互利协作环境,在这个物流协作群体中成员被允许通过网络可视化降低隐藏成本和共享节约收益。

宁方华等[27-29]研究了协同商务环境下的物流管理策略,认为物流协同效果依赖于对整个网络的系统优化。为此,在剖析协同物流网络共生性和复杂性等特征的基础上,构建了面向时间、成本、效能和可持续竞争力的多维空间分析框架,提出了基于时间竞争的协同物流决策模型、面向成本控制的网络协调模型、基于效能协作的博弈实施策略和面向可持续发展的协同进化机制,用以平衡网络整体和成员个体利益,以实现物流网络的同步协作和可持续发展。

Ergun等[30]指出当前协同物流网络的研究主要集中在如何提高整体运行效率以及如何借助Internet提供的链接发现供应商、客户、竞争者以及潜在的协作伙伴。物流交易或协同物流网络通过Internet交互平台执行物流战略,并削减诸如"资源定位成本"等"隐藏成本"。为了有效控制协同承运者的私下活动,尽可能降低资源定位成本,建立了约束周期下最小定位成本的欧拉有向图,用以解决承运协同问题,并给出了路线覆盖问题方程和求解方法。

6. 协同物流网络的有序控制

协同物流网络的有序与否直接影响整个资源调配过程,需要对其进行识别控制。有序的运行网络能提高物流的效率,减少物流成本费用,因此保证协同物流网络有序运行对提升网络整体服务响应速度和质量管理水平至关重要。目前,关于协同物流网络有序度的研究尚缺乏系统性。在网络结构与协作效率方面,Sun等[31]借助分形维数和熵之间的关系,完善了Wiley提出的信息不确定性程度的结构熵模型,建立了分形供应链系统有序度熵模型,并推导出了该系统的结构突变机制。Sander等[32]结合案例研究成果,提出了多变量协同供应链合作概念模型。在运行机制和有序程度方面,Chiara等[33]提出了区域物流系统运输协同网络模型,对模型中表征网络有序度的变量参数及性能指标进行了描述。Ramesh等[34]运用解析结构方程模型,分析了影响物流网络有序运行的组织形式及要素层次。

在国内研究中,宁方华等[28]率先提出协同物流网络结构有序度分析方法,该方法借助熵理论推导出了网络运行有序度表达式及结构时效与质量评测模型。郭湖斌[35]在宁方华等的基础上,运用协同学理论分析了区域物流的系统特征,并得到影响区域物流运行的因素和指标。同样,针对区域物流,王文波[36]则用非简谐振子模型理论,构建了点与轴系统的协同演化及有序度模型,从静态与动态两个维度分析了点-点的影响指标。与之类似,杨云峰等[37]构建了区域物流系统协同发展水平测度模型,运用有序度和熵权重考察系统内部要素之间以及系统与外部环境之间的协同水平。在此研究基础上,针对方案优选缺少定性评价的问题,毛向东等[38]引入结构熵的概念,构建了异构供应链协作系统有序度评价模型。此外,还有研究从产业联动发展角度出发,提出了物流业与其他产业的协同度模型以及产业系统间的协同度计算公式。

1.3.2 关于物流资源优化的研究

物流资源主要是指协同物流网络中所涉及的物流基础设施、运输资源、信息资源等不同虚实体,如何合理地利用这些资源成为提高运作效率的关键。国内外关于协同物流资源优化的研究主要分布在物流网络资源规划、资源调配、资源集成等领域。

1. 物流网络资源规划

Hameri 等[39]从全局角度运用优于传统物流规划的多维度仿真工具对物流网络进行了战略资源规划。该仿真工具能够从客户需求、经营业绩、供应约束、物资流动和生态评估等多角度为物流网络未来发展提供快速、可靠的多物流规划场景评价,用以解决资源选址、分配和环境评价等问题。该工具依据高效的计算能力和精确的数据模型实现了对物流网络的资源规划,所有的信息交互和分析结果都能在集成的用户交互界面上实现。

倪剑[40]从第三方物流角度研究了能同时支持正向和逆向物流运营的物流网络。通过对物流网络规划问题的深入分析和研究,建立了相应的资源优化模型,提出了一个能同时解决正向和逆向物流网络规划问题的混合整数非线性规划模型(mixed integer nonlinear programming,MINLP)。鉴于该模型属于非确定性多项式时间(non-deter ministic polynomial-time,NP)问题,通过与传统遗传算法的对比分析,选取计算性能更优、包含子探索过程的混合免疫算法解决了此问题。

Miranda 等[41]研究了协同物流网络中物流网络规划的分布式决策支持问题。在总结现有物流网络规划研究成果的基础上,通过对基于互动的分布式知识源决策模型和人机交互决策体系的分析研究,提出了集联合库存-设施-车队-规划等多资源要素于一体的数学决策模型和理论分析框架,用以解决协同物流网络中的固定设施资源分布问题,为电子协同环境下不同代理或决策节点的相互协作提供更好的发展环境。

2. 物流网络资源调配

物流网络资源调配是关于其网络的节点选择、位置数量的决策过程,可以实现物流网络成本低、合作效率高的目标。目前,关于协同物流网络资源调配的研究还不够深入,研究主要集中在配送路径优化、配送地址选择等方面。在路径优化方面,Yu 等[42]建立了以时间作为约束、最短路线为目标的调度模型,并用人工智能算法进行求解;Garcia 等[43]用进化算法研究了考虑车辆载重问题的运输路径问题;Mirhassani 等[44]考虑了返场与不返场的车辆运输情况,根据客户变动的地理位置,提出了最优的行驶路线。在最优地址选择方面,Meepetchdee 等[45]考虑了物流网络节点可能中断的情况,以客户需求为约束条件,提出最佳地址的位置和数量;Turskis 等[46]运用模糊多重准则决策法,描述配送中心选址的模糊性;Nozick 等[47]针对各项成本以及客户响应能力,建立了位置优化决策模型。

与国外研究类似,我国协同物流网络资源调配也主要集中在配送路径优化、配送地址选择以及协作点之间的关系等方面。在路径优化方面,陈远等[48]运用地理信息系统技术,将参与配送点最少作为约束条件,以此进行路径选择。在最优地址选择方面,杨玉香等[49]在均衡理论的基础上,构建了均衡约束的设施竞争选址模型,并同时运用遗传算法和投影算法求解该模型。尚玲[50]以成本低为目标,用解释结构模型(interpretative structural modeling,ISM)和层次分析法(analytic hierarchy process,AHP)模型选址,并用遗传算法求解了该模型。陈文[51]建立了一个多目标的物流配送中心选址的模型,该模型考虑了成本和服务水平,并且给予了相关参数的最优选取方法。对于协作点间的关系,赵志刚等[52]以上、下游企业各自物流成本为出发点,建立了分销网络模型,并运用分层迭代的思想求解了算例;刘伟华等[53]考虑三级物流服务供应链,研究了协作点之间的订单任务分配模型。

3. 物流网络资源集成

李高扬[54]以协同差异演化算法为基础,研究了物流网络的中心设施选址、车辆配送路径协同优化和车辆配载优化等集成问题。针对物流中心设施选址问题,建立了有竞争的选址模型,并进行了模型求解;在车辆配送路径协同优化方面,在无时限单向物流车辆路径模型的基础上,构建了带时间窗的有时限双向配送路径协同优化模型,并进行实例求解;在车辆配载优化方面,通过理想点法,将多目标函数转化为单目标函数,结合研究问题的实际,对算法进行改进,验证了算法的有效性。

陈火根[55]比较了物流网络与物流网格的相似性,并提出了物流网格的体系结构,围绕虚拟物流管理问题,对物流网格中的虚拟货运配载和配送优化技术进行了深入研究。通过总结网格环境下物流资源集成的优势,建立了基于资源代理的虚拟货运网格服务模型,并提出了基于在线批处理方式的动态配载算法,用于资源域划分和货物聚类以及车辆资源匹配。在此基础上,针对带时间窗的动态车辆优化调度问题,提出了以车辆分配为主、路线安排为辅的遗传算法优化结构,并进行了实例仿真。

1.4 协同物流网络的研究趋势

综合国内外协同物流网络和物流资源优化的研究可以发现,国内外关于物流资源优化的研究较为深入,但是关于协同物流网络及其资源优化的研究还处于零星分散的起步阶段,没有形成系统的研究领域。当前协同物流网络的研究趋势主要集中在以下三个方面。

1. 总结一般性的普适研究成果

目前,关于协同物流网络及其资源优化的研究主要集中在微观企业和中观组织层面,研究范围涉及网络协作机理、发展环境、组织架构、要素控制及局部优化等不同的方面,但是这些研究往往仅是针对某一研究点或某具体问题而展开的分散研究,其局限性导致了研究成果缺乏一般性和普适性,无法对后续研究产生旁侧效应和借鉴意义。因此,需要总结和统一协同物流网络及其资源优化的内涵以及所涉及的研究领域,提炼出一般的共性特征,以作为研究的理论基础。

2. 构建全局性的研究指导体系

当前的研究大多仅是为解决某一特定问题而提出的,研究成果缺乏全面性和全局观,无法形成系统、连续的研究,这样直接导致了研究成果对其他方面问题研究的指导意义不强,缺乏实际操作性;同时,研究领域范围的模糊,也导致了研究的混乱无序和交叉重复。为此,迫切需要建立协同物流网络的资源优化体系,明确体系内容、层级结构和运作流程等,以便形成系统的研究领域和体系结构。

3. 识别关键性的重点研究领域

虽然有关于协同物流网络资源优化的零星研究,但是其往往缺少系统性的研究和重点深入的分析。协同物流网络的资源优化体系是由多个子优化问题组成的整体,如何深入分析解决这些问题成为实现资源优化的关键,所以要加强这些方面的理论研究探讨,克服当前研究存在的不足,逐步完善。

第 2 章 协同物流网络的资源规划优化研究

2.1 协同物流网络概述

协同(collaboration)一词来源于拉丁文"collaborare",英文意为"to labor together",表示共同创造的过程。Haken[56]对协同的定义为:大量完全不同性质的复杂开放子系统实现无序-有序、有序-有序转变的自组织过程。Camarinha-Matos 等[57,58]认为协同是一个需求实体共享信息和资源、承担职责的过程,通过制订实体联合计划、并行实施和对活动方案的评估,达到群体的共同目标,从而实现群体共同价值创造。在供应链物流管理中,协同是指协调两个或两个以上不同资源或实体,一致完成某一目标的过程或能力[59]。作为网络化商务环境下物流活动的有效组织模式,协同物流网络将突破点对点(point to point)的传统模式,整合多个具有不同物流功能和资源的实体,全方位实现异构系统的共享协作。

2.1.1 协同物流

1998 年美国物流管理协会(Council of Logistics Management,CLM)提出物流为供应链过程中的一部分,将其纳入企业间互动协作关系的管理范畴,这使得企业要在更广阔的背景下考虑自身物流运作,不仅要致力于降低某项具体物流的成本,而且要考虑使供应链运作的总成本最低[60]。Bowersox 等[61]认为物流是以总成本最小化为目标对系统进行设计和管理,控制原材料、制品和产成品在整个供应链运作中的流动状况,并提供库存定位管理。随着第三方物流企业的发展成熟,物流供应链逐渐完善,物流供应链强调的重心是"协同",因此协同物流是现代物流的发展方向。Bowersox 等[61]将协同物流描述为:为了促进物流运作,供应链的参与者必须共同制订和实施运作计划。供应链中多企业物流运作的一体化整合,称为物流的同步性。可见,整合和同步协作是协同物流的实质。协同物流概念的演化过程如图 2.1 所示[60,62-66]。

综上所述,本书认为协同物流的概念为:网络化商务环境下以共同达成客户服务为目标,致力于供应链物流运作总成本最低,通过成员间动态的松紧耦合,形成的集竞争、协作于一体的引导型自组织物流形式。协同物流的本质是动态整合系统中各成员分散的资源,实现系统整体的资源优化配置,从而使系统中各个成员在协作过程中实现多赢。

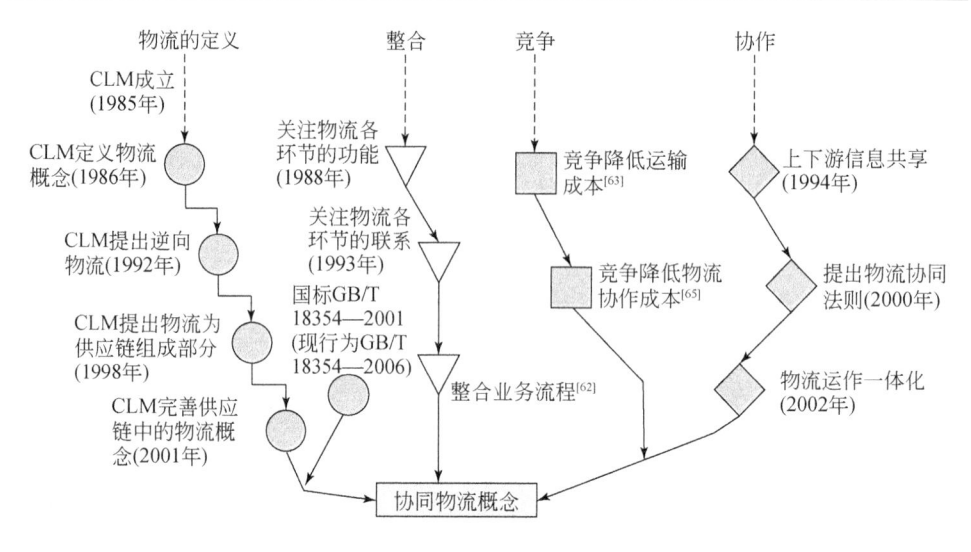

图 2.1 协同物流概念的演化过程

2.1.2 物流网络

随着物流行业的整体发展,国内外学者越来越关注物流及其运行网络的研究。有学者认为物流网络是涉及物流基地、物流中转点以及物流配送点的物流组织系统;也有学者指出物流网络是人、机、组织、环境等要素构成的一个复杂的运作体系[67];同时,狭义的物流网络是指企业在运作过程中所开展的运输配送网络、信息网络以及客户网络的总和。物流网络的分类如图 2.2 所示。

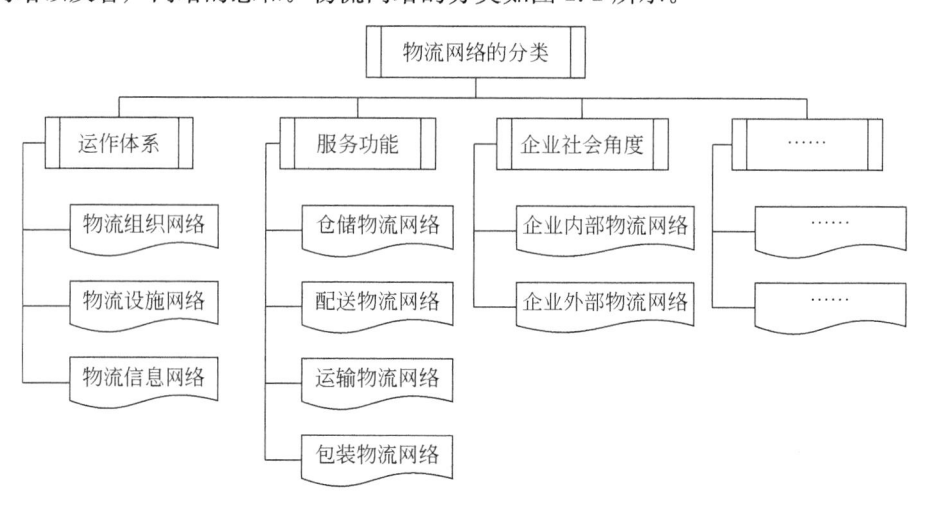

图 2.2 物流网络的分类

综上所述,书中对物流网络的研究主要从微观的角度,即强调整个网络的节点和链路,认为物流网络是既包括企业内部物流网络又包括企业外部物流网络(即包括物流网络前端、中端、末端)的综合物流体系,在物流网络组织的基础上,以满足末端需求为目标而进行物流仓储、分拣、包装、配送等物流活动。

2.1.3 协同物流网络

基于 Internet 技术的物流网络实际上就是一个协同系统。对于物流网络的内涵,秦进[68]认为:物流网络是物流活动的载体,从网络的角度来说,就是由线与点以及它们之间的相互关系所构成的,物流节点是指物流网络中连接线路的节点。李高扬[54]认为:物流网络是指由供应点、需求点、配送中心(或其他物流服务设施)等物流节点所组成的分层配送网络,其中配送中心是为供应点、需求点分别提供集货、送货服务的中介。鞠颂东[69]认为:物流网络是在网络经济和信息技术的条件下,适应物流系统化和社会化的要求发展起来的,由物流组织网络、物流设施网络和物流信息网络三者有机结合而形成的物流服务网络体系的总称。物流网络的发展层次如图 2.3 所示。

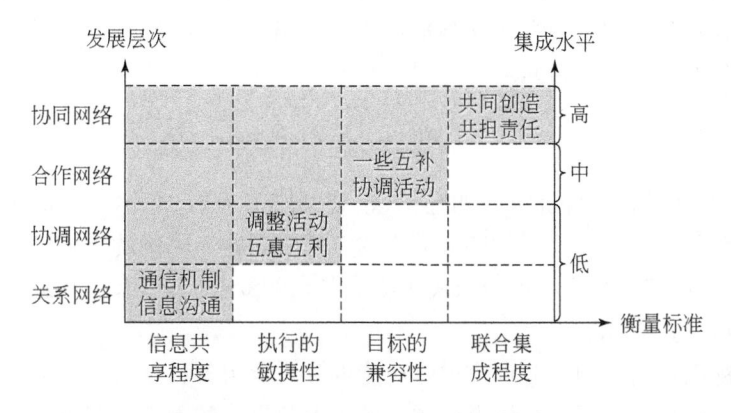

图 2.3 物流网络的发展层次图

可见,协同网络是物流网络发展的最高层次。Camarinha-Matos 等[57]认为协同网络是由不同实体(如组织和个人)构成的网络。网络中实体在作业环境、组织文化、社会资本和共同目标方面具有高度自治、地理分散和组织异构等特点,但在计算机网络的支持下,实体间能够通过交互协作更好地达到共同目标,从而实现共同创造价值。Lynch[26]认为协同网络是互利环境下物流功能实体的群体协作,是一个特定系统中成员都可以参与的新式商业流程,在协作的过程中,成员不需要摒弃现有的商业关系,不必牺牲个体利益,整个系统具有弹性。

由此解释协同物流网络的内涵:以关注网络整体价值为前提,以提供客户满意的服务为目标,通过整合网络中空间上分散、组织上独立、利益上冲突的不同成员,实现网络中物流、信息流、数据流、资金流、知识流等同步协调,从而形成物流节点资源优化配置和高效运作的物流网络运作系统。简单地说,协同物流网络实质上是一个由协作厂商、物流节点、节点链路以及节点关系构成的,具有竞争弹性和动态自组织能力的引导型协同物流系统。

2.1.4 协同物流网络的构成要素

协同物流网络的基本构成要素包括协作厂商、物流节点、节点链路和节点关系。

1. 协作厂商

协同物流网络中协作厂商之间的关系不再是短期的交易行为,更多的是长期、稳固的联盟合作。随着合作关系的深入和相应评估机制的评价,协作厂商之间可根据自身需求和外部环境变化达成协同发展的合作伙伴关系,进而实现共赢。

网络化制造环境下协同物流网络的协作厂商可分为供应配套商和装配制造商两种。供应配套商主要是为装配制造商提供各种材料、设备、零部件等,而装配制造商则主要承担最终产品的总装工作。

2. 物流节点

协同物流网络的物流活动(如仓储、包装、分拣、流通加工等)大都需要依赖物流节点的专业功能来实现,可以说,物流节点是协同物流网络的重要组成部分。整个网络的运行效率,很大程度上取决于物流节点的复合专业功能、信息处理能力和协作调度水平。

协同物流网络的物流节点按载体功能可分为承担各种物流实体活动处理功能的实功能节点和监控网络中依附于物流各种虚拟界面的虚功能节点。协同物流网络的实功能节点有仓储型、中转型、流通型和运输型四种类型。协同物流网络的虚拟界面虚功能节点有信息共享、流程监控、组织协调三种类型。

3. 节点链路

协同物流网络中物流节点间的路线称为节点链路,在节点链路上进行的物流活动主要是各种类型的运输活动。在协同物流网络中,物流基础设施等地理实功能节点的选择是节点链路确定的关键,即节点决定链路。一般来说,网络中不同层次的节点间都是连通的,任何两个节点间的链路,基本都代表了两者之间最经济的运输方式。

4. 节点关系

协同物流网络中的节点关系是指节点间的有机联系方式。在网络中,节点和链路都不是孤立和静止的,节点间通过纵向互补、横向竞合等松紧耦合方式,形成充满竞争和协作的、动态的协同物流网络。因此,节点关系成为协同物流网络的构成要素之一。

2.1.5 协同物流网络的基本特征

协同物流网络是建立在由核心制造企业主导的或独立的第三方物流企业主导的虚拟组织形态之上的物流组织与管理系统,是具有自组织能力的协同物流体系。整个网络中的物流活动通过资源互补和竞合等方式可以实现高效运行。协同物流网络的特征如下。

1. 具有弹性的动态竞合网络

电子商务倡导的重心是商务功能,对协作网络中成员关系演化重视不足。与之不同,协同物流网络是动态且具有弹性的,在网络契约规则的约束下,成员间的关系可以根据外部环境的变化适时组合或重组,允许成员主动地创造、评价和发展合作伙伴关系。整个网络中动态有序的变化,有利于降低物流运作成本,达到物流成本削减的"乘法效应",提升网络整体价值。

2. 自组织的共赢运行机制

依赖协同物流网络的虚拟界面平台,物流实节点间可以通过各种松紧耦合方式,建立合作伙伴协作的方式,加强物流资源的合理化调控,进而提高物流运作效率和降低隐性成本,实现节点共赢。同时,依据协同物流网络内部关系的变化和外部环境的动态发展,可以借助自组织的运行机制对网络关系结构进行调整,克服网络成员间的"二律背反"陷阱,实现协作网络整体物流成本的下降。

3. 网络风险和利益共担

协同物流网络是一个动态、复杂和具有不确定性的协作系统,具有明显的时间性和空间性,因此,网络中风险和利益并存。协同物流网络通过制定相关的契约规则来保证公平分配收益和损失,这些规则对于保障互惠互利的物流协同是必要的,它能使网络成员自觉地接受分派的所得和所失。同时,通过共享知识、成本费用和资源载荷等信息,可以消除网络成员间的"牛鞭效应",降低协调成本和风险发生的可能性。

2.2 协同物流网络的运行机制

"机制"一词源于希腊文"mechame",原指机器的构造和动作原理[70]。随着概念的不断演化和应用领域的扩展,"机制"被引入经济学研究领域。"经济机制"定义为在一定的经济机体内,各构成要素之间相互联系和作用的关系及其功能。对协同物流网络而言,其运行机制可以理解为网络内制造协作厂商、物流节点及链路之间耦合关系的集合,以及相互协作的作用机理。

2.2.1 协同物流网络的演化机理

1. 一般定性演化机理分析

协同物流网络的形成并不是完全自发的主动行为。为了加快资金的流动速率,节约资金成本和满足市场多样化需求,产品/服务的交货提前期被缩短,库存物资数量被控制缩减,低成本快速准时交货对服务厂商和物流节点的敏捷响应和柔性处理能力提出了更高的要求。传统环境下的服务厂商及物流节点间由于缺乏有效的沟通和合作机制,各独立个体仅以谋取"自身利益最大化"为目标进行运营,无序竞争使得部分设施资源闲置或利用不足,而部分设施资源则超负荷运行,最终导致各独立个体的利润和生存空间被不断压缩。

为了获取更高的资源利用率和更多的效益,各独立个体开始尝试进行团队协作,加强信息沟通,提高物流基础设施的使用率。随着合作的深入,为增强自身的核心竞争力,各独立个体纷纷将非核心附属业务剥离,通过物流共同化、供应链协作等方式形成协同物流网络,实现资源的优化配置和服务的敏捷反应。协同物流网络是在动态的企业愿景驱动下,将供应商(或物流节点等)及其同质竞争对手都列为潜在协作伙伴的物流系统,它通过网络节点间的横向竞合博弈、纵向共同协作来获取网络的"溢出效益",这也是协同物流网络与其他物流网络组织的最大不同。

2. 超循环协同进化演化机理分析

协同物流网络是由核心企业、配套商、物流节点等组成的复杂巨系统,具有开放、存在控制参量、非线性、随机和自组织等特点,因此其形成机理实质上是一个系统的动态演化过程。同样,生物系统也是具有自组织特点的复杂巨系统,其形成和进化机制与协同物流网络的演化过程具有相似之处。对生物系统的演化表述以达尔文适者生存原理为基础。德国科学家 Eigen[71]引入生物分子"超循环"自催化增殖理念,从分子角度剖析生物分子间复杂的复合超循环自组织过程,进而将研究成果推广到自然界的生物系统。Eigen 通过研究认为,生物系统也是遵循"超循环"模式不断发展的。超循环就是指生物分子间依靠功能耦合形成复合循环,凭借竞争-选择-协同的方式实现非生命向生命的转化[72]。Eigen-Schuster 超循环过程如图 2.4 所示[56,73]。

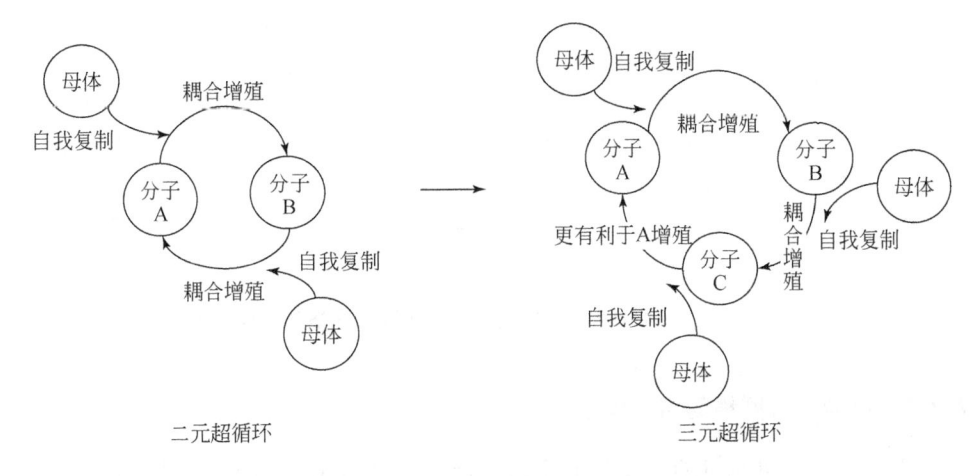

图 2.4 Eigen-Schuster 超循环过程示例

协同物流网络的演化机理与生物系统的超循环协同进化机制具有内在的一致性。协同物流网络中的协作厂商、物流虚实节点与生物系统中的生物分子类似,而节点链路和节点关系则与生物系统中分子间的功能耦合关系类似。网络中成员通过信息共享、竞合机制和契约规则的制定,采用自我复制和耦合增殖的方式形成超循环组织,巩固了成员间的分工协作关系和为协作而形成的组织观念、文化及技术手段,凭借更强的组织群体优势和协作生产模式,增强了网络成员的生命力和协作关系的稳健性,为实现有机分工合作和共同价值创造提供了有力的保障。

以互惠多赢为基础的发展机制使得协同物流网络中的成员克服了传统环境下协作企业间信息不对称、法制环境不健全、资信评价机制缺失等弊端的制约,实现了信息畅通、公平竞争、进退有序的超循环协同进化,这是协同物流网络为适应多变的外部竞争环境而不断发展的结果。其具体演化机理如图 2.5 所示,图 2.5(a)表明核心制造企业和配套商形成的协作网络中新加入的配套商 B 比 A 更有利于核心制造企业发展时,B 取代 A,A 消亡或退出协作机制;图 2.5(b)表明核心制造企业和配套商形成的协作网络中新加入物流节点 C 与配套商 A 形成协作,能更好地促进核心制造企业发展时,C 便进入协同物流网络,形成三元超循环;图 2.5(c)表明随着配套商和相应物流节点的不断进出,最终形成稳定的多元超循环协同进化物流网络。

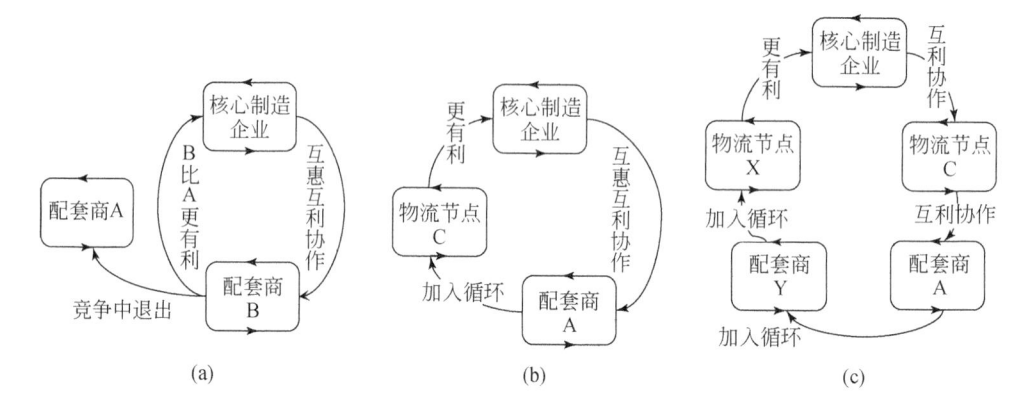

图 2.5 协同物流网络的超循环协同进化演化机理

2.2.2 协同物流网络的组织体系

良好的运行机制可使协同物流网络近似成一个自组织系统,在外界环境发生不确定变化时(如客户弃单或交付计划调整),能迅速做出反应,调整策略,实现目标优化。但是其运行机制的构建是一项复杂的系统工程,主要工作包括良好的网络外部环境和有效的网络内部组织体系建设。网络外部环境建设多涉及国家和地方相关法律法规,需从国家政策层面考虑;网络内部组织体系建设主要是指组织职能和岗位责权调整与配置,需从微观结构进行分析。本书中将着重讨论网络内部组织体系的建设问题。

协同物流网络由多个功能和目标不同的子组织构成,它通过运行过程中成员活动组分(网络中的公开关系)确定参与成员的角色属性,并制定相应的管理规则。网络中并不排斥成员间自发形成的私下协作组织和半私下关系组织,成员间可根据需求变化动态选择协作伙伴,但网络成员必须依据各自在网络公开关系中的角色共享资源信息等以实现协作物流网络的可视化,保障物流网络高效运行。其组织体系架构如图 2.6 所示[20,22,57]。

协同物流网络组织体系由公开关系组织和特定关系组织两个子部分构成。特定关系组织由成员间自发的私下协作组织和半私下关系组织构成;公开关系组织由长期稳定合作组织和目标驱动动态组织组成。在整个协同物流网络中更多关注的是公开关系组织,对于特定关系组织,更多是依靠成员间私下达成的契约,协同物流网络不做过多的约束。

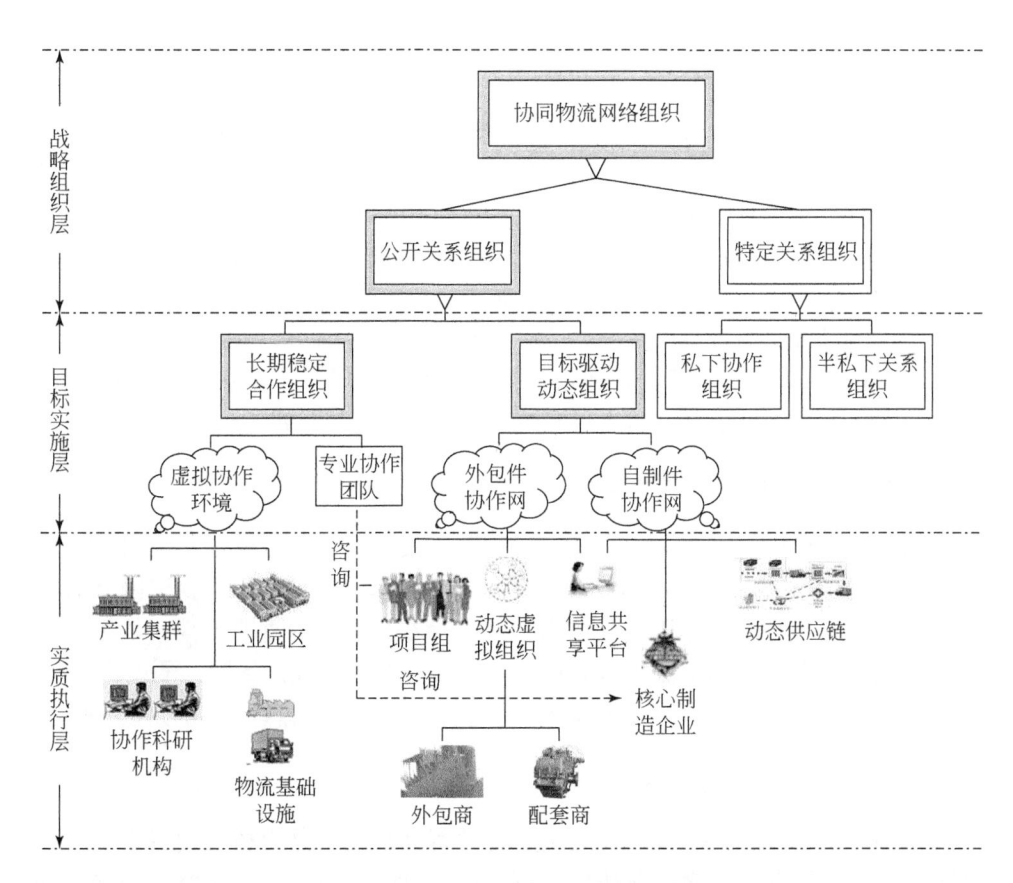

图 2.6 协同物流网络的组织体系架构

1. 长期稳定合作组织

与目标驱动动态组织不同,协同物流网络中长期稳定合作组织更多强调的是组织成员间的合作。合作与协作的根本区别在于:合作是一种社会生活形态,而协作则从属于利益追求的目的。合作在结果上必然导致合作各方互惠互利以及社会整体利益的增加,但是,合作却不将此作为目标,它追求的是一种"差异的互补"[74]。企业经营过程中通过物流协作形成的长期稳定合作组织包括:虚拟协作环境和专业协作团队。虚拟协作环境包括相关的产业集群、工业园区以及与之配套的物流基础设施和相关的协作科研机构;专业协作团队提供面向企业、项目组和动态虚拟组织等问题解决方案的专业知识和技术以及协同物流网络流程再造、成员关系重塑和利益分配等的专业咨询。

2. 目标驱动动态组织

协同物流网络中的目标驱动动态组织由核心制造企业和外包产品/服务协作网组成。核心产品/服务协作网是由核心制造企业主导的，连续制造驱动的稳定网络，从产品设计到物资准备、运输、配送和仓储，协作网中的成员都有明确的角色分工，借助信息共享平台，通过功能耦合和进退机制形成动态供应链。外包产品/服务协作网更多的是一个机会网络，当核心制造企业发布外包信息时，通过信息共享平台，外包商和配套商会迅速结成虚拟的动态联盟与核心制造企业建立协作关系；与此同时，由产品设计、生产管理和物流技术等人员组成的临时联合项目组成立，用以提供专业指导和流程控制，当目标达成后，虚拟联盟和临时项目组即告解散。

2.2.3 协同物流网络的互动模式

协同物流网络并不是一个完全自组织系统，其有序运行需要依靠来自系统内部拉力的引导或外部推力的驱动。可以说，需求和牵引是整个协同物流网络有效互动的动力源，发挥这种作用的主体则是网络存在并运行的重要支撑。依据网络运行主导性的不同，协同物流网络的互动模式可分为核心制造企业主导型、第三方物流(third-party logistics,3PL)集成服务商整合型和专业信息平台协助型三种。

1. 核心制造企业主导型互动模式

对协同物流网络来说，核心制造企业主导型互动模式是由核心制造企业生产和物资部门主导，相关配套企业协作，专业化分工明确、竞合互补的物流网络互动模式。核心制造企业规模、资金和技术优势明显，通过"技术溢出效应"和资金投入，能够带动产品加工、物资集配、设备制造等配套企业技术能力的提升，通过对协同物流网络的优化，能使之形成专业化协作，提高纵向差异互补能力。同时，配套企业的技术升级，也能对核心企业产生"挤压效应"[75]，促使其不断提升自身技术优势，提高横向同质主导能力，具体如图 2.7 所示[76,77]。

2. 第三方物流集成服务商整合型互动模式

在协同物流网络中，第三方物流集成服务商整合型互动模式是指第三方独立的物流服务企业动态配置自身和网络中其他企业的功能和服务，利用信息交互平台，整合网络中仓储、运输、库管、货代和企业内部第一、二方物流等物流资源为核心制造企业提供连续性生产服务[78,79]。第三方物流企业以合同约束和企业联盟为基础，通过信息代理、资源整合、专业化运营等，提供低成本高效的物流定制服务，以促进企业核心竞争力的提升，具体如图 2.8 所示。

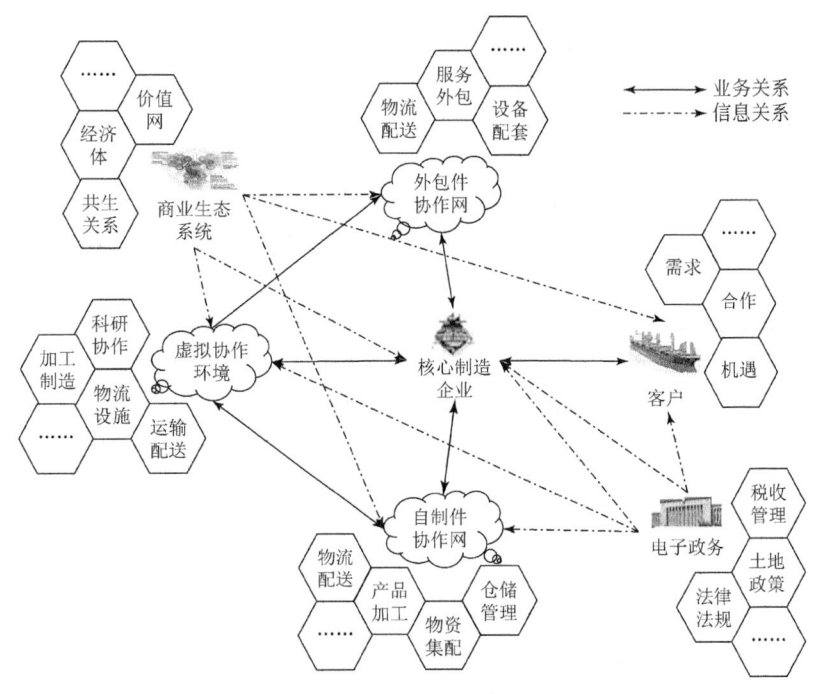

图 2.7　核心制造企业主导型互动模式

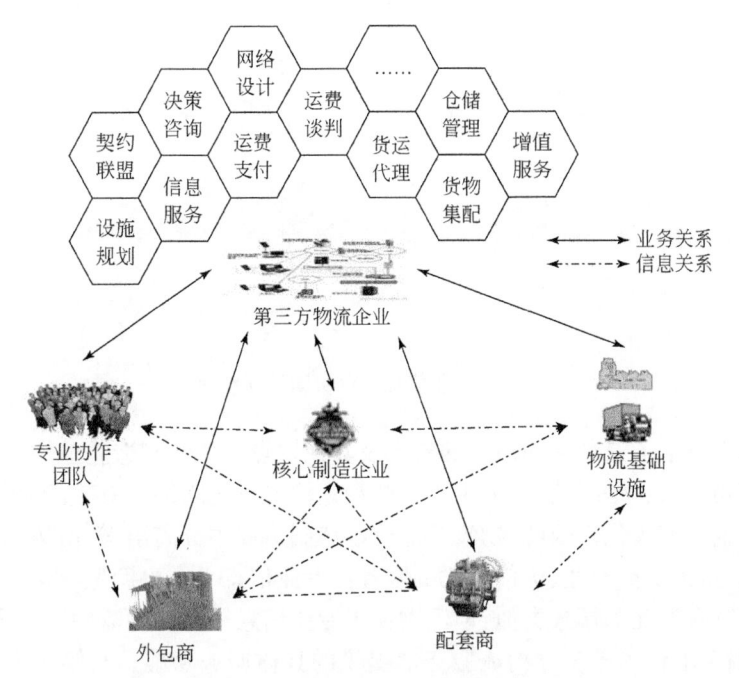

图 2.8　第三方物流集成服务商整合型互动模式

3. 专业信息平台协助型互动模式

在协同物流网络中各成员都是高度自治和分散的；同时，成员间组织的异构特性导致如果单纯依靠成员间物流的自组织来实现网络的有序运行，将会是一个非常缓慢的进化过程。因此，为加快协同物流网络自组织的进化速度，实现网络的高效有序运行，需要有"吸引子"来为协同物流网络提供导向作用，激发网络成员物流有序化协作意识，在这个过程中，专业信息平台则充当了该角色。专业信息平台协助型互动模式是以专业的物流信息共享平台为基础的，网络中成员通过信息交互，获得各种物流资源信息的动态模式。该模式提高了信息的透明度和可信度，对于降低成员间的物流协作沟通成本、稳固合作伙伴关系、提高运作效率、保持产品制造的连续性具有重要意义，具体如图 2.9 所示。

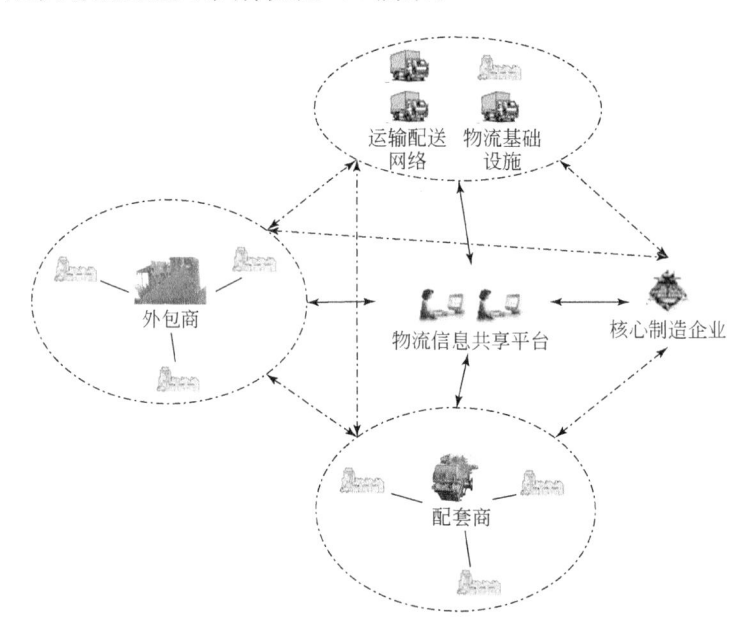

图 2.9 专业信息平台协助型互动模式

表 2.1 总结了三种互动模式的特点及其优缺点。核心制造企业主导型互动模式从局部角度来看是高效的，但由于生产和运输节点之间缺乏有效的协作，很难实现物流的整合和优化。因此，物流功能可以从制造商中分离出来，由第三方物流服务商来执行，提供更专业、更信息化的服务。专业信息平台协助型与第三方物流集成服务商整合型互动模式类似，但区别在于专业信息平台对物流网络信息的收集、汇总和保存，取代了第三方物流服务商提供的具体服务功能。与第三方物流集成服务商整合型互动模式相比，专业信息平台协助型互动模式不再以实体企业为协

作核心,而是通过虚拟信息系统平台实现物流网络中的信息资源共享。专业信息平台协助型互动模式可以实时获取资源的信息状态,高效地完成资源的整合和优化,但信息平台的管理难度大,对管理者的专业水平要求高。

表 2.1 协同物流网络三种互动模式比较

运行模式	核心制造企业主导型	第三方物流集成服务商整合型	专业信息平台协助型
核心主体	核心制造企业	第三方物流服务商	信息平台
特点	中间环节少;制造企业物流功能内部化	合同形成担保体系	无实体企业
优点	物流网络运行速度快、成本低	服务更专业、信息化	实时获取资源信息;高效完成资源整合优化
缺点	生产、运输节点缺乏有效协同	企业物流管控的能力下降	信息平台管理难度大

2.2.4 协同物流网络的组织场景

1. 仓库与存储

基于信息平台网络及时将货物从多个供应商备货到仓库,为客户(供应商)提供灵活多变的仓储服务。仓储服务建立在信息共享基础上的资源优化整合,要求协同各物流企业通过信息平台及网络把仓储信息及库存设备集中起来加以共享来实现联合仓储。仓储管理注重多方同时参与,共同制订库存计划,使各物流企业都从相互之间的协调性出发,保持节点企业的库存管理者对需求的预期保持一致。仓储管理协调机制能对需求的变化做出快速响应,从而能够提升各个节点物流企业的运行效率,降低库存成本,赢得竞争优势。

2. 运输与配送

(1)智能调度。基于协同物流网络模式的信息平台可以实现多种优化目标,灵活配置约束条件,贴近客户真实配送场景,实现降本增效。凭借高效的算法可快速返回排单方案,保证货物的时效性,增强运输效率。现已应用于食品快消、快递快运、危化品运输等行业。

(2)共同配送。将配送中心联合起来形成配送联盟,通过共享资源,协同工作,实现配送作业的规模化、敏捷化,提高资金、设备、人员的利用率。物流公司根据客户货物数量或规模制定最优配送方案,缩短配送时间,提升用户体验。共同配送一方面能提高物流配送的响应速度,可达到配送作业的规模经济,提高物流作业的效率,提高物流服务水平;另一方面,设施、人员利用效率的提高,使整个物流网络成本水平有实质性的降低,开源和节流的综合作用使协同系统的整体收益显著提高。从宏观角度来看,开展共同配送可减少物流设施重复建设,实现物流设施合理布局;同时,配送效率的提高和运输车辆的减少,还可以起到缓解交通拥堵、降低环境污染等作用。

3. 信息化服务

协同物流网络依赖强大的信息化系统为客户提供服务,信息化系统包含订单管理系统、资源协同平台、仓库管理系统、配送管理系统、移动应用平台、车辆轨迹平台等。物流公司利用对数据的整合与分析对客户提供咨询支持,运用网络技术向客户提供在线数据查询和在线帮助服务,帮客户实现个性化定制以及物流金融等增值服务,进行智能管理,更好地提升用户体验。

2.2.5 相关案例

1. 潘世奇公司

潘世奇(Penske)公司在卡车租赁和物流领域处于世界领先地位,公司依托信息平台主导整个物流网络的运营,属于第三方物流集成服务商主导的协同物流网络互动模式。潘世奇公司的产品包括供应链管理、专用合同运输、货运管理、仓储与配送等,应用于汽车、化工、卫生保健、工业制造业、零售等9个领域,业务覆盖亚洲、欧洲、南美洲和北美洲,如图2.10所示。

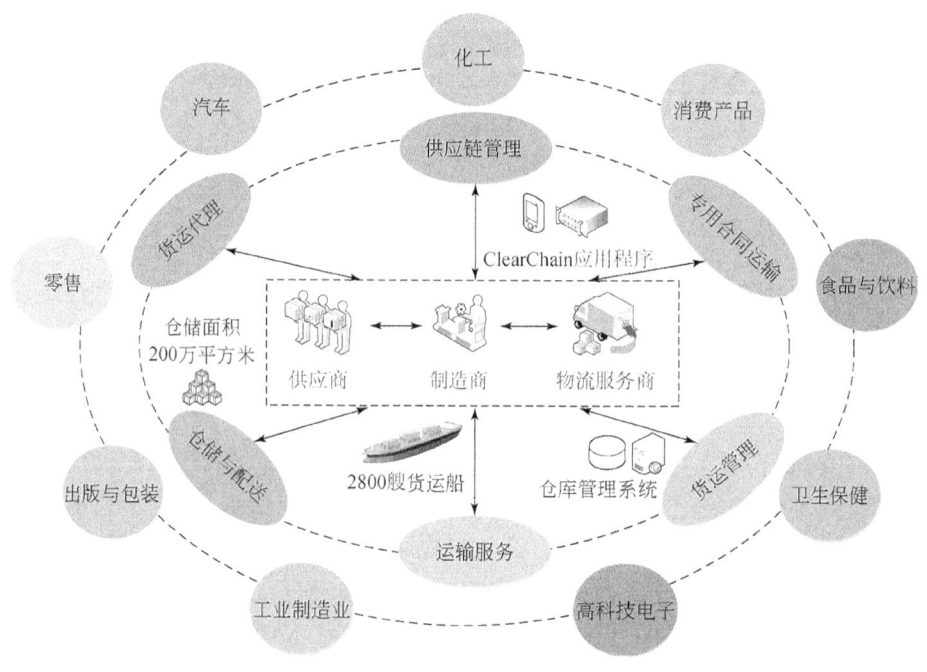

图2.10 潘世奇公司的协同物流网络模式

潘世奇公司使用数据库为企业用户提供整体操作的全面视图，使团队能够高效率运行。产品信息可以在供应链合作伙伴之间以电子方式传输，并自动加载到核心系统中。库存水平可以通过仓库管理系统（warehouse management system，WMS）进行跟踪，以确保分拣质量。WMS完美地提供了产品部件的准确位置和数量，以便员工能够快速定位并将其交付到生产线。此外，潘世奇公司拥有一个较为成熟的专用合同运输系统，并配备先进的应用程序——ClearChain，专注于安全和运输技术，用来提供最佳的服务性能。用户可以通过ClearChain接收专用合同运输路线的最新信息，设置它们想要密切监视的路线的监视列表，并查看车辆当前位置。ClearChain可以通过电子数据交换、全球导航卫星系统（global navigation satellite system，GNSS）技术和车载电子记录器从多个来源提取信息。这些信息能够帮助企业用户更好地管理库存，改善客户服务，优化路线，使其更好地与生产计划同步，以减少供应链中断的风险。

2. 菜鸟大数据协同物流网络平台

作为一家专注于物流网络平台服务的互联网科技公司，菜鸟网络科技有限公司（以下简称菜鸟）通过技术创新和高效合作，推动快递物流行业数字化、智能化升级。菜鸟将社会化的资源和能力与合作伙伴结合起来，为商家提供行业特有的物流服务，更好地提高效率，节约管理成本。菜鸟大数据协同物流网络平台涵盖快递、仓储配送、乡镇、跨境物流、服务终端、合作伙伴六个方面，通过创造多样化和个性化的服务，为消费者提供更好的物流体验。图2.11为菜鸟大数据协同物流网络示意图（根据菜鸟官网数据整理）。

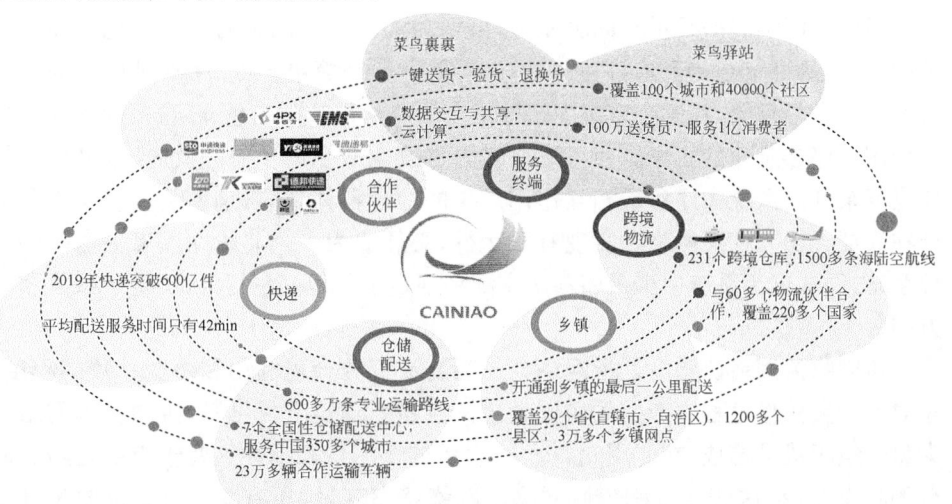

图2.11 菜鸟大数据协同物流网络示意图

在云计算、大数据和智能装备的推动下,菜鸟在"最后一公里"服务模式上不断突破,服务终端设有菜鸟裹裹应用和菜鸟驿站服务点,手机应用程序支持一键式送货、验货、退换货。菜鸟驿站现已覆盖 100 个城市、4 万个社区,服务 1 亿消费者。2019 年菜鸟的服务报告显示,每次配送服务平均只需 42min。菜鸟大数据协同物流网络平台致力于技术创新和服务模式创新的协调发展,不断提升物流自动化和智能化水平,稳步实现智能物流的稳定发展。

2.3 协同物流网络的有序度分析

协同物流网络由提供不同产品制造/服务的虚拟组织和动态联盟等物流协作群体构成,是一个规模庞大、关系纵横交错的开放复杂大系统,整个网络中存在大量不确定性、无序性、无效性和复杂性。网络中物流资源规划、获取、评价、共享和集成的有序度直接关系到协同物流网络的协调效果和响应速度[80]。有序度在物理学中的原意是物体内部结构中质点在空间的分布具有周期重复的规律性[81]。对协同物流网络来讲,网络中孤立组织的存在会导致系统无序程度的增加,因此其有序度分析衡量的是网络克服时空混乱和逻辑无序,实现资源有效运行和动态重组的有序程度,主要包括网络中成员间的协作水平、动态联盟合作的稳定性及整个网络系统的自组织程度。可以说,协同物流网络运行效果的优劣直接取决于它的有序化程度。

2.3.1 成员协同度分析

借助协同学的序参量和伺服原理,可认为协同物流网络的协同演化受序参量控制,演化的稳定结构和有序度取决于序参量[82]。简单来说,序参量描述的是系统宏观有序的程度,在这个系统中快弛豫变量服从慢弛豫变量,序参量起支配和决定作用。序参量间的协作能使系统在临界点发生质变产生协同效应,这种协同效应是复杂开放系统中序参量相互作用产生的综合群体效应,是系统自组织现象的外在表征。协同物流网络要实现有序运行,必须成为一个非线性远离平衡态的开放系统,而在这个系统中少量序参量支配和规定了其他变量行为,决定了系统演化方向。

协同物流网络协同度是指网络成员间物流资源合理利用和协调一致的程度,是对序参量协作过程中产生的协同效应的度量。通过分析可知,协同物流网络由大量子组织成员构成,在此用 $q_1,\cdots,q_n$ 表示的多变量来描述这些子组织在给定时刻的状态,并把这些变量称为协同物流网络状态变量,所有变量可以由向量 q 表示为

$$q=(q_1,\cdots,q_n) \tag{2.1}$$

向量 q 服从式(2.2)所示的一般形式非线性随机偏微分方程[39]。

$$\dot{q}=N(q,a,\nabla,x,t) \tag{2.2}$$

式中,N 为非线性函数;a 为外部控制参量;∇ 为空间微商;x 和 t 分别为空间和时间。

依据协同学伺服原理中的绝热近似方法,q 中绝大多数变量都可由序参量 u 表示,序参量方程的形式为

$$\dot{u}=\lambda_u u+f(u) \tag{2.3}$$

式中,λ_u 为 u 的特征值;$f(u)$ 为 u 的多项式。

协同物流网络协同度是序参量间协作集体效应和序参量个体离散效应综合表征的群体效应度量指标。集体效应是微观序参量耦合互动、功能互补所产生的总宏观态,是系统整体有序趋势和程度的体现;离散效应是微观序参量离心互斥、功能抵消所产生的总宏观态,是系统整体混乱程度和无序趋势的体现。协同度的数学表达式为

$$\begin{cases} C_{\deg}=I(u)-S(u) \\ I(u)=N(u_1,\cdots,u_n) \\ S(u)=P(u_1,\cdots,u_n) \end{cases} \tag{2.4}$$

式中,$C_{\deg}$ 为协同物流网络的协同度;$I(u)$ 为序参量协作的集体效应函数;$S(u)$ 为序参量互斥的离散效应函数。

协同物流网络协同度大致可分为五种类型[83-85]。

1. 协同度:$C_{\deg}>0$

强正协同度是正协同效应的高烈度表现,表明整体收益大于损耗,这是系统稳定态的表现,也就是说,序参量之间协作产生的集体效应给整体带来了不可逆转的强增值。对协同物流网络来说,这种增值主要表现为:网络契约规则制定规范、物流资源的整合优化、信息共享高度透明、基础设施利用率和运作效率的提高、协作响应时间缩短和网络整体成本降低等。

2. 协同度:$C_{\deg}\rightarrow 0$

弱正协同度是正协同效应的低烈度表现,是系统由稳定态趋向临界态的趋势表现。在这个过程中,系统整体收益略大于损耗,说明序参量间协作的集体效应正在减弱或离散效应在不断增强。对协同物流网络来说,这种趋势表明:成员间物流协作活动次数减少,信息共享透明度减弱,协同物流网络中公共关系对成员的约束力和吸引力在降低等。

3. 协同度:$C_{\text{deg}}=0$

零和协同度表明协同运作与独立运行两者效果相同,即序参量个体互斥产生的离散效应抵消了序参量协作产生的集体效应,这是系统突变态的临界点,系统有可能趋向有序,也有可能趋向无序。对协同物流网络来说,这种抵消主要表现为成员间沟通成本增加与协同效益增值的对消和物流协作双方利益背反对抵等。

4. 协同度:$0\leftarrow C_{\text{deg}}$

弱负协同度是负协同效应的低烈度表现,是系统由不稳定态趋向临界态的趋势表现。在这个过程中,系统整体损耗略大于收益,这说明系统正在结束混乱态趋向有序。对协同物流网络来说,这主要表现在:契约规则趋向合理,新成员不断加入协同物流网络增强了竞合机制,公共关系协作的吸引力增强,成员私下协作次数减少等。

5. 协同度:$0>C_{\text{deg}}$

强负协同度是负协同效应的高烈度表现,表明整体损耗大于收益,这是系统不稳定态的表现,也就是说序参量间协作产生的集体效应造成了整体的贬值;同时,序参量产生的强离散效应会导致系统解体。对协同物流网络来说,这种贬值主要体现为:物流基础设施利用率不足,物流信息共享缺乏透明度,成员间沟通成本高于协同收益等。

由上述内容可知,协同物流网络的协同度具有不确定性,强正协同度是协同物流网络追求的目标,也是研究的重点,但是对处于临界和近似临界的协同度也应高度关注,采取措施引导其向有利的方向转变,尽量避免强负协同度导致网络解体的情况出现。

2.3.2 联盟稳定性分析

协同物流网络中子组织成员间的联盟是依赖网络契约规则的约束、信息共享机制以及互惠互利增值来维系的,在协同物流网络中联盟关系是动态和开放的。开放性是协同物流网络有序进化的必要条件,但不是充分条件。协同物流网络的开放性伴随着网络成员进退和联盟关系变换,这种能量和物质交换可以使网络产生有序,但也可以致其陷入无序和混乱[86],因此在协同物流网络中必须形成一种自稳定机制,以便能合理控制和约束网络中的动态联盟关系。

作为一个远离平衡态的开放非线性系统,当协同物流网络外部控制参量达到某个阈值时,在内部相干驱动力和随机涨落力的作用下,系统可以突变成新的更有序的稳定态[87]。新稳态的出现在数学上称为分岔现象,通过系统分岔可以实现从无序混乱非平衡到有序稳定平衡的转变。因此,要了解协同物流网络中联盟的稳定性,就必须清楚系统分岔所产生的稳态所在。

协同物流网络中联盟稳态方程可以表述成 Langevin 方程:

$$dq = N(q,a)dt + dF(t,q) \tag{2.5}$$

式中,$N(q,a)$ 为系统内部相干驱动力的函数;$F(t,q)$ 为系统随机涨落力函数。

依据协同学中对系统新稳态的寻找-确定机理,新稳态解的概率分布函数可由 Forkker-Planck 方程的含时解 $f(u,t)$ 来描述[57]。结合细致平衡原理和时间反演,得出 Forkker-Planck 方程:

$$\frac{\partial f(u,t)}{\partial t} = \left[\sum_i \left(\frac{\partial}{\partial u_i}C_i + \frac{\partial}{\partial u_i^*}\tilde{C}_i\right) + \sum_{ki} \frac{\partial^2}{\partial u_k \partial u_i^*} Q_{ki}\right] f(u,t) \tag{2.6}$$

式中,Q_{ki} 为扩散系数矩阵,$Q_{ki} = \delta_{ki} Q_i$,$Q_i = Q_0$。

C_i、$\tilde{C}_i$ 须具有式(2.7)和式(2.8)的形式:

$$C_i = \frac{\partial B}{\partial u_i^*} + I_i^{(1)} \tag{2.7}$$

$$\tilde{C}_i = \frac{\partial B}{\partial u_i} + I_i^{(2)} \tag{2.8}$$

且必须满足式(2.9)和式(2.10)的条件:

$$\sum_i \left(\frac{\partial B}{\partial u_i} I_i^{(1)} + \frac{\partial B}{\partial u_i^*} I_i^{(2)}\right) = 0 \tag{2.9}$$

$$\sum_i \left(\frac{\partial I_i^{(1)}}{\partial u_i} + \frac{\partial I_i^{(2)}}{\partial u_i^*}\right) = 0 \tag{2.10}$$

由以上内容可得稳态解为

$$f = \zeta e^{-V} \tag{2.11}$$

式中,ζ 为归一化常数。

广义的热力学势函数 V 可表示为

$$V = \frac{2B}{Q} \tag{2.12}$$

式(2.6)~式(2.12)是协同物流网络中联盟稳态解的求解过程,在对协同物流网络中联盟关系进行分析时,可以把其联盟动态变化看作一个粒子在力场中的过阻尼运动,力场中的势函数 V 可表示为

$$\dot{u} = -\frac{\partial V}{\partial u} \tag{2.13}$$

由式(2.3)可知,λ_u 的不同,会导致势函数 V 出现完全不同的状态。当 $\lambda_u < 0$ 时,$u=0$ 是协同物流网络中联盟稳定态的解;当 $\lambda_u > 0$ 时,协同物流网络中联盟为非平衡态,通过跃迁产生新的稳定解。

2.3.3 系统自组织分析

协同物流网络是一个复杂的自组织开放系统,整个协同物流网络在契约规则约束下,按照公共关系定义的角色开展协作,进而形成有序结构。依据自组织理论及热力学观点[72],系统生命力和持续力的强弱关键取决于系统内部非线性相干效应所产生的自组织能力;同时,系统不会总趋向于稳定和平衡,其不断出现的生长、演化或进化是一个超循环的动态过程,而这种动态过程要依赖耗散外界的物质和能量(资源)来维持[88]。可以说,协同物流网络的有序运行主要是依赖其系统的对称性破缺。对其系统自组织分析主要从混沌度和复杂度两方面来考虑。

1. 系统混沌度分析

熵(entropy)是从热力学第二定律引出的反映自发过程的不可逆状态参量,是描述组成系统大量微观粒子无序度的度量[89]。在隔离或绝热条件下,系统进行自发过程的方向总是熵值增大的方向,即"熵增原理"[90],熵越大,系统越混乱,越无序。物流作为协同物流网络经营活动的依附主体,其能否顺畅地流动,直接决定了网络整体的经营业绩,影响网络正常运转。因此,可以把协同物流网络能否有序运行与熵增联系起来。为此,引入Kolmogorov熵(K熵)和关联维数D来分别衡量其运行状态混沌程度和系统复杂度,并间接反映其有序状况[91]。

Kolmogorov熵在动力学中用来描述系统轨道分裂数目渐进增长率,主要表征系统的混沌程度[92]。其数学描述为[92]

$$K = -\lim_{\tau \to 0}\lim_{\varepsilon \to 0}\lim_{d \to \infty}\frac{1}{d\tau}\sum_{i_1,\cdots,i_d}P(i_1,\cdots,i_d)\log_2 P(i_1,\cdots,i_d) \quad (2.14)$$

式中,τ为时间间隔测度;ε为系统状态的测度(如在相空间中的长度);$P(i_1,\cdots,i_d)$为$j\tau$时间系统在体积元i_j(体积元的尺度为ε^f,f为自由度)中的概率。

对协同物流网络来说,Kolmogorov熵的意义在于:一方面能有效地度量其运行状态的混沌程度;另一方面还能给出其未来运行状态的可预测期限,即$K\sim 1/T$(T为可预测期限)。若$K=0$,表明网络的运行状态为完全有序的规则运动,其未来状态的可预测期限$1/K \to \infty$,是完全可测系统;若$K=\infty$,表明网络的运行状态为完全随机布朗(Brownian)运动,其未来状态的可预测期限$1/K \to 0$,是完全不可测系统。K值越大表明网络运行状态的混沌程度越高,可预测期越短。

2. 系统复杂度分析

关联维数D又叫Grassberger-Procaccia关联维,是反映非线性动力学系统分形结构的重要特征参数,能定量描述系统内部结构的复杂程度[93,94]。其数学描述为[95]

$$D(m)=\lim_{r\to 0}\frac{\ln C_m(r)}{\ln r} \tag{2.15}$$

式中，m 为相空间的嵌入维数；r 为 m 维相空间体积元半径，为给定的临界距离；$C_m(r)$ 为关联积分，表示相空间中两点之间距离小于 r 的概率，其表达式为

$$C_m(r)=\frac{1}{M(M-1)}\sum_{i\neq j}\theta(r-\|X_i-X_j\|) \tag{2.16}$$

式中，$X_i=\{x_i,x_{i+1},\cdots,x_{i+(m-1)}\}(i=1,2,\cdots,N-m+1)$，是由一维数列 $x_1,x_2,\cdots,x_N$ 在 m 相空间变换而来的[94]；$M=N-(m-1)$ 为相空间所包含的总点数；θ 为 Heaviside 阶跃函数，是空间相关性的度量，其表达式为

$$\theta(x)=\begin{cases}1, & x\geqslant 0\\ 0, & x<0\end{cases} \tag{2.17}$$

对协同物流网络来说，关联维数 D 的意义在于：可以直观地反映系统的复杂程度，避免过分复杂的组织体系导致沟通困难和协同利益分散。作为一个快速响应的敏捷制造系统，简捷是协同物流网络构建的重要原则之一，这表明其嵌套的层级不应很多，关联维数不应很大，因此合理控制系统分形维数是实现自组织有序运行的关键。

综上所述，协同物流网络自组织机制能否有序运行，关键取决于低 Kolmogorov 熵和合理的关联维数，也就是说，使 $K\to 0$，并控制 D 的大小合适是保障其自组织有序运行的必要条件。

2.4 本章小结

为了更有效地研究协同物流网络的资源优化问题，本章对协同物流网络进行了系统分析，以期能更好地了解其内在构成，支持后续研究。本章首先通过对协同物流网络的概述分析，提出了明晰的协同物流概念和协同物流网络内涵，并提炼和总结了其构成要素及基本特征。在此基础上，引入超循环动态竞合思想，从演化机理、组织体系、互动模式、组织场景和相关案例五个方面对协同物流网络的运行机制进行了分析，并在协同论和耗散结构论指导下从协同度、稳定性和自组织三个角度衡量了协同物流网络的有序运行情况。

第 3 章 协同物流网络随机需求与资源共享的耦合机理研究

以需求-资源调配为核心思想,建立多源并发情况下随机需求与资源共享并存的主模型、随机需求与资源独立的对照模型和需求确定与资源共享的对照模型,并采用带精英策略的非支配排序的遗传算法(non-dominated sorting genetic algorithm-II,NSGA-II),求解实际数据案例,以此来探究协同物流网络中的随机需求和资源共享对配送结果的影响机理。

3.1 协同物流资源-任务问题因素分析

相较于传统物流网络,协同物流网络的多主体性、动态性、随机性特点使得任务-资源配置过程更加复杂[96],而且任务-资源配置方案的优劣对协同物流网络的运行效率、经济性等有更严重的影响[97]。协同物流网络本质即打破系统中的各个主体、各种资源要素之间的隔离,通过协调服务对象、任务环节以及环境之间的信息交流、物资流动来实现有限资源的合理配置,以求得到更优的目标[18]。

协同物流网络中任务-资源匹配问题是一个多因素耦合问题[32],因素之间相互关联,相互影响[98],如资源、时间、需求、物流各个环节之间的博弈,不同主体间的博弈、利益分配、目标间博弈等因素都会对协同物流网络中任务-资源匹配产生影响[67,99,100],因此要首先明确其中的主要因素,舍去次要因素,简化研究难度,研究关键问题。把协同物流任务-资源的影响因素划分为内部因素和外部因素,分别对其主要因素或研究热点因素进行研究。

3.1.1 外部因素

对现有研究物流网络的外部因素文章进行爬取和整理,中文数据库有中国知网、万方数据和维普数据,英文数据库有 Web of Science、ScienceDirect 和 Scopus,总计获得 7563 篇文章,并采用 VOSviewer 文本数据可视化工具进行关键词词频及聚类分析。在 VOSviewer 的基础上,对聚类结果进行分类,并用解释结构模型(interpretative structural modeling,ISM)对关键词间的关系进行系统性分析,最终确定本章要研究的主要外部因素。

1. 聚类分析

使用 VOSviewer1.6.15 软件进行关键词的共词聚类分析,采用的输入文本格式为 text 格式,文献资料格式为 RefWorks,选择进行文章内去重选项,词频阈值下限为 10,以词频的出现次数作为显示权重,得到图 3.1。

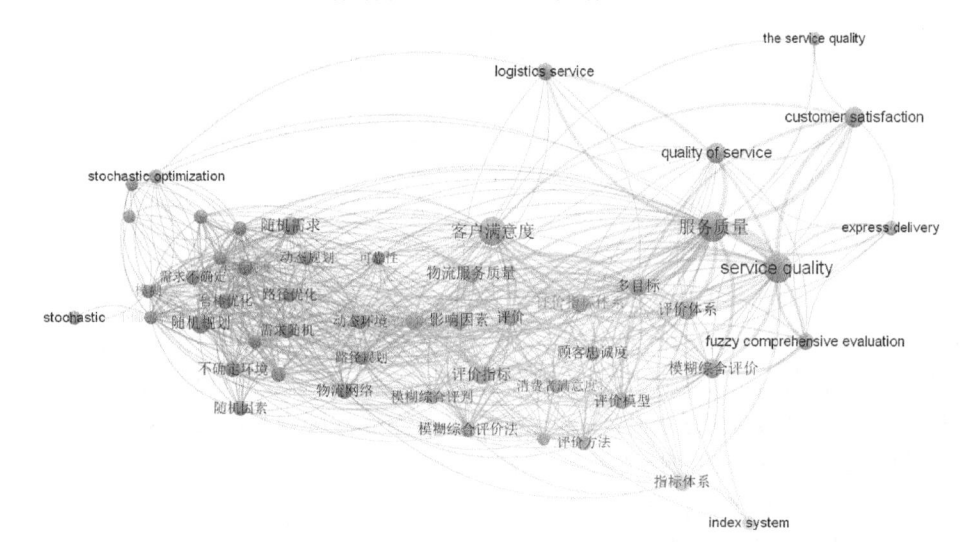

图 3.1 外部因素相关文章关键词共词聚类分析知识图谱

对可视化数据进行分析,通过图 3.1 的 VOSviewer 数据文件可以获得 4 个聚类聚合,但其中包含大量的语义相近因素,因此需要人工对语义相近元素进行去重操作,获得 4 个不含相似元素的聚类集合。对集合中每个元素进行分类,所分类别有目标层、方法层、因素层和其他。分类规则为描述目标的关键词归类到目标层,描述方法的关键词归类到方法层,描述影响因素的关键词归类到因素层,其他无偏向的名词归类到其他,获得表 3.1。

表 3.1 外部因素关键词共词分析聚类结果

层级	集合 1	集合 2	集合 3	集合 4
目标层	可靠性 quality control	客户满意度 经济效益	customer satisfaction 服务质量	—
方法层	不确定规划 动态规划 车辆调度 随机规划 鲁棒优化	模糊综合评价法	模糊综合评价	—

层级	集合1	集合2	集合3	集合4
因素层	需求确定 stochastic demand	成本因素	—	—
其他	模糊 选址 物流网络 绿色物流 车辆路径问题	多目标 影响因素 评价方法 评价模型	logistics service	指标体系

2. ISM 分析

通过图 3.1 外部因素相关文章关键词共词聚类分析知识图谱可以看出，在协同物流网络外部因素的研究高频词汇之间存在错综复杂的关系且存在大量同义词或近义词，直观上难以分辨，因此需要对图 3.1 中各个元素之间进行同义词合并或简化。但是由于简化后的词频关系中仍然存在许多直接或间接的关系，需要 ISM 对关键词之间的直接或间接关系进行处理，揭示网络的核心关键词，最终通过模型中的骨架矩阵最简单且直观地给出本书研究的对象。

根据图 3.1 所示的知识图谱的连接关系，对因素层和目标层构建 ISM。首先对目标层和因素层中的元素进行层内去重处理，对去重后的元素进行编号，分别为 S1~S7，最终得到表 3.2。

表 3.2 外部因素 ISM 元素编号

编号	元素	编号	元素	编号	元素	编号	元素
S1	可靠性	S3	客户满意度	S5	需求确定	S7	成本因素
S2	服务质量	S4	经济效益	S6	stochastic demand		

依据图 3.1 中的 S1~S7 元素的关系获取 ISM 的邻接矩阵。设定因素层与目标层的关系为单项通路，影响只可由因素层传递到目标层；因素层和目标层内部元素之间分别根据图 3.1 的数据决定各元素之间的联通情况，且对因素层或目标层内部中相似或相同含义的元素进行去重处理。外部因素的邻接矩阵 $A=(a_{ij})_{n\times n}$，其中 n 为元素的数量。

$$a_{ij}=\begin{cases} 1, & S_i \text{ 对 } S_j \text{ 有某种二元关系} \\ 0, & S_i \text{ 对 } S_j \text{ 没有二元关系} \end{cases}$$

第 3 章 协同物流网络随机需求与资源共享的耦合机理研究

$$A = \begin{array}{c} \\ S1 \\ S2 \\ S3 \\ S4 \\ S5 \\ S6 \\ S7 \end{array} \begin{array}{c} S1\ S2\ S3\ S4\ S5\ S6\ S7 \\ \begin{bmatrix} 0 & 1 & 1 & 0 & 0 & 0 & 0 \\ 1 & 0 & 1 & 1 & 0 & 0 & 0 \\ 1 & 1 & 0 & 1 & 0 & 0 & 0 \\ 0 & 1 & 1 & 0 & 0 & 0 & 0 \\ 1 & 1 & 1 & 1 & 0 & 1 & 1 \\ 1 & 1 & 1 & 0 & 1 & 0 & 0 \\ 0 & 1 & 1 & 1 & 0 & 0 & 1 \end{bmatrix} \end{array}$$

根据可达矩阵的定义,有$(A+I)^{k-1} \neq (A+I)^k = (A+I)^{k+1} = M$,$M$ 为 A 的可达矩阵,I 为单位矩阵。可达矩阵表示从一个要素到另一个要素是否存在连接的路径。通过计算得到 $k=2$,即 $M=A^2$:

$$M = \begin{array}{c} \\ S1 \\ S2 \\ S3 \\ S4 \\ S5 \\ S6 \\ S7 \end{array} \begin{array}{c} S1\ S2\ S3\ S4\ S5\ S6\ S7 \\ \begin{bmatrix} 1 & 1 & 1 & 1 & 0 & 0 & 0 \\ 1 & 1 & 1 & 1 & 0 & 0 & 0 \\ 1 & 1 & 1 & 1 & 0 & 0 & 0 \\ 1 & 1 & 1 & 1 & 0 & 0 & 0 \\ 1 & 1 & 1 & 1 & 1 & 1 & 1 \\ 1 & 1 & 1 & 1 & 1 & 1 & 1 \\ 1 & 1 & 1 & 1 & 0 & 0 & 1 \end{bmatrix} \end{array}$$

提取外部因素的骨架矩阵。第一步,对可达矩阵 M 进行缩约,建立 M 最小实现的缩减矩阵 M':

$$M' = \begin{array}{c} \\ S1 \\ S7 \\ S5 \end{array} \begin{array}{c} S1\ S7\ S5 \\ \begin{bmatrix} 1 & 0 & 0 \\ 1 & 1 & 0 \\ 1 & 1 & 1 \end{bmatrix} \end{array}$$

第二步,去掉缩减矩阵 M' 中已具有邻接二元关系的要素间的越级二元关系和单位矩阵,得到经进一步简化后的新矩阵 M'':

$$M'' = \begin{array}{c} \\ S1 \\ S7 \\ S5 \end{array} \begin{array}{c} S1\ S7\ S5 \\ \begin{bmatrix} 0 & 0 & 0 \\ 1 & 0 & 0 \\ 0 & 1 & 0 \end{bmatrix} \end{array}$$

通过 M'' 可以获得层级关系为 S5→S7→S1,即(S5,S6)→S7→(S1,S2,S3,S4)。根据图 3.1 可获得此关系层级如图 3.2 所示。

可以发现,层级 1 和层级 2 中包含的元素都为表 3.1 中的因素层元素,层级 3 中包含的元素都为目标层元素。通过分层可以发现,层级 1 中的元素(S5,S6)通过影响层级 2 中的 S7,最终影响层级 3 中的目标(S1,S2,S3,S4)。

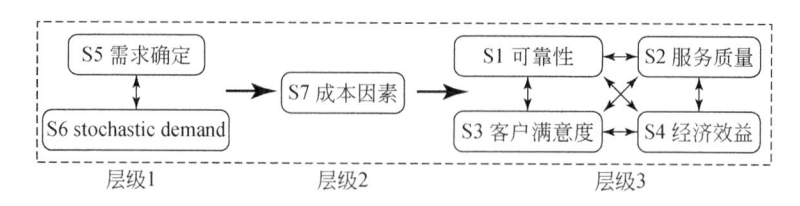

图 3.2 外部因素 ISM 层级关系图

通过该 ISM 可以得到，在研究协同物流网络的外部因素时，动态需求和随机需求（stochastic demand）通常作为底层影响因素。

3.1.2 内部因素

与 3.1.1 节类似，本节通过对现有研究物流网络的内部因素文章进行爬取和整理，从中国知网、万方数据、维普数据、Web of Science、ScienceDirect 和 Scopus 获取 6877 篇文章进行关键词共词聚类分析，并基于此采用 ISM 进行系统分析。

1. 聚类分析

采取与 3.1.1 节相同的参数设置和相同的处理，获得图 3.3 和表 3.3。

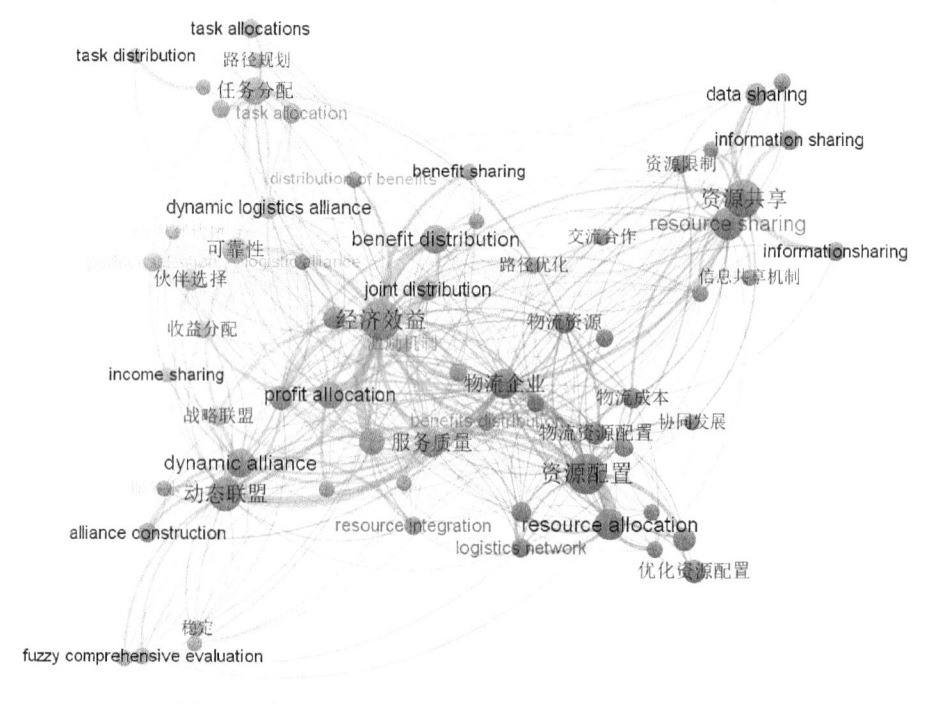

图 3.3 内部因素相关文章关键词共词聚类分析知识图谱

表 3.3 内部因素关键词共词分析聚类结果

层级	集合 1	集合 2	集合 3	集合 4
目标层	物流成本	经济效益	—	可靠性
方法层		joint distribution 路径优化	—	—
因素层	资源配置	服务质量	资源共享	收益变化
其他	物流资源 影响因素 物流企业 协同发展 logistics service	协调机制 合作博弈	logistics credit 合作博弈 资源限制	奖励机制 物流动态联盟 联盟成员

层级	集合 5	集合 6	集合 7	集合 8	集合 9
目标层	—	—			
方法层	—	路径规划	fuzzy comprehensive evaluation	—	dynamic model
因素层	resources integration	任务分配	—	benefits distribution	task distribution
其他	动态联盟	—	稳定 risk management	logistic alliance	—

2. ISM 分析

根据图 3.3 内部因素相关文章关键词共词聚类分析知识图谱所示的连接关系,对因素层和目标层构建 ISM,获得表 3.4。

表 3.4 内部因素 ISM 元素编号

编号	元素	编号	元素	编号	元素	编号	元素
S1	物流成本	S3	服务质量	S5	资源配置	S7	资源共享
S2	经济效益	S4	可靠性	S6	收益变化	S8	任务分配

做与 3.1.1 节相同的处理,根据图 3.3 中 S1～S8 的相邻关系构建邻接矩阵,连接规则与 3.1.1 节相同。内部因素的邻接矩阵 $A=(a_{ij})_{n\times n}$,n 为元素的数量。

$$A = \begin{array}{c} \\ S1 \\ S2 \\ S3 \\ S4 \\ S5 \\ S6 \\ S7 \\ S8 \end{array} \begin{array}{cccccccc} S1 & S2 & S3 & S4 & S5 & S6 & S7 & S8 \\ \left[\begin{array}{cccccccc} 1 & 1 & 1 & 0 & 0 & 0 & 0 & 0 \\ 1 & 1 & 1 & 0 & 0 & 0 & 0 & 0 \\ 1 & 1 & 1 & 1 & 0 & 0 & 0 & 0 \\ 0 & 0 & 1 & 1 & 0 & 0 & 0 & 0 \\ 1 & 1 & 1 & 1 & 1 & 1 & 0 & 1 \\ 0 & 0 & 1 & 0 & 1 & 1 & 1 & 1 \\ 1 & 1 & 1 & 0 & 0 & 0 & 1 & 0 \\ 0 & 1 & 0 & 0 & 1 & 0 & 0 & 1 \end{array}\right] \end{array}$$

根据可达矩阵的定义,有 $(A+I)^{k-1} \neq (A+I)^k = (A+I)^{k+1} = M$。通过计算得到 $k=2$,即 $M=A^2$:

$$M = \begin{array}{c} \\ S1 \\ S2 \\ S3 \\ S4 \\ S5 \\ S6 \\ S7 \\ S8 \end{array} \begin{array}{cccccccc} S1 & S2 & S3 & S4 & S5 & S6 & S7 & S8 \\ \left[\begin{array}{cccccccc} 1 & 1 & 1 & 1 & 0 & 0 & 0 & 0 \\ 1 & 1 & 1 & 1 & 0 & 0 & 0 & 0 \\ 1 & 1 & 1 & 1 & 0 & 0 & 0 & 0 \\ 1 & 1 & 1 & 1 & 0 & 0 & 0 & 0 \\ 1 & 1 & 1 & 1 & 1 & 1 & 1 & 1 \\ 1 & 1 & 1 & 1 & 1 & 1 & 1 & 1 \\ 1 & 1 & 1 & 1 & 0 & 0 & 1 & 0 \\ 1 & 1 & 1 & 1 & 1 & 1 & 1 & 1 \end{array}\right] \end{array}$$

提取内部因素的骨架矩阵。第一步,对可达矩阵 M 进行缩约,建立 M 的最小实现的缩减矩阵 M':

$$M' = \begin{array}{c} \\ S1 \\ S7 \\ S5 \end{array} \begin{array}{ccc} S1 & S7 & S5 \\ \left[\begin{array}{ccc} 1 & 0 & 0 \\ 1 & 1 & 0 \\ 1 & 1 & 1 \end{array}\right] \end{array}$$

第二步,去掉缩减矩阵 M' 中已具有邻接二元关系的要素间的越级二元关系和单位矩阵,得到经进一步简化后的新矩阵 M'':

$$M'' = \begin{array}{c} \\ S1 \\ S7 \\ S5 \end{array} \begin{array}{ccc} S1 & S7 & S5 \\ \left[\begin{array}{ccc} 0 & 0 & 0 \\ 1 & 0 & 0 \\ 0 & 1 & 0 \end{array}\right] \end{array}$$

通过 M'' 可以获得层级关系为 S5→S7→S1,即(S5,S6,S8)→S7→(S1,S2,S3,S4)。根据图 3.3 可获得此关系层级如图 3.4 所示。

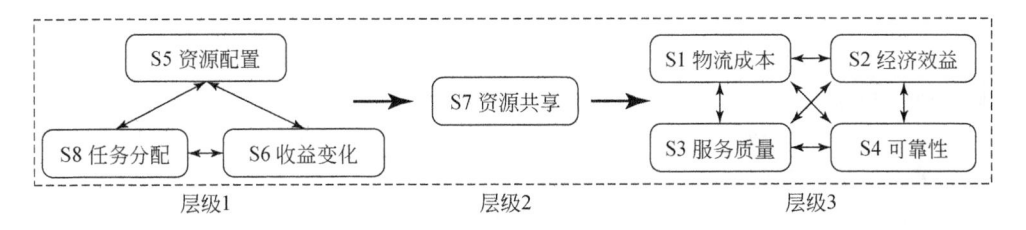

图 3.4 内部因素 ISM 层级关系图

通过图 3.4 可以得到,在研究协同物流网络的内部因素时,资源配置、任务分配、收益变化因素常作为底层影响因素。

3.1.3 因素/目标确定

通过上文获得了在研究协同物流网络时的主要研究对象,见表 3.5。

表 3.5 协同物流网络的主要研究对象

	外部	内部	最终研究对象
因素	随机需求 需求确定	资源配置 任务分配 收益变化	随机需求 需求确定 任务-资源匹配 收益变化
目标	可靠性 服务质量 客户满意度 经济效益	物流成本 经济效益 服务质量 可靠性	物流成本 服务时间 经济效益 稳定性

从随机需求本身和资源共享本身以及相关对照问题进行因素的确定,确定原因如下。

随机需求:外部需求的随机性是本章的研究重点。

需求确定:作为研究外部随机需求的对照因素,通过对比随机需求和确定需求对不同目标的影响程度,分析资源共享情况下随机需求的影响机理以及对目标的影响程度。

任务-资源匹配:任务-资源匹配方式是内部资源共享的直接体现方式;另外,可以通过改变任务-资源的匹配方式进行对照模型的设计,因此不同类型的任务-资源匹配方式是本章的研究重点。

收益变化:多个物流服务商是协同物流网络的特点之一,而自身收益的变化则是协同物流网络参与者最关注的因素之一,也是决定是否加入协同物流网络的关键因素之一。

由 ISM 得出的研究目标现存在目标重复和研究目标不够具体的情况,因此对目标进行转化:

物流成本/经济效益:在确定的物流网络中,物流成本和经济效益是衡量一个物流策略优劣的首要目标。

服务时间:由于服务质量和客户满意度目标相对主观且不够具体,因此通过对淘宝、京东等电商平台的物流评价进行关键词分析,得到物流快慢通常是客户评价物流质量和影响客户满意度最直接的因素。因此,通过物流服务时间目标的长短来代替物流质量和客户满意度目标。

稳定性:指在协同物流网络中的配送策略抵抗外部或内部环境变化的能力,是衡量优化策略是否可靠的重要目标,因此作为最终计算结果分析的重要指标。

3.2 问题描述

实际运营中物流节点发出的任务存在并发性,且每个任务所需资源存在不确定性,使得协同物流网络中不确定性和并行处理难度大大增加;而且协同物流网络中资源存在共享性,使得相较于传统物流网络中任务-资源配置优化难度更高。如何描述这种情况以及探究这类不确定情况对整个配送网络的最终影响,是多源并发协同物流网络研究的重点。

3.2.1 问题基本假设

考虑到协同物流网络的内部资源共享以及存在多个物流服务商的特点,需要将物流网络划分为多个独立的子网络,同一个子网络的所有节点属于同一个物流服务商,并在子网络之间进行任务协同和资源共享的优化。另外,考虑到在实际的物流网络运行中发货任务和送货任务是同时进行的,为了使模型更接近实际情况,也考虑了物流节点的收发任务同时发生的情况,并且任何物流节点的任务时间都存在与其他物流节点的任务时间重叠的可能性。

为了更好地进行研究,该问题用数学语言描述为:协同物流网络 G 中由 n_{ls} 个物流服务商 $(S_1, S_2, \cdots, S_{n_{ls}})$ 的物流线路、物流服务节点、物流集散中心以及运输车辆组成,$G = S_1 \cup S_2 \cup \cdots \cup S_{n_{ls}}$。其中,物流服务商 $S_i = D_i \cup R_i \cup V_i (i=1,2,\cdots, n_{ls})$。$D_i$ 为物流服务商 S_i 的物流节点的集合,包括物流服务节点和物流集散中心,$D_i = D_{id} \cup D_{iz}$,$D_{id} = \{d_{ig} | g=1,2,\cdots,n_{D_{id}}\}$ 是物流服务节点的集合,D_{iz} 为物流集散中心的集合,$D_{iz} = \{z_{if} | f=1,2,\cdots,n_{D_{iz}}\}$;$R_i$ 为物流服务商 S_i 路径节点的集合,$R_i = \{r_{igk}\}$;V_i 为物流服务商 S_i 拥有的车辆的集合,$V_i = \{v_{ih} | h=1,2,\cdots,n_{V_i}\}$。

物流服务商 S_i 旗下物流服务节点 $d_{ij}(j=1,2,\cdots,n_{D_{id}})$ 的发货需求(物流服务节点的需求存在并发性)为 $u^s_{d_{ij}}$，一般发货需求为围绕某个基准波动的随机数；收货需求为 $u^r_{d_{ij}}$，一般收货需求确定。此协同物流网络示意图如图 3.5 所示，其中虚线圆圈代表实际服务范围。

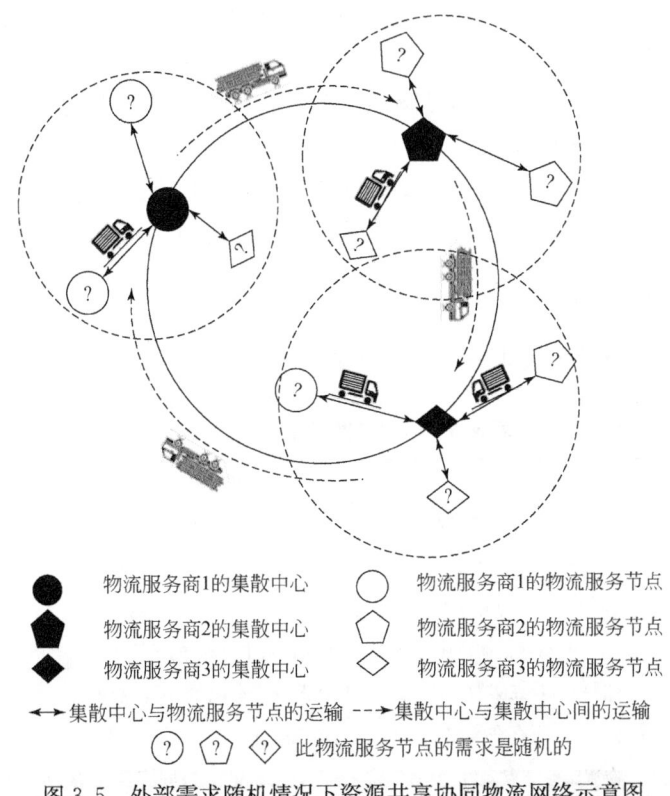

图 3.5 外部需求随机情况下资源共享协同物流网络示意图

现有协同物流网络 G 中物流服务节点 d_g 的收货需求为 $u^r_{d_g}$，发货需求为 $u^s_{d_g}$，且 $u^s_{d_g}$ 的范围为 $[U_{d_g}-\theta_{d_g}, U_{d_g}+\theta_{d_g}]$，$U_{d_g}$ 为物流服务节点 d_g 发货需求的基准，为经验参数，θ_{d_g} 为本物流服务节点需求不确定程度。物流服务商 $S'_i(\exists S'_i \in G)$ 派出车辆 $v'_{ih}(h=1,2,\cdots,n_{V'_i})$ 去满足物流服务节点 d_g 的任务需求(若物流服务节点 d_g 非隶属于自己的物流服务节点则获得佣金 C_{pay}，C_{pay} 为一个区间参数)，并记录此节点为 Sat_1，就近寻找第二个未满足任务需求的节点并进行任务处理，满足需求之后记录此节点为 Sat_2，直到找到第 n_{Sat} 个节点，即满足方程 $\sum_{\text{Sat}=1}^{n_{\text{Sat}}-1} u^r_{\text{Sat}} < U_0 < \sum_{\text{Sat}=1}^{n_{\text{Sat}}} u^r_{\text{Sat}}$ $(\text{Sat}=1,2,\cdots,n_{\text{Sat}})$，此时车辆返回物流服务商 S_i 的集散中心 z_{if}。当所有节点的发货和收货需求都被满足之后此次物流任务完成。

为了方便模型构建、计算分析,本节做出如下基本假设,在给定的决策周期内:

(1)所有的物流服务节点的收货需求 $u_{d_g}^r$ 已知,发货需求 $u_{d_g}^s$ 的范围 $[U_{d_g}-\theta_{d_g},U_{d_g}+\theta_{d_g}]$ 已知,且不确定度 θ_{d_g} 服从正态概率分布。

(2)内部资源共享:任何物流服务节点可以由任何服务商进行服务,即物流服务节点与物流服务商之间不再有隶属关系。但当隶属于自己的物流服务节点被其他物流服务商服务时,要付给其他物流服务商一定的佣金。

(3)单辆车的剩余载荷不满足物流服务节点的任务需求时可拆分至多辆车进行服务,否则只可由单辆车服务。

(4)服务网络中节点的位置已知,节点间距离已知,节点间通路已知。

(5)网络中物流服务商的服务质量(效率、收费、服务态度等)相同。

3.2.2 参数设置

本模型的决策变量及相关参数设置见表 3.6。

表 3.6　模型参数设置及含义说明

类型	符号	含义
决策变量	x_{gk}	$x_{gk}=1$,存在从物流服务节点 d_g 直接驶向 d_k 的运输路径 $x_{gk}=0$,不存在从物流服务节点 d_g 直接驶向 d_k 的运输路径
	y_{zl}	$y_{zl}=1$,存在物流服务节点 d_l 驶向集散中心 z_z 的运输路径 $y_{zl}=0$,不存在物流服务节点 d_l 驶向集散中心 z_z 的运输路径
	y_{zl}^{-1}	$y_{zl}^{-1}=1$,存在集散中心 z_z 驶向物流服务节点 d_l 的运输路径 $y_{zl}^{-1}=0$,不存在集散中心 z_z 驶向物流服务节点 d_l 的运输路径
	$u_{d_g}^s$	物流服务节点 d_g 的发货需求,为一定在基准下波动的不确定参数
集合	S	协同物流网络中的物流服务商的集合,$S=\{S_1,S_2,\cdots,S_{n_{ls}}\}$
	D	忽略物流服务商归属的物流服务节点的集合,$D=\{d_1,d_2,\cdots,d_g,\cdots,d_k,\cdots,d_{n_d}\}$
	Z	忽略物流服务商归属的物流集散中心的集合,$Z=\{z_1,z_2,\cdots,z_{n_z}\}$
	R	忽略物流服务商归属的路径集合,$R=\{r_{gk}\}$
	H	忽略物流服务商归属的车辆集合,$H=\{h_1,h_2,\cdots,h_{n_h}\}$
	D_i	归属于物流服务商 S_i 的物流服务节点的集合,$D_i=\{d_1,d_2,\cdots,d_{nd}\}$
	DS_i	物流服务商 S_i 服务过的物流服务节点的集合
未知参数	U_{gk}^m	运输车辆从物流服务节点 d_g 向节点 d_k 行驶时的载货数量
	U_{zl}^m	运输车辆在物流服务节点 d_l 和集散中心 z_z 之间行驶时的载重
	$u_{d_g}^r$	物流服务节点 d_g 的收货需求
	C_{pay}	物流服务节点被其他物流服务商服务时需要支付的佣金

续表

类型	符号	含义
已知参数	w_{gk}^{dd}	物流服务节点 d_g 和 d_k 之间距离
	w_{zl}^{zd}	物流集散中心 z_z 和物流服务节点 d_l 之间距离
	$U_{d_g}^s$	物流服务节点 d_g 的发货需求基准
	$\theta_{d_g}^s$	物流服务节点 d_g 发货需求的不确定程度,符合正态概率分布
	U_0	运输车辆的车辆承载能力
	v_0	车辆的行驶速度,为恒定数值
	t_{sort}	单件快递的平均分拣耗时,为恒定数值
	c_0	单件快递在单位运输距离的成本,为恒定数值
	c_{fix}	车辆的固定使用成本,为恒定数值
	c_{income}	单件快递的平均营收,为恒定数值
	c_{store}	单件快递的平均存储成本,为恒定数值
	c_{sort}	单件快递的平均分拣成本,为恒定数值
	N_{iv}	物流服务商 S_i 所拥有的运输车辆的数量

3.3 随机需求与资源共享模型构建

3.3.1 随机条件转化

通过目前对随机函数中离散或连续概率分布的近似实际的不确定现象,将不确定问题转化为确定性问题。物流服务节点的发货需求 $u_{d_g}^s$ 是不确定参数(d_g 表示物流服务节点,s 是 send,指发货需求),但可以通过明确任务需求的范围 $[U_{d_g}-\theta_{d_g}, U_{d_g}+\theta_{d_g}]$ 结合历史数据得到 U_{d_g},$u_{d_g}^s$ 可表示为

$$u_{d_g}^s = U_{d_g} + \theta_{d_g} \tag{3.1}$$

式中,θ_{d_g} 服从离散正态分布,即 $\theta_{d_g} \sim N(0,\sigma^2)$,且 θ_{d_g} 为整数。

3.3.2 目标函数设计

本章的研究内容为多目标协同物流规划问题的优化对比,根据 3.1.3 节确定物流成本最小化、物流利润最大化和服务时间最小化三个目标。

1. 物流成本 C_{cost}

物流成本 C_{cost} 由五部分组成:运输成本 $C_{vehicle}$、分拣成本 C_{sort}、存储成本 C_{store}、

出车固定成本 C_{fix} 和物流服务节点被其他物流服务商服务产生的佣金 C_{pay}。

物流成本的计算公式为

$$C_{\text{cost}} = C_{\text{vehicle}} + C_{\text{sort}} + C_{\text{store}} + C_{\text{fix}} + C_{\text{pay}} \tag{3.2}$$

因此，物流服务商 S_i 的物流成本为

$$C_{i_{\text{cost}}} = C_{i_{\text{vehicle}}} + C_{i_{\text{sort}}} + C_{i_{\text{store}}} + C_{i_{\text{fix}}} + C_{i_{\text{pay}}} \tag{3.3}$$

1) 物流服务商 S_i 的运输成本 $C_{i_{\text{vehicle}}}$

物流服务商 S_i 的运输成本 $C_{i_{\text{vehicle}}}$ 可以看作派出每辆运输车辆的运输成本之和，定义物流服务商 S_i 的运输车辆 v_{ih} 的运输成本为 $C_{ih_{\text{vehicle}}}$，则可以获得 $C_{i_{\text{vehicle}}}$ 的表达式：

$$C_{i_{\text{vehicle}}} = \sum_{h_{\text{vehicle}}=1}^{n_{V_i}} C_{ih_{\text{vehicle}}} \tag{3.4}$$

根据行驶路径可以获得

$$C_{ih_{\text{vehicle}}} = \left[\sum_{z=1}^{n_z} \sum_{l=1}^{n_d} (y_{zl} + y_{zl}^{-1}) U_{zl}^{on} w_{zl}^{xd} c_0 + \sum_{g=1}^{n_d} \sum_{k=1}^{n_d} x_{gk} U_{gk}^{on} w_{gk}^{dd} c_0 \right]_{v_{ih}} \tag{3.5}$$

式中，U_{zl}^{on} 和 U_{gk}^{on} 的计算求解方式为

$$U_{zl}^{on} = \begin{cases} 0, & \text{物流服务商 } S_i \text{ 服务的物流服务节点所有的 } u_{d_g}^{\text{r}} \text{ 都已经被满足} \\ \sum_{g=1}^{n_{\text{Sat}}} u_{d_g}^{\text{r}}, & \sum_{g=1}^{n_{\text{Sat}}} u_{d_g}^{\text{r}} < U_0 < \sum_{g=1}^{n_{\text{Sat}}+1} u_{d_g}^{\text{r}}, d_g \in D \end{cases} \tag{3.6}$$

$$U_{gk}^{on} = \begin{cases} U_{gk}^{on-1} - u_{d_g}^{\text{r}} + u_{d_g}^{\text{s}}, & U_{gk}^{on-1} - u_{d_g}^{\text{r}} + u_{d_g}^{\text{s}} \leqslant U_0, d_g \in D \\ U_0, & U_{gk}^{on-1} - u_{d_g}^{\text{r}} + u_{d_g}^{\text{s}} > U_0, d_g \in D \end{cases} \tag{3.7}$$

式中，U_{gk}^{on-1} 表示路径在到达物流服务节点 d_g 时运输车辆的载重。

2) 物流服务商 S_i 分拣成本 $C_{i_{\text{sort}}}$

物流服务商 S_i 服务过的全部物流服务节点都会产生快递分拣成本，包括发货需求的分拣成本 $C_{i_{\text{sort}}}^{\text{s}}$ 和收货需求的分拣成本 $C_{i_{\text{sort}}}^{\text{r}}$，具体形式如式(3.8)～式(3.10)所示。

$$C_{i_{\text{sort}}} = C_{i_{\text{sort}}}^{\text{s}} + C_{i_{\text{sort}}}^{\text{r}} \tag{3.8}$$

$$C_{i_{\text{sort}}}^{\text{s}} = \sum_{g=1}^{n_i} u_{d_g}^{\text{s}} c_{\text{sort}}, \quad d_g \in \text{DS}_i \tag{3.9}$$

$$C_{i_{\text{sort}}}^{\text{r}} = \sum_{g=1}^{n_i} u_{d_g}^{\text{r}} c_{\text{sort}}, \quad d_g \in \text{DS}_i \tag{3.10}$$

式中，集合 DS_i 为被物流服务商 S_i 服务过的所有物流服务节点的集合。

3)物流服务商 S_i 的存储成本 $C_{i_{\text{store}}}$

物流服务商 S_i 的存储成本由隶属于自己的物流服务节点的发货和收货需求产生,包括发货需求的存储成本 $C_{i_{\text{store}}}^{\text{s}}$ 和收货需求的存储成本 $C_{i_{\text{store}}}^{\text{r}}$,具体形式如式(3.11)~式(3.13)所示:

$$C_{i_{\text{store}}} = C_{i_{\text{store}}}^{\text{s}} + C_{i_{\text{store}}}^{\text{r}} \tag{3.11}$$

$$C_{i_{\text{store}}}^{\text{s}} = \sum_{g=1}^{n_i} u_{d_g}^{\text{s}} c_{\text{store}}, \quad d_g \in D_i \tag{3.12}$$

$$C_{i_{\text{store}}}^{\text{r}} = \sum_{g=1}^{n_i} u_{d_g}^{\text{r}} c_{\text{store}}, \quad d_g \in D_i \tag{3.13}$$

式中,D_i 为隶属于物流服务商 S_i 的物流服务节点的集合。

4)物流服务商 S_i 的出车固定成本 $C_{i_{\text{fix}}}$

物流服务商 S_i 的出车固定成本由派出的车次决定,具体形式为

$$C_{i_{\text{fix}}} = \sum_{h=1}^{n_{V_i}} c_{\text{fix}} a_{v_{ih}}, \quad a_{v_{ih}} \in \mathbf{N} \tag{3.14}$$

式中,$a_{v_{ih}}$ 为记录物流服务商 S_i 的运输车辆 v_{ih} 的出车次数;$\mathbf{N}$ 为自然数集合。

5)隶属于物流服务商 S_i 的物流服务节点被其他物流服务商服务产生的佣金 $C_{i_{\text{pay}}}$

佣金分为两部分,包括满足发货需求的佣金和满足收货需求的佣金,具体形式为

$$C_{i_{\text{pay}}} = \sum_{g=1}^{n_{id}} c_{\text{pay}} u_{d_g}^{\text{s}} + \sum_{g=1}^{n_{id}} c_{\text{pay}} u_{d_g}^{\text{r}}, \quad d_g \in D_i - D_i \cap \text{DS}_i \tag{3.15}$$

通过 $d_g \in D_i - D_i \cap \text{DS}_i$,可以获得式(3.15)中的物流服务节点 d_g 为隶属于 S_i 但是被其他物流服务商服务的物流服务节点。

2. 物流利润 F_{profit}

利润等于营收减去成本,即 $F_{\text{profit}} = F_{\text{income}} - C_{\text{cost}}$,而且通过上一个目标已经获得物流成本的计算模型,因此在此只需要计算获得物流服务营收即可获得最终的利润。物流服务商 S_i 的利润为

$$F_{i_{\text{profit}}} = F_{i_{\text{income}}} - C_{i_{\text{cost}}} \tag{3.16}$$

式中,$F_{i_{\text{income}}}$ 和 $C_{i_{\text{cost}}}$ 分别为物流服务商的营收和成本。

$F_{i_{\text{income}}}$ 由物流服务商 S_i 服务隶属于自己的物流服务节点的营收 $F_{i_{\text{own-income}}}$ 和服务不隶属于自己的物流服务节点的佣金 $F_{i_{\text{pay-income}}}$ 组成,因此可以获得 $F_{i_{\text{income}}}$ 的计算模型为

$$F_{i_{\text{income}}} = F_{i_{\text{own-income}}} + F_{i_{\text{pay-income}}} \tag{3.17}$$

1)物流服务商 S_i 服务隶属于自己的物流服务节点的营收 $F_{i_{\text{own-income}}}$

此部分营收由两部分组成,即物流服务节点发货需求和收货需求所带来的营

收,具体形式为

$$F_{i_{\text{own-income}}} = \sum_{g=1}^{n_{id}} c_{\text{income}} u_{d_g}^s + \sum_{g=1}^{n_{id}} c_{\text{income}} u_{d_g}^r, \quad d_g \in D_i \bigcap DS_i \tag{3.18}$$

2)物流服务商 S_i 服务不隶属于自己的物流服务节点的营收 $F_{i_{\text{pay-income}}}$

此部分营收由两部分组成,物流服务节点发货需求和收货需求所带来的佣金,具体形式为

$$F_{i_{\text{pay-income}}} = \sum_{g=1}^{n_{id}} c_{\text{pay}} u_{d_g}^s + \sum_{g=1}^{n_{id}} c_{\text{pay}} u_{d_g}^r, \quad d_g \in DS_i - D_i \bigcap DS_i \tag{3.19}$$

3. 服务时间 T_{time}

物流服务商 S_i 的服务时间 T_{time} 为 $T_{i_{\text{time}}}$,具体形式如式(3.20)所示:

$$T_{i_{\text{time}}} = \sum_{h=1}^{n_{V_i}} T_{V_{ih}} \tag{3.20}$$

$$T_{V_{ih}} = t_{h_{\text{sort}}} + t_{h_{\text{travel}}} \tag{3.21}$$

式中,$t_{h_{\text{sort}}}$ 为分拣耗时;$t_{h_{\text{travel}}}$ 为运输耗时。

1)分拣耗时 $t_{h_{\text{sort}}}$

分拣耗时 $t_{h_{\text{sort}}}$ 分为两部分,即发货需求的分拣耗时 $t_{h_{\text{sort}}}^s$ 和收货需求的分拣耗时 $t_{h_{\text{sort}}}^r$,具体形式如式(3.22)~式(3.24)所示:

$$t_{h_{\text{sort}}} = t_{h_{\text{sort}}}^s + t_{h_{\text{sort}}}^r \tag{3.22}$$

$$t_{h_{\text{sort}}}^s = \sum_{a=1}^{a_{v_{ih}}} \sum_{g=1}^{n_{ih}} (u_{d_g}^{\text{ssat}} t_{\text{sort}})_a, \quad d_g \in DS_{V_{ih}}, a_{v_{ih}} \in \mathbf{N} \tag{3.23}$$

$$t_{h_{\text{sort}}}^r = \sum_{a=1}^{a_{v_{ih}}} \sum_{g=1}^{n_{ih}} (u_{d_g}^{\text{rsat}} t_{\text{sort}})_a, \quad d_g \in DS_{V_{ih}}, a_{v_{ih}} \in \mathbf{N} \tag{3.24}$$

式中,集合 $DS_{V_{ih}}$ 为车辆 v_{ih} 服务过的物流节点的集合,包括物流服务节点和集散中心;$a_{v_{ih}}$ 为车辆 v_{ih} 的出车次数;$u_{d_g}^{\text{ssat}}$ 和 $u_{d_g}^{\text{rsat}}$ 为 d_g 节点被满足的发货需求和收货需求,具体形式如式(3.25)和式(3.26)所示:

$$u_{d_g}^{\text{ssat}} = \begin{cases} U_0 - (U_{gk}^{on-1} - u_{d_g}^r), & U_{gk}^{on-1} - u_{d_g}^r + u_{d_g}^s \geqslant U_0, d_g \in DS_{V_{ih}} \\ u_{d_g}^s, & U_{gk}^{on-1} - u_{d_g}^r + u_{d_g}^s < U_0, d_g \in DS_{V_{ih}} \end{cases} \tag{3.25}$$

$$u_{d_g}^{\text{rsat}} = u_{d_g}^r, \quad d_g \in DS_{V_{ih}} \tag{3.26}$$

2)运输耗时 $t_{h_{\text{travel}}}$

由时间=路程/速度可以获得以下公式:

$$t_{h_{\text{travel}}} = \sum_{a=1}^{a_{v_{ih}}} \left[\sum_{z=1}^{n_z} \sum_{l=1}^{n_d} (y_{zl} + y_{zl}^{-1}) w_{zl}^{zd}/v_0 + \sum_{g=1}^{n_d} \sum_{k=1}^{n_d} x_{gk} w_{gk}^{dd}/v_0 \right]_a, \tag{3.27}$$

$$d_g, d_k, d_z, d_l \in DS_{V_{ih}}, a_{v_{ih}} \in \mathbf{N}$$

4. 多目标函数

本章想要获得的期望结果为物流成本最小化、物流利润最大化和服务时间最小化,三个目标函数为

$$\begin{aligned} O_1 &= \min C_{\text{cost}} \\ O_2 &= \min F_{\text{profit}}^{-1} = \max F_{\text{profit}} \\ O_3 &= \min T_{\text{time}} \end{aligned} \quad (3.28)$$

多目标优化函数为 $f(O_1,O_2,O_3)$。

3.3.3 条件约束

本节构建的随机需求与资源共享模型需要满足的条件约束为

$$(\sum_{g=1}^{n_{ih}} u_{d_g}^{\text{ssat}})_a \leqslant U_0, \quad d_g \in \text{DS}_{V_{ih}}, a=1,2,\cdots,a_{v_{ih}} \quad (3.29)$$

$$\sum_{g=1}^{n_d} x_{gk} = \sum_{g=1}^{n_d} x_{kg}, \quad \forall k \in D, g \in D \quad (3.30)$$

$$\sum_{g=1}^{n_d} y_{gk} = \sum_{g=1}^{n_d} y_{gk}^{-1}, \quad \forall k \in Z, g \in D \quad (3.31)$$

$$(y_{zl} + y_{zl}^{-1})_{ha} \leqslant 1, \quad \forall z \in Z, \forall l \in D, \forall h \in H, a=1,2,\cdots,a_{v_{ih}} \quad (3.32)$$

$$(x_{gk} + x_{kg})_{ha} \leqslant 1, \quad \forall g,k \in D, \forall h \in H, a=1,2,\cdots,a_{v_{ih}} \quad (3.33)$$

$$x_{gk} = \begin{cases} 1 \\ 0 \end{cases}, \quad \forall g,k \in D \quad (3.34)$$

$$y_{gk} = \begin{cases} 1 \\ 0 \end{cases}, \quad \forall k \in Z, \forall g \in D \quad (3.35)$$

$$y_{gk}^{-1} = \begin{cases} 1 \\ 0 \end{cases}, \quad \forall k \in Z, \forall g \in D \quad (3.36)$$

式(3.29)表示车辆 v_{ih} 满足的所有收货需求之和不超过路径车辆的承载能力 U_0;式(3.30)表示任意物流服务节点的驶入车辆和驶出车辆的数目相同,即车辆不在物流服务节点滞留;式(3.31)表示任意集散中心的驶出车辆和驶入车辆的数目相同,即所有从集散中心驶出的车辆都回到了集散中心;式(3.32)表示不存在同一辆车在物流集散中心和物流服务节点间反复行驶的情况;式(3.33)表示不存在同一辆车在两物流服务节点间反复行驶的情况;式(3.34)~式(3.36)表示决策变量的约束存在车辆行驶路径即为1,否则为0。

3.4 资源共享对照模型设计

遵循控制变量的思想,针对内部资源共享的情况,本节将设置控制对照实验,

设置内部资源独立的对照组进行建模求解。本对照组中除内部资源独立之外,其他因素及条件与 3.3 节相同。

3.4.1 资源独立模型设计

本节通过对 3.2.1 节原问题的描述进行修改得到如下描述:如图 3.6 所示,在现有协同物流网络 G 中,物流服务商 $S_i(i=1,2,\cdots,n_{ls})$ 的物流服务节点 d_{ig} 的收货需求为 $u^r_{d_{ig}}$,发货需求为 $u^s_{d_{ig}}$,且 $u^s_{d_{ig}}$ 的范围为 $[U_{ig}-\theta_{ig},U_{ig}+\theta_{ig}]$,$U_{ig}$ 为物流服务节点 d_{ig} 的发货需求的基准,为经验参数,θ_{ig} 为本物流服务节点需求不确定程度。物流服务商 S_i 派出车辆 $v_{ih}(h=1,2,\cdots,n_{V_i})$ 去满足物流服务节点 d_{ig} 的任务需求,并记录此节点为 Sat_1,就近寻找第二个未满足任务需求的节点并进行任务处理,满足需求之后记录此节点为 Sat_2,直到找到第 n_{Sat} 个节点,即满足方程 $\sum_{\text{Sat}=1}^{n_{\text{Sat}}-1} u^r_{\text{Sat}} < U_0 < \sum_{\text{Sat}=1}^{n_{\text{Sat}}} u^r_{\text{Sat}}$ ($\text{Sat}=1,2,\cdots,n_{\text{Sat}}$),此时车辆返回物流服务商 S_i 的集散中心 z_{if}。当所有节点的发货和收货需求都被满足之后此次物流任务完成。

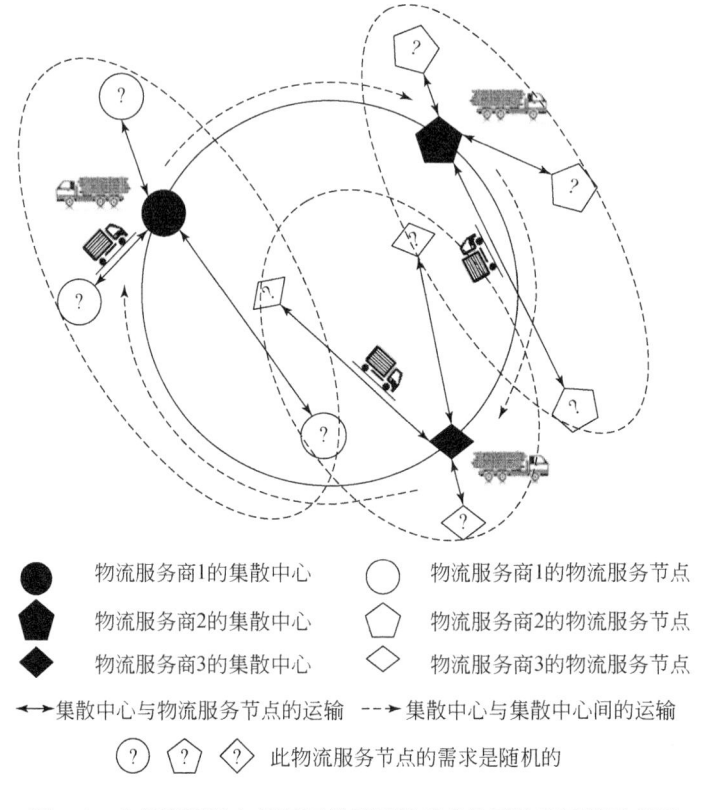

图 3.6 内部资源独立情况下外部随机需求协同物流网络示意图

根据内部资源独立的特点,对 3.2.1 节有关资源共享的假设(2)做出调整,调整后的内容如下:内部资源独立,即每个物流服务商只可服务隶属于自己的物流服务节点。

3.4.2 资源独立模型构建

为得到干扰因素最少的对照结果,以控制变量的思想进行模型构建。

1. 随机条件转化

资源独立模型构建的随机条件转化内容与随机需求和资源共享模型构建的随机条件转化内容一样,即 3.3.1 节。

2. 目标函数设计

作为 3.3 节所构建模型的对照模型,同样确定物流成本最小化、物流利润最大化和服务时间最小化三个目标。但是由于在资源独立的情况下,物流服务商的服务范围相较于资源共享的情况发生改变,因此目标的计算方式也会发生改变,对照模型具体的目标函数如下所示。

1)物流成本 $C_{\text{cost}}^{\text{ind}}$

物流成本 $C_{\text{cost}}^{\text{ind}}$ 由四部分组成:运输成本 $C_{\text{vehicle}}^{\text{ind}}$、分拣成本 $C_{\text{sort}}^{\text{ind}}$、存储成本 $C_{\text{store}}^{\text{ind}}$、出车固定成本 $C_{\text{fix}}^{\text{ind}}$。

物流成本的计算公式为

$$C_{\text{cost}}^{\text{ind}} = C_{\text{vehicle}}^{\text{ind}} + C_{\text{sort}}^{\text{ind}} + C_{\text{store}}^{\text{ind}} + C_{\text{fix}}^{\text{ind}} \tag{3.37}$$

因此物流服务商 S_i 的物流成本为

$$C_{i_{\text{cost}}}^{\text{ind}} = C_{i_{\text{vehicle}}}^{\text{ind}} + C_{i_{\text{sort}}}^{\text{ind}} + C_{i_{\text{store}}}^{\text{ind}} + C_{i_{\text{fix}}}^{\text{ind}} \tag{3.38}$$

(1)物流服务商 S_i 的运输成本 $C_{i_{\text{vehicle}}}^{\text{ind}}$。

物流服务商 S_i 的运输成本 $C_{i_{\text{vehicle}}}^{\text{ind}}$ 可以看作由派出每辆运输车辆的运输成本之和,定义物流服务商 S_i 的运输车辆 v_{ih} 的运输成本为 $C_{ih_{\text{vehicle}}}^{\text{ind}}$,具体形式为

$$C_{i_{\text{vehicle}}}^{\text{ind}} = \sum_{h_{\text{vehicle}}=1}^{n_{V_i}} C_{ih_{\text{vehicle}}}^{\text{ind}} \tag{3.39}$$

根据行驶路径可以获得

$$C_{ih_{\text{vehicle}}}^{\text{ind}} = \left[\sum_{z=1}^{n_z} \sum_{l=1}^{n_d} (y_{zl} + y_{zl}^{-1}) U_{zl}^{on} w_{zl}^{zd} c_0 + \sum_{g=1}^{n_d} \sum_{k=1}^{n_d} x_{gk} U_{gk}^{on} w_{gk}^{dd} c_0 \right]_{v_{ih}} \tag{3.40}$$

式中,U_{zl}^{on} 和 U_{gk}^{on} 的计算求解方式如下:

$$U_{zl}^{on} = \begin{cases} 0, & \text{物流服务商 } S_i \text{ 服务的物流服务节点所有的 } u_{d_g}^{r} \text{ 都已经被满足} \\ \sum_{g=1}^{n_{\text{Sat}}} u_{d_g}^{r}, & \sum_{g=1}^{n_{\text{Sat}}} u_{d_g}^{r} < U_0 < \sum_{g=1}^{n_{\text{Sat}}+1} u_{d_g}^{r}, d_g \in D \end{cases}$$

(3.41)

$$U_{gk}^{on} = \begin{cases} U_{gk}^{on-1} - u_{d_g}^{r} + u_{d_g}^{s}, & U_{gk}^{on-1} - u_{d_g}^{r} + u_{d_g}^{s} \leqslant U_0, d_g \in D \\ U_0, & U_{gk}^{on-1} - u_{d_g}^{r} + u_{d_g}^{s} > U_0, d_g \in D \end{cases} \quad (3.42)$$

式中,U_{gk}^{on-1} 表示路径在到达物流服务节点 d_g 时运输车辆的载重。

(2) 物流服务商 S_i 分拣成本 $C_{i_{\text{sort}}}^{\text{ind}}$。

物流服务商 S_i 所服务过的全部物流服务节点都会产生快递分拣成本,包括发货需求的分拣成本 $C_{i_{\text{sort}}}^{\text{inds}}$ 和收货需求的分拣成本 $C_{i_{\text{sort}}}^{\text{indr}}$,具体形式如式(3.43)~式(3.45)所示:

$$C_{i_{\text{sort}}}^{\text{ind}} = C_{i_{\text{sort}}}^{\text{inds}} + C_{i_{\text{sort}}}^{\text{indr}} \quad (3.43)$$

$$C_{i_{\text{sort}}}^{\text{inds}} = \sum_{g=1}^{n_i} u_{d_g}^{s} c_{\text{sort}}, \quad d_g \in D_i \quad (3.44)$$

$$C_{i_{\text{sort}}}^{\text{indr}} = \sum_{g=1}^{n_i} u_{d_g}^{r} c_{\text{sort}}, \quad d_g \in D_i \quad (3.45)$$

式中,集合 D_i 为隶属于服务商 S_i 的所有物流服务节点的集合。

(3) 物流服务商 S_i 的存储成本 $C_{i_{\text{store}}}^{\text{ind}}$。

物流服务商 S_i 的存储成本由隶属于自己的物流服务节点的发货和收货需求产生,包括发货需求的存储成本 $C_{i_{\text{store}}}^{\text{inds}}$ 和收货需求的存储成本 $C_{i_{\text{store}}}^{\text{indr}}$,具体形式如式(3.46)~式(3.48)所示:

$$C_{i_{\text{store}}}^{\text{ind}} = C_{i_{\text{store}}}^{\text{inds}} + C_{i_{\text{store}}}^{\text{indr}} \quad (3.46)$$

$$C_{i_{\text{store}}}^{\text{inds}} = \sum_{g=1}^{n_i} u_{d_g}^{s} c_{\text{store}}, \quad d_g \in D_i \quad (3.47)$$

$$C_{i_{\text{store}}}^{\text{indr}} = \sum_{g=1}^{n_i} u_{d_g}^{r} c_{\text{store}}, \quad d_g \in D_i \quad (3.48)$$

(4) 物流服务商 S_i 的出车固定成本 $C_{i_{\text{fix}}}^{\text{ind}}$。

物流服务商 S_i 的出车固定成本由派出的车次决定,具体形式为

$$C_{i_{\text{fix}}}^{\text{ind}} = \sum_{h=1}^{n_{V_i}} c_{\text{fix}} a_{v_{ih}}^{\text{ind}}, \quad a_{v_{ih}}^{\text{ind}} \in \mathbf{N} \quad (3.49)$$

式中,$a_{v_{ih}}^{\text{ind}}$ 为记录物流服务商 S_i 在资源独立情况下的运输车辆 v_{ih} 的出车次数。

2) 物流利润 $F_{\text{profit}}^{\text{ind}}$

已知 $F_{\text{profit}}^{\text{ind}} = F_{\text{income}}^{\text{ind}} - C_{\text{cost}}^{\text{ind}}$,物流服务商 S_i 的利润为

$$F_{i_{\text{profit}}}^{\text{ind}} = F_{i_{\text{income}}}^{\text{ind}} - C_{i_{\text{cost}}}^{\text{ind}} \tag{3.50}$$

式中，$F_{i_{\text{income}}}^{\text{ind}}$ 和 $C_{i_{\text{cost}}}^{\text{ind}}$ 分别为物流服务商的营收和成本。$F_{i_{\text{income}}}^{\text{ind}}$ 全部来自物流服务商 S_i 服务隶属于自己的物流服务节点的营收 $F_{i_{\text{own-income}}}^{\text{ind}}$，具体形式为

$$F_{i_{\text{income}}}^{\text{ind}} = F_{i_{\text{own-income}}}^{\text{ind}} \tag{3.51}$$

$F_{i_{\text{own-income}}}^{\text{ind}}$ 由两部分组成：物流服务节点发货需求和收货需求所带来的营收，具体形式为

$$F_{i_{\text{own-income}}}^{\text{ind}} = \sum_{g=1}^{n_{id}} c_{\text{income}} u_{d_g}^{s} + \sum_{g=1}^{n_{id}} c_{\text{income}} u_{d_g}^{r}, \quad d_g \in D_i \tag{3.52}$$

3) 服务时间 $T_{i_{\text{time}}}^{\text{ind}}$

物流服务商 S_i 资源独立情况下的服务时间 $T_{\text{time}}^{\text{ind}}$ 为 $T_{i_{\text{time}}}^{\text{ind}}$，具体形式如式(3.53)所示：

$$T_{i_{\text{time}}}^{\text{ind}} = \sum_{h=1}^{n_{V_i}} T_{V_{ih}}^{\text{ind}} \tag{3.53}$$

$$T_{V_{ih}}^{\text{ind}} = t_{h_{\text{sort}}}^{\text{ind}} + t_{h_{\text{travel}}}^{\text{ind}} \tag{3.54}$$

式中，$t_{h_{\text{sort}}}^{\text{ind}}$ 为资源独立情况下的分拣耗时；$t_{h_{\text{travel}}}^{\text{ind}}$ 为资源独立情况下的运输耗时。

(1) 分拣耗时 $t_{h_{\text{sort}}}^{\text{ind}}$。

分拣耗时 $t_{h_{\text{sort}}}^{\text{ind}}$ 分为发货需求的分拣耗时 $t_{h_{\text{sort}}}^{\text{inds}}$ 和收货需求的分拣耗时 $t_{h_{\text{sort}}}^{\text{indr}}$，具体形式如式(3.55)~式(3.57)所示：

$$t_{h_{\text{sort}}}^{\text{ind}} = t_{h_{\text{sort}}}^{\text{inds}} + t_{h_{\text{sort}}}^{\text{indr}} \tag{3.55}$$

$$t_{h_{\text{sort}}}^{\text{inds}} = \sum_{a=1}^{a_{v_{ih}}^{\text{ind}}} \sum_{g=1}^{n_{ih}} (u_{d_g}^{\text{ssat}} t_{\text{sort}})_a, \quad d_g \in D_{V_{ih}}, a_{v_{ih}}^{\text{ind}} \in \mathbf{N} \tag{3.56}$$

$$t_{h_{\text{sort}}}^{\text{indr}} = \sum_{a=1}^{a_{v_{ih}}^{\text{ind}}} \sum_{g=1}^{n_{ih}} (u_{d_g}^{\text{rsat}} t_{\text{sort}})_a, \quad d_g \in D_{V_{ih}}, a_{v_{ih}}^{\text{ind}} \in \mathbf{N} \tag{3.57}$$

式中，集合 $D_{V_{ih}}$ 为车辆 v_{ih} 服务过的隶属于物流服务商 S_i 的物流节点的集合，包括物流服务节点和集散中心；$a_{v_{ih}}^{\text{ind}}$ 为资源独立情况下车辆 v_{ih} 的出车次数；$u_{d_g}^{\text{ssat}}$ 和 $u_{d_g}^{\text{rsat}}$ 为 d_g 节点被满足的发货需求和收货需求；具体形式如式(3.58)和式(3.59)所示：

$$u_{d_g}^{\text{ssat}} = \begin{cases} U_0 - (U_{gk}^{on-1} - u_{d_g}^{r}), & U_{gk}^{on-1} - u_{d_g}^{r} + u_{d_g}^{s} \geqslant U_0, d_g \in D_{V_{ih}} \\ u_{d_g}^{s}, & U_{gk}^{on-1} - u_{d_g}^{r} + u_{d_g}^{s} < U_0, d_g \in D_{V_{ih}} \end{cases} \tag{3.58}$$

$$u_{d_g}^{\text{rsat}} = u_{d_g}^{r}, \quad d_g \in D_{V_{ih}} \tag{3.59}$$

(2) 运输耗时 $t_{h_{\text{travel}}}^{\text{ind}}$。

由时间＝路程/速度可得

$$t_{h_{\text{travel}}}^{\text{ind}} = \sum_{a=1}^{a_{v_{ih}}^{\text{ind}}} \left[\sum_{z=1}^{n_z} \sum_{l=1}^{n_d} (y_{zl} + y_{zl}^{-1}) w_{zl}^{zd}/v_0 + \sum_{g=1}^{n_d} \sum_{k=1}^{n_d} x_{gk} w_{gk}^{dd}/v_0 \right]_a, \quad (3.60)$$

$$d_g, d_k, d_z, d_l \in D_{V_{ih}}, a_{v_{ih}}^{\text{ind}} \in \mathbf{N}$$

3. 多目标函数

资源独立情况下的三个目标为

$$\begin{aligned} O_1^{\text{ind}} &= \min\ C_{\text{cost}}^{\text{ind}} \\ O_2^{\text{ind}} &= \min\ (F_{\text{profit}}^{\text{ind}})^{-1} = \max\ F_{\text{profit}}^{\text{ind}} \\ O_3^{\text{ind}} &= \min\ T_{\text{time}}^{\text{ind}} \end{aligned} \quad (3.61)$$

因此本对照模型的多目标优化函数为 $f^{\text{ind}}(O_1^{\text{ind}}, O_2^{\text{ind}}, O_3^{\text{ind}})$。

4. 条件约束

此部分的约束条件与 3.3.3 节的内容相同，即式(3.29)～式(3.36)。

3.5 随机需求对照模型设计

3.5.1 需求确定模型设计

本节通过对 3.2.1 节中原问题的描述进行修改，得到如下描述：如图 3.7 所示，现有协同物流网络 G 中物流服务节点 d_g 的收货需求为 $u_{d_g}^{\text{r}}$，发货需求为 $u_{d_g}^{\text{s}}$，都为已知参数。物流服务商 $S_i'(\exists S_i' \in G)$ 派出车辆 $v_{ih}'(h=1,2,\cdots,n_{V_i'})$ 去满足物流服务节点 d_g 的任务需求（若物流服务节点 d_g 非隶属于自己的物流服务节点则获得佣金 C_{pay}，C_{pay} 为一个区间参数），并记录此节点为 Sat_1，就近寻找第二个未满足任务需求的节点并进行任务处理，满足需求之后记录此节点为 Sat_2，直到找到第 $n_{\text{Sat}} = \min(n_{\text{Satr}}, n_{\text{Sats}})$ 个节点，n_{Sats} 和 n_{Satr} 满足方程 $\sum_{\text{Sats}=1}^{n_{\text{Sats}}-1} u_{\text{Sats}}^{\text{s}} < U_0 < \sum_{\text{Sats}=1}^{n_{\text{Sats}}} u_{\text{Sats}}^{\text{r}}$（$\text{Sats}=1,2,\cdots,n_{\text{Sats}}$）和 $\sum_{\text{Satr}=1}^{n_{\text{Satr}}-1} u_{\text{Satr}}^{\text{s}} < U_0 < \sum_{\text{Satr}=1}^{n_{\text{Satr}}} u_{\text{Satr}}^{\text{r}}$（$\text{Satr}=1,2,\cdots,n_{\text{Satr}}$），此时车辆返回物流服务商 S_i' 的集散中心 z_{if}'。当所有物流服务节点的发货和收货需求都被满足之后此次物流任务完成。

根据内部资源独立的特点，对 3.2.1 节有关资源共享的假设(1)做出调整，调整后的内容如下：

所有的物流服务节点的发货需求 $u_{d_{ig}}^{\text{s}}$ 和收货需求 $u_{d_{ig}}^{\text{r}}$ 都已知。

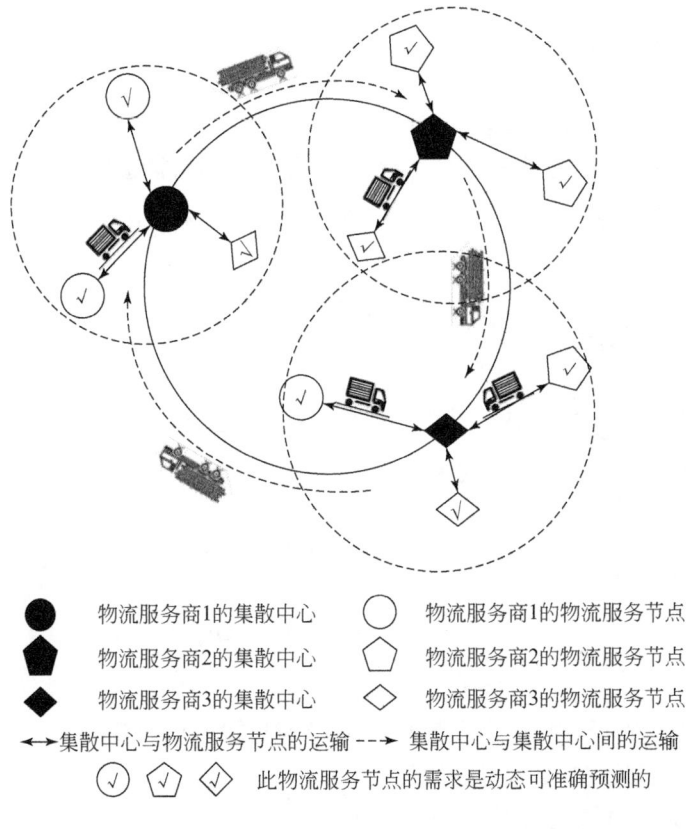

第 3 章　协同物流网络随机需求与资源共享的耦合机理研究

● 物流服务商1的集散中心　　○ 物流服务商1的物流服务节点
⬟ 物流服务商2的集散中心　　⬠ 物流服务商2的物流服务节点
◆ 物流服务商3的集散中心　　◇ 物流服务商3的物流服务节点
⟷ 集散中心与物流服务节点的运输　--→ 集散中心与集散中心间的运输
√ 　此物流服务节点的需求是动态可准确预测的

图 3.7　内部资源共享情况下外部需求确定协同物流网络示意图

3.5.2　需求确定模型构建

1. 目标函数设计

作为 3.3 节所构建模型的对照模型,同样确定物流成本最小化、物流利润最大化和服务时间最小化三个目标。但是由于在需求确定的情况下,物流服务商的服务范围相较于随机需求的情况发生改变,因此目标的计算方式也会发生改变,对照模型具体的目标函数如下所示。

1) 物流成本 $C_{\text{cost}}^{\text{known}}$

物流成本 $C_{\text{cost}}^{\text{known}}$ 由五部分组成:运输成本 $C_{\text{vehicle}}^{\text{known}}$、分拣成本 $C_{\text{sort}}^{\text{known}}$、存储成本 $C_{\text{store}}^{\text{known}}$、出车固定成本 $C_{\text{fix}}^{\text{known}}$ 和物流服务节点被其他物流服务商服务时需要支付的佣金 $C_{\text{pay}}^{\text{known}}$。

物流成本的计算公式为

$$C_{\text{cost}}^{\text{known}} = C_{\text{vehicle}}^{\text{known}} + C_{\text{sort}}^{\text{known}} + C_{\text{store}}^{\text{known}} + C_{\text{fix}}^{\text{known}} + C_{\text{pay}}^{\text{known}} \tag{3.62}$$

因此物流服务商 S_i 的物流成本为

$$C_{i_{\text{cost}}}^{\text{known}} = C_{i_{\text{vehicle}}}^{\text{known}} + C_{i_{\text{sort}}}^{\text{known}} + C_{i_{\text{store}}}^{\text{known}} + C_{i_{\text{fix}}}^{\text{known}} + C_{i_{\text{pay}}}^{\text{known}} \tag{3.63}$$

(1) 物流服务商 S_i 的运输成本 $C_{i_{\text{vehicle}}}^{\text{known}}$。

物流服务商 S_i 的运输成本 $C_{i_{\text{vehicle}}}^{\text{known}}$ 可以看作由派出每辆运输车辆的运输成本之和,定义物流服务商 S_i 的运输车辆 v_{jh} 的运输成本为 $C_{jh_{\text{vehicle}}}^{\text{known}}$,可以获得

$$C_{i_{\text{vehicle}}}^{\text{known}} = \sum_{h_{\text{vehicle}}=1}^{n_{V_i}} C_{jh_{\text{vehicle}}}^{\text{known}} \tag{3.64}$$

根据行驶路径可以获得:

$$C_{jh_{\text{vehicle}}}^{\text{known}} = \left[\sum_{z=1}^{n_z} \sum_{l=1}^{n_d} (y_{zl} + y_{zl}^{-1}) U_{zl}^{on} w_{zl}^{zd} c_0 + \sum_{g=1}^{n_d} \sum_{k=1}^{n_d} x_{gk} U_{gk}^{on} w_{gk}^{dd} c_0 \right]_{v_{jh}} \tag{3.65}$$

式中,U_{zl}^{on} 和 U_{gk}^{on} 的计算求解方式为

$$U_{zl}^{on} = \begin{cases} \sum_{g=1}^{n_{\text{Sats}}} u_{d_g}^{s}, & n_{\text{Sats}} = \min(n_{\text{Sats}}, n_{\text{Satr}}), d_g \in D \\ \sum_{g=1}^{n_{\text{Satr}}} u_{d_g}^{r}, & n_{\text{Satr}} = \min(n_{\text{Sats}}, n_{\text{Satr}}), d_g \in D \end{cases} \tag{3.66}$$

$$U_{gk}^{on} = U_{gk}^{on-1} - u_{d_g}^{r} + u_{d_g}^{s}, \quad d_g \in D \tag{3.67}$$

其中,U_{gk}^{on-1} 表示路径在到达物流服务节点 d_g 时运输车辆的载重。

n_{Sats} 和 n_{Satr} 的值由式(3.68)决定:

$$\sum_{\text{Sats}=1}^{n_{\text{Sats}}-1} u_{\text{Sats}}^{s} < U_0 < \sum_{\text{Sats}=1}^{n_{\text{Sats}}} u_{\text{Sats}}^{r}, \quad \text{Sats}=1,2,\cdots,n_{\text{Sats}}$$

$$\sum_{\text{Satr}=1}^{n_{\text{Satr}}-1} u_{\text{Satr}}^{s} < U_0 < \sum_{\text{Satr}=1}^{n_{\text{Satr}}} u_{\text{Satr}}^{r}, \quad \text{Satr}=1,2,\cdots,n_{\text{Satr}} \tag{3.68}$$

(2) 物流服务商 S_i 分拣成本 $C_{i_{\text{sort}}}^{\text{known}}$。

物流服务商 S_i 所服务过的全部物流服务节点都会产生快递分拣成本,包括发货需求的分拣成本 $C_{i_{\text{sort}}}^{\text{knowns}}$ 和收货需求的分拣成本 $C_{i_{\text{sort}}}^{\text{knownr}}$,具体形式如式(3.69)~式(3.71)所示:

$$C_{i_{\text{sort}}}^{\text{known}} = C_{i_{\text{sort}}}^{\text{knowns}} + C_{i_{\text{sort}}}^{\text{knownr}} \tag{3.69}$$

$$C_{i_{\text{sort}}}^{\text{knowns}} = \sum_{g=1}^{n_i} u_{d_g}^{s} c_{\text{sort}}, \quad d_g \in \text{DS}_i \tag{3.70}$$

$$C_{i_{\text{sort}}}^{\text{knownr}} = \sum_{g=1}^{n_i} u_{d_g}^{r} c_{\text{sort}}, \quad d_g \in \text{DS}_i \tag{3.71}$$

式中,集合 DS_i 为需求确定情况下被物流服务商 S_i 服务过的所有物流服务节点的集合。

(3) 物流服务商 S_i 的存储成本 $C_{i_\text{store}}^\text{known}$。

物流服务商 S_i 的存储成本由隶属于自己的物流服务节点的发货和收货需求产生,包括发货需求的存储成本 $C_{i_\text{store}}^\text{knowns}$ 和收货需求的存储成本 $C_{i_\text{store}}^\text{knownr}$,具体形式如式(3.72)~式(3.74)所示:

$$C_{i_\text{store}}^\text{known} = C_{i_\text{store}}^\text{knowns} + C_{i_\text{store}}^\text{knownr} \tag{3.72}$$

$$C_{i_\text{store}}^\text{knowns} = \sum_{g=1}^{n_i} u_{d_g}^\text{s} c_\text{store}, \quad d_g \in D_i \tag{3.73}$$

$$C_{i_\text{store}}^\text{knownr} = \sum_{g=1}^{n_i} u_{d_g}^\text{r} c_\text{store}, \quad d_g \in D_i \tag{3.74}$$

式中,D_i 为隶属于物流服务商 S_i 的所有物流服务节点的集合。

(4) 物流服务商 S_i 的出车固定成本 $C_{i_\text{fix}}^\text{known}$。

物流服务商 S_i 的出车固定成本由派出的车次决定,具体形式为

$$C_{i_\text{fix}}^\text{known} = \sum_{h=1}^{n_{V_i}} c_\text{fix} a_{v_{ih}}^\text{known}, \quad a_{v_{ih}}^\text{known} \in \mathbf{N} \tag{3.75}$$

式中,$a_{v_{ih}}^\text{known}$ 为记录物流服务商 S_i 需求确定情况下的运输车辆 v_{ih} 的出车次数。

(5) 隶属于物流服务商 S_i 的物流服务节点被其他物流服务商服务所产生的佣金 $C_{i_\text{pay}}^\text{known}$。

佣金分为两部分:满足发货需求的佣金和满足收货需求的佣金,具体形式为

$$C_{i_\text{pay}}^\text{known} = \sum_{g=1}^{n_{id}} c_\text{pay} u_{d_g}^\text{s} + \sum_{g=1}^{n_{id}} c_\text{pay} u_{d_g}^\text{r}, \quad d_g \in D_i - D_i \cap \text{DS}_i \tag{3.76}$$

通过 $d_g \in D_i - D_i \cap \text{DS}_i$,可以获得式(3.76)中的物流服务节点 d_g 为隶属于 S_i 但是被其他物流服务商服务的物流服务节点。

2) 物流利润 $F_\text{profit}^\text{known}$

已知 $F_\text{profit}^\text{known} = F_\text{income}^\text{known} - C_\text{cost}^\text{known}$,物流服务商 S_i 的利润为

$$F_{i_\text{profit}}^\text{known} = F_{i_\text{income}}^\text{known} - C_{i_\text{cost}}^\text{known} \tag{3.77}$$

式中,$F_{i_\text{income}}^\text{known}$ 由物流服务商 S_i 服务隶属于自己的物流服务节点的营收 $F_{i_\text{own-income}}^\text{known}$ 和服务不隶属于自己的物流服务节点的佣金 $F_{i_\text{pay-income}}^\text{known}$ 组成,因此可以获得 $F_{i_\text{income}}^\text{known}$ 的计算模型为

$$F_{i_\text{income}}^\text{known} = F_{i_\text{own-income}}^\text{known} + F_{i_\text{pay-income}}^\text{known} \tag{3.78}$$

(1) 物流服务商 S_i 服务隶属于自己的物流服务节点的营收 $F_{i_\text{own-income}}^\text{known}$。

此部分营收由两部分组成:物流服务节点发货需求和收货需求所带来的营收,具体形式为

$$F_{i_\text{own-income}}^\text{known} = \sum_{g=1}^{n_{id}} c_\text{income} u_{d_g}^\text{s} + \sum_{g=1}^{n_{id}} c_\text{income} u_{d_g}^\text{r}, \quad d_g \in D_i \cap \text{DS}_i \tag{3.79}$$

(2) 物流服务商 S_i 服务不隶属于自己的物流服务节点的营收 $F_{i_{\text{pay-income}}}^{\text{known}}$。

此部分营收由两部分组成：物流节点发货需求和收货需求所带来的佣金，具体形式为

$$F_{i_{\text{pay-income}}}^{\text{known}} = \sum_{g=1}^{n_{id}} c_{\text{pay}} u_{d_g}^{\text{s}} + \sum_{g=1}^{n_{id}} c_{\text{pay}} u_{d_g}^{\text{r}}, \quad d_g \in \text{DS}_i - D_i \cap \text{DS}_i \quad (3.80)$$

3) 服务时间 $T_{\text{time}}^{\text{known}}$

物流服务商 S_i 需求确定情况下的服务时间 $T_{\text{time}}^{\text{known}}$ 为 $T_{i_{\text{time}}}^{\text{known}}$，具体形式如式(3.81)所示：

$$T_{i_{\text{time}}}^{\text{known}} = \sum_{h=1}^{n_{V_i}} T_{V_{ih}}^{\text{known}} \quad (3.81)$$

$$T_{V_{ih}}^{\text{known}} = t_{h_{\text{sort}}}^{\text{known}} + t_{h_{\text{travel}}}^{\text{known}} \quad (3.82)$$

式中，$t_{h_{\text{sort}}}^{\text{known}}$ 为需求确定情况下的分拣耗时；$t_{h_{\text{travel}}}^{\text{known}}$ 为需求确定情况下的运输耗时。

(1) 分拣耗时 $t_{h_{\text{sort}}}^{\text{known}}$。

分拣耗时 $t_{h_{\text{sort}}}^{\text{known}}$ 分为发货需求的分拣耗时 $t_{h_{\text{sort}}}^{\text{knowns}}$ 和收货需求的分拣耗时 $t_{h_{\text{sort}}}^{\text{knownr}}$，具体形式如式(3.83)~式(3.85)所示：

$$t_{h_{\text{sort}}}^{\text{known}} = t_{h_{\text{sort}}}^{\text{knowns}} + t_{h_{\text{sort}}}^{\text{knownr}} \quad (3.83)$$

$$t_{h_{\text{sort}}}^{\text{knowns}} = \sum_{a=1}^{a_{v_{ih}}} \sum_{g=1}^{n_{ih}} (u_{d_g}^{\text{s}} t_{\text{sort}})_a, \quad d_g \in \text{DS}_{V_{ih}}, a_{v_{ih}} \in \mathbf{N} \quad (3.84)$$

$$t_{h_{\text{sort}}}^{\text{knownr}} = \sum_{a=1}^{a_{v_{ih}}} \sum_{g=1}^{n_{ih}} (u_{d_g}^{\text{r}} t_{\text{sort}})_a, \quad d_g \in \text{DS}_{V_{ih}}, a_{v_{ih}} \in \mathbf{N} \quad (3.85)$$

式中，集合 $\text{DS}_{V_{ih}}$ 为车辆 v_{ih} 服务过的物流节点的集合，包括物流服务节点和集散中心；$a_{v_{ih}}$ 为车辆 v_{ih} 的出车次数。

(2) 运输耗时 $t_{h_{\text{travel}}}^{\text{known}}$。

由时间＝路程/速度可得

$$t_{h_{\text{travel}}}^{\text{known}} = \sum_{a=1}^{a_{v_{ih}}} \left[\sum_{z=1}^{n_z} \sum_{l=1}^{n_d} (y_{zl} + y_{zl}^{-1}) w_{zl}^{zd}/v_0 + \sum_{g=1}^{n_d} \sum_{k=1}^{n_d} x_{gk} w_{gk}^{dd}/v_0 \right]_a,$$

$$d_g, d_k, d_z, d_l \in \text{DS}_{V_{ih}}, a_{v_{ih}} \in \mathbf{N} \quad (3.86)$$

2. 多目标函数

获得需求确定情况下的三个目标为

$$\begin{aligned} O_1^{\text{known}} &= \min C_{\text{cost}}^{\text{known}} \\ O_2^{\text{known}} &= \min (F_{\text{profit}}^{\text{known}})^{-1} = \max F_{\text{profit}}^{\text{known}} \\ O_3^{\text{known}} &= \min T_{\text{time}}^{\text{known}} \end{aligned} \quad (3.87)$$

因此，本对照模型的多目标优化函数为 $f^{\text{known}}(O_1^{\text{known}}, O_2^{\text{known}}, O_3^{\text{known}})$。

3. 条件约束

此部分的约束条件与 3.3.3 节的内容相同,即式(3.29)~式(3.36)。

3.6 模型求解

3.6.1 求解思路

主模型及对照模型求解思路如图 3.8 所示,加粗部分是主模型与对照组模型不同的地方。资源共享的对照模型设置为资源独立,物流服务商只可服务隶属于自己的物流服务节点,因此服务范围已经确定,无须进行距离聚类计算来确定服务范围;随机需求的对照模型设置为需求确定,因此无须对不确定信息进行转化。

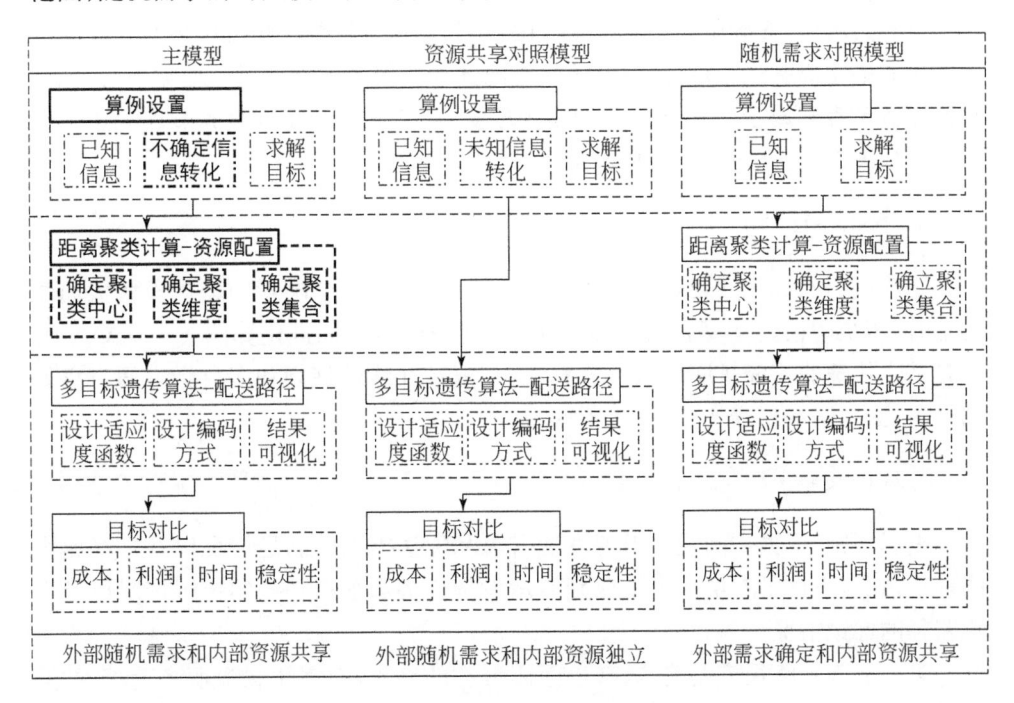

图 3.8 主模型及对照模型求解思路

3.6.2 距离聚类

本书中资源共享条件下的配送模型需要对物流服务节点进行聚类来确定服务范围。已知物流中心的位置和各个物流服务节点的位置,采用距离作为相似性评价指标,最终确定物流中心的服务范围。其基本流程如图3.9所示。

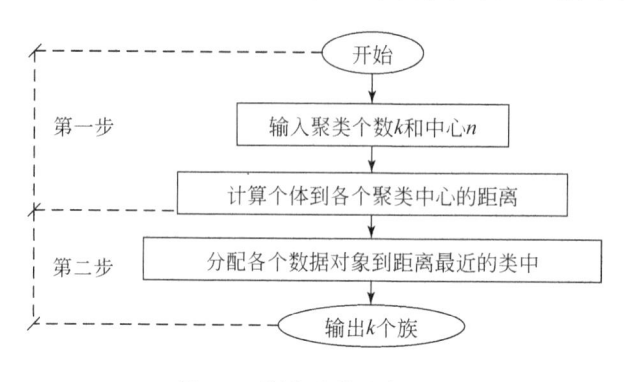

图 3.9 距离聚类基本流程

计算过程:首先确定 k 个聚类中心的位置,然后计算各个物流服务节点与 k 个聚类中心的距离并进行对比,从中选出距离此物流服务节点最近的聚类中心,则此物流服务节点归属于该聚类中心,重复该过程直到所有的物流服务节点完成上述计算形成 k 个族,此时基于距离的聚类过程完成。

3.6.3 NSGA-II

物流网络的优化问题属于NP问题,其时间复杂度会随着问题规模增大而急剧上升,传统的精确计算方法难以解决,因此采用多目标进化算法——NSGA-II。它是基于快速非支配排序的启发式算法,在复杂非线性规划和多目标方面有良好的处理能力,基本流程如图3.10所示。

1. 编码及非支配排序

编码规则:根据本问题考虑到发货需求和配送需求的满足情况以及车辆路径的标记情况,设计了三层编码来分别表示发货任务和配送任务的执行情况以及车辆路径的标记情况。

第一层表示路径节点编号,基于距离聚类的结果,对属于物流服务商 S_i 的服务节点用正整数进行编码,以方便对配送路径进行标记;第二层表示此物流服务节点配送需求的满足情况,采用0-1编码,1表示此物流服务节点的配送需求得到满足,0表示此物流服务节点的配送需求未得到满足;第三层表示此物流服务节点发货需求的满足情况,采用0-1编码,1表示此物流服务节点的发货需求得到满足,0表示此物流服务节点的发货需求未得到满足。另外,为避免染色体长度不同的情况出现,规定所有染色体每层长度都为极限状态下最长染色体长度 r,若染色体长

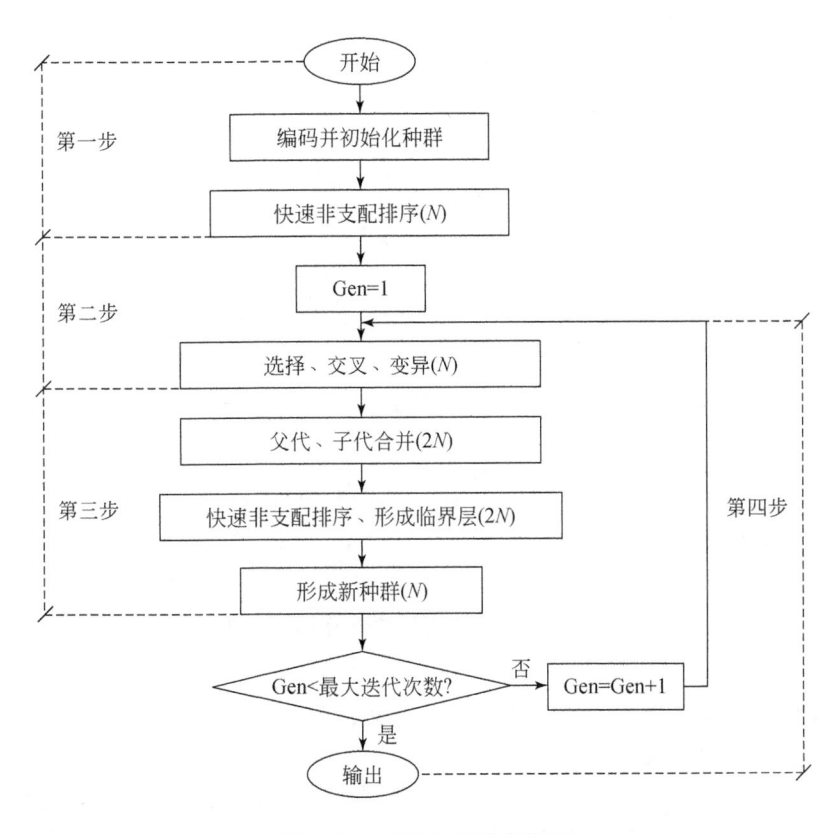

第 3 章　协同物流网络随机需求与资源共享的耦合机理研究

```
                    ┌─────────┐
                    │  开始   │
                    └────┬────┘
                         │
第一步  ┌──────────────────────────────┐
        │       编码并初始化种群       │
        └──────────────┬───────────────┘
                       │
        ┌──────────────────────────────┐
        │      快速非支配排序(N)       │
        └──────────────┬───────────────┘
                       │
        ┌──────────────────────────────┐
        │           Gen=1              │
        └──────────────┬───────────────┘
第二步                 │
        ┌──────────────────────────────┐
        │     选择、交叉、变异(N)      │◄────┐
        └──────────────┬───────────────┘     │
                       │                     │
        ┌──────────────────────────────┐     │
        │     父代、子代合并(2N)       │     │
        └──────────────┬───────────────┘     │
第三步                 │                     │ 第四步
        ┌──────────────────────────────┐     │
        │ 快速非支配排序、形成临界层(2N)│    │
        └──────────────┬───────────────┘     │
                       │                     │
        ┌──────────────────────────────┐     │
        │      形成新种群(N)           │     │
        └──────────────┬───────────────┘     │
                       │                     │
              ◇ Gen<最大迭代次数? ◇──否──►Gen=Gen+1
                       │是                   │
                    ┌─────────┐              │
                    │  输出   │              │
                    └─────────┘
```

图 3.10　NSGA-II 基本流程

度小于其长度则用 0 填充。

对隶属于物流服务商 S_i 的物流服务节点进行随机排序,对物流服务节点的收货需求和发货需求进行满足,当 $\text{sum}(U_1^r, U_2^r, \cdots, U_{N-1}^r) < U_0 < \text{sum}(U_1^r, U_2^r, \cdots, U_N^r)$ 且 $\text{sum}(U_1^s, U_2^s, \cdots, U_{N-1}^s) < U_0 < \text{sum}(U_1^s, U_2^s, \cdots, U_N^s)$ 时,生成一条由 $N-1$ 个物流服务节点组成的路径,之后从第 N 个物流服务节点开始继续计算,直至 S_i 的物流服务节点计算完毕,如图 3.11 所示。

初始解非支配排序:前面产生的路径的集合为种群,计算每个种群中个体适应度,进行非支配排序,形成多个非支配层[101]。

2. 选择、交叉、变异

依据适应度函数值的优良性,采用锦标赛选择方式从父代种群中选出个体,分别按照概率 P_c(交叉概率)和 P_m(变异概率)进行交叉和变异,产生与父代种群(N)相同大小的子代种群。由于本节采用三层编码表示任务的执行路径,单个任务执

第一层	N_1	N_2	N_3	N_4	……	N_{r-1}	N_r
第二层	X_{11}	X_{12}	X_{13}	X_{14}	……	$X_{1(r-1)}$	X_{1r}
第三层	X_{21}	X_{22}	X_{23}	X_{24}	……	$X_{2(r-1)}$	X_{2r}

7	9	13	12	4	14	……	10	8
1	1	1	1	1	1	……	1	1
1	1	1	1	1	1	……	1	1

路径				路径			路径	
7	9	13	12	4	14	……	10	8
1	1	1	1	1	1	……	1	1
1	1	1	1	1	1	……	1	1

图 3.11　染色体编码示意图

行路径由染色体上多个基因共同决定,交叉、变异在三层编码中同时进行,如图 3.12 和图 3.13 所示。

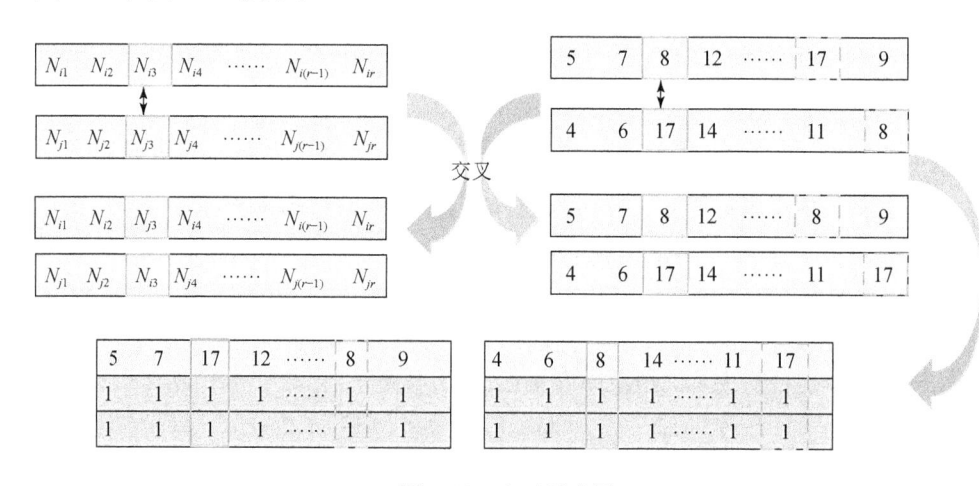

图 3.12　交叉示意图

3. 产生新种群

在此阶段首先要把由交叉和变异产生的子代种群(N)和父代种群(N)合并为数量为 $2N$ 的种群,再对这个种群进行非支配排序和产生多个非支配层,然后运用

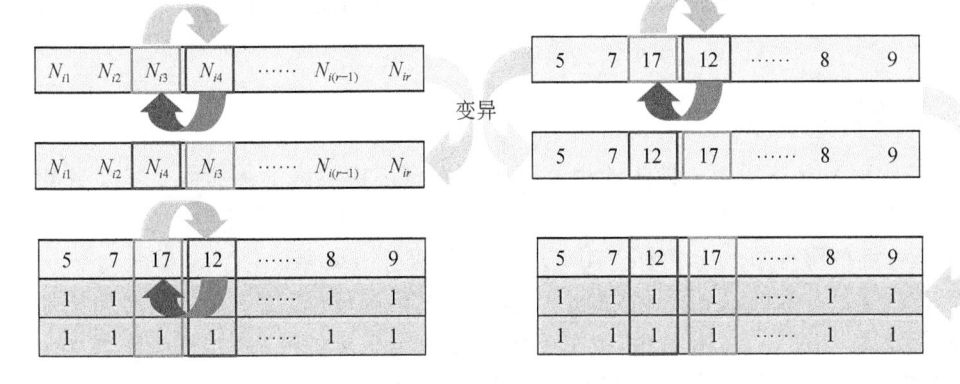

第 3 章 协同物流网络随机需求与资源共享的耦合机理研究

图 3.13 变异示意图

临界层选择的方法选择最优的 N 个个体作为新种群,进入下次迭代。

4. 判断条件

判断迭代次数是否满足要求,当满足最大迭代要求时输出结果;当不满足最大迭代要求时,返回第二步继续重复上述操作,直到满足最大迭代要求。

NSGA-II 算法伪代码如下所示:

1	开始
2	初始化种群
3	计算适应度并进行非支配排序
4	For $i=1$:Maxgen
5	交叉和变异
6	计算适应度
7	非支配排序
8	选择新种群
9	更新种群
10	End For
11	结束

3.7 算例仿真

调研国内三家主流的物流服务商在青岛市某区的物流网络建设情况,并对数据进行了一定程度的处理，以处理后的数据进行数组中的模拟计算，求解本节的模型。

3.7.1 案例设置

获取 S、Y、Z 三家第一梯队的物流服务商在青岛市某区的物流服务节点和集散中心的位置信息以及相关经验参数，其中 S 物流服务商的服务节点为 10 个，Z 物流服务商的服务节点为 8 个，Y 物流服务商的服务节点为 9 个。

首先通过谷歌(Google)地图获取了各节点的经纬度(附录 A)，之后对原始地图进行处理，如图 3.14 所示，其中左下角作为地图坐标的原点，并把经度作为 x 轴，把纬度作为 y 轴，以各节点与原点的经纬度差值作为 (x,y) 的值，各个节点的相对位置坐标值详见附录 B。另外，各个节点之间的距离关系也可从 Google 地图中获得，详见附录 C。

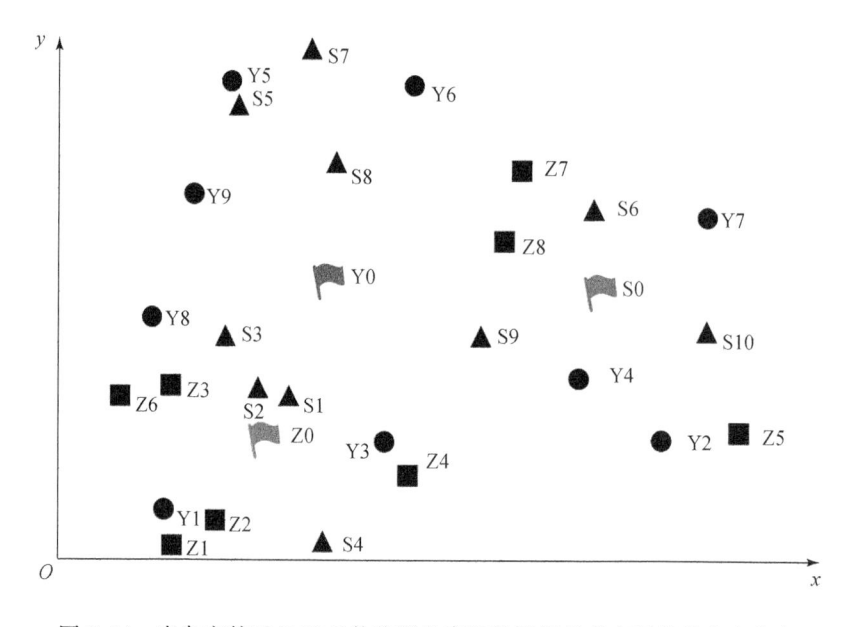

图 3.14　青岛市某区 S、Y、Z 物流服务商的物流服务节点及集散中心分布

3.7.2 参数设置

由三家物流服务商的多个物流服务节点得知，单个物流服务节点每天需要配送的快递量为 [100,300]，需要发出的快递量为 [100,200]，单辆运输车辆运载货物 800 件左右。

1. 不确定信息转化

通过已知快递需求设计符合实际情况的概率密度函数(probability density function,PDF),分别获得配送需求和发货需求符合的PDF,见表3.7。

表 3.7　配送需求和发货需求的 PDF

需求	参数	服从分布	分布概率	取值区间
配送 U^r	U_0^r	正态分布	$N(200,38.76^2)$	[100,300]
发货 U^s	U_0^s	正态分布	$N(150,19.38^2)$	[100,200]

注:U^r 和 U^s 为整数且取值区间为 $\mu \pm 2.58\sigma$(该区间的概率为99%)。

在配送过程中配送物流服务节点的配送需求物是可以确定的,即物流服务节点的配送需求 $U^r=U_0^r$;物流服务节点的发货需求对车辆来说是不能确定的,因此物流服务节点的发货需求 $U^s=U_0^s+\theta$,其中 θ 代表不确定程度,服从正态分布,θ 取值服从的 PDF 见表3.8,避免 U^s 产生负值,故 θ 所取到的最大不确定程度为 $N(0,38^2)$。

表 3.8　发货需求随机参数 θ 取值服从的 PDF

θ	θ_0	θ_1	θ_2	……	θ_{38}	θ_{39}
PDF	$N(0,0^2)$	$N(0,2^2)$	$N(0,4^2)$	……	$N(0,36^2)$	$N(0,38^2)$

注:θ 为整数且取值区间为 $\mu \pm 2.58\sigma$(该区间的概率为99%)。

2. 固定参数

模型中的其他参数见表3.9。

表 3.9　模型中其他参数

参数	v_0/(km/h)	U_0/件	c_{pay}/元	t_{sort}/min	c_0/元	c_{fix}/元	c_{income}/元	c_{store}/元	c_{sort}/元
数值	60	800	5.5	0.15	0.1	100	6.5	0.8	0.2

3.7.3　结果分析

1. 计算结果

在计算过程中设种群数量为500,迭代次数为1000代,在每种不确定程度的情况下计算 50 次,其中随机程度为 0 时,代表需求确定且已知,得到如图 3.15～图 3.17 所示的有关物流服务商 S、Z、Y 的利润、成本、时间三方面的对比图。其中,＊代表资源共享的情况;○代表资源独立的情况;曲线代表均值。

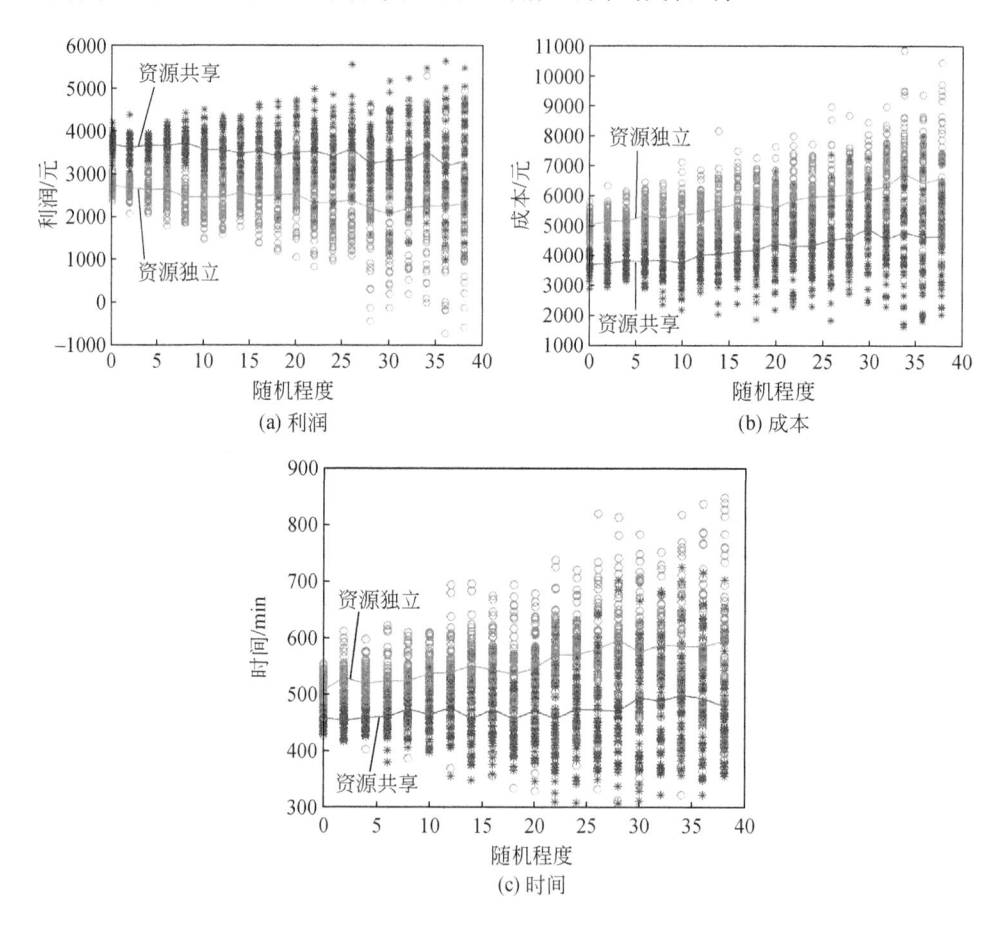

图 3.15 物流服务商 S 利润、成本、时间数据图

2.耦合分析

1)资源共享与资源独立的影响

通过图 3.15～图 3.17 可以看出,在本案例中进行资源共享之后的平均利润、平均成本、平均耗时较资源独立时得到了不同程度的优化。在平均利润方面,服务商 S 提高约 800 元,服务商 Z 略有提高,服务商 Y 提高约 500 元;在平均成本方面,服务商 S 降低约 1400 元,服务商 Z 略有降低,服务商 Y 降低约 1000 元;在平均时

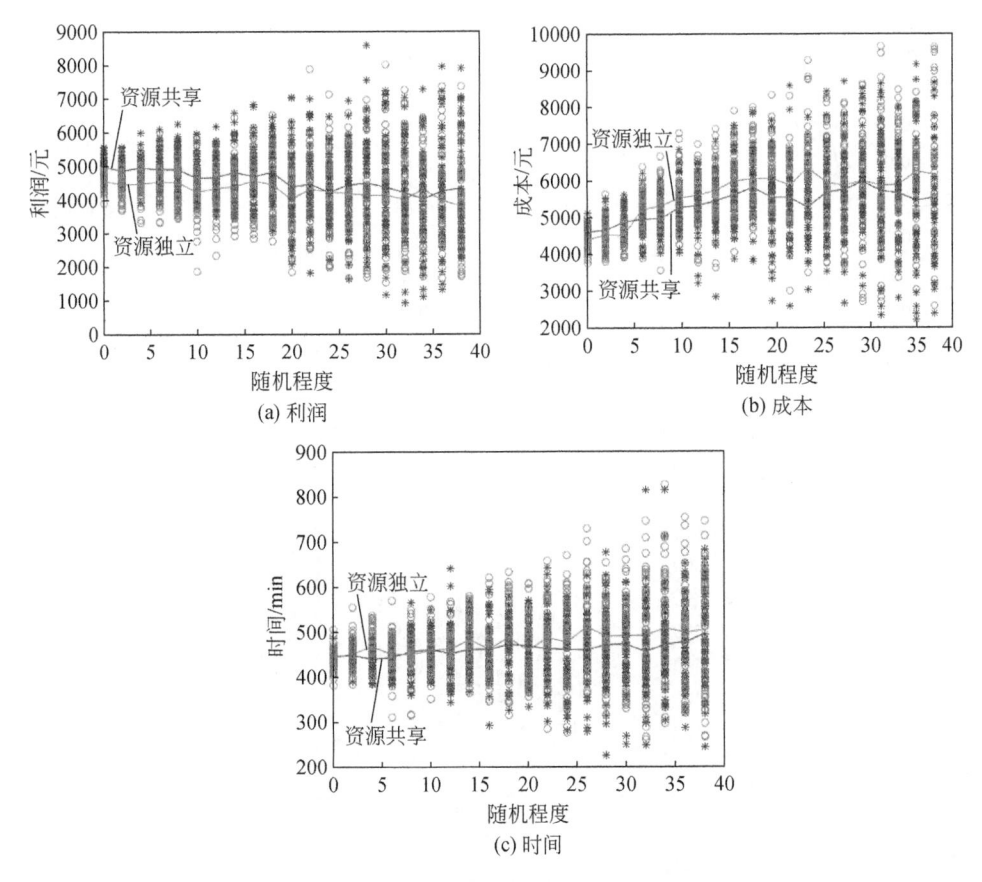

第 3 章　协同物流网络随机需求与资源共享的耦合机理研究

图 3.16　物流服务商 Z 利润、成本、时间数据图

间方面,服务商 S 减少约 50min,服务商 Z 略有减少,服务商 Y 减少约 50min。

本部分做了物流服务商 S、Y、Z 分别在资源独立和资源共享情况下的配送区域图,如图 3.18 所示。图 3.18(a)为资源独立时三个物流服务商的配送范围,几乎每个物流服务商都是全域配送,配送面积极大;图 3.18(b)为物流服务节点资源共享时三个物流服务商各自的配送地域,分别用 ▲(S)、■(Z)、●(Y)三种图标标出,可以明确看到各自的配送范围明显缩小。

因此可以得到,当物流服务节点可以共享时,每个物流服务商服务地域变小,减小行驶距离,从而缩短配送时间,降低配送成本,提高配送利润。

2)需求随机与需求确定的影响

在本案例的图 3.15～图 3.17 中,已明确随机程度为 0 时为需求确定且已知,但是随着随机程度不断增加,由 0 增加至 $N(0,38^2)$ 时,物流服务商的利润、成本、时间等数据都变得越来越发散,且它们的平均值都在朝着坏的方向发展,利润降

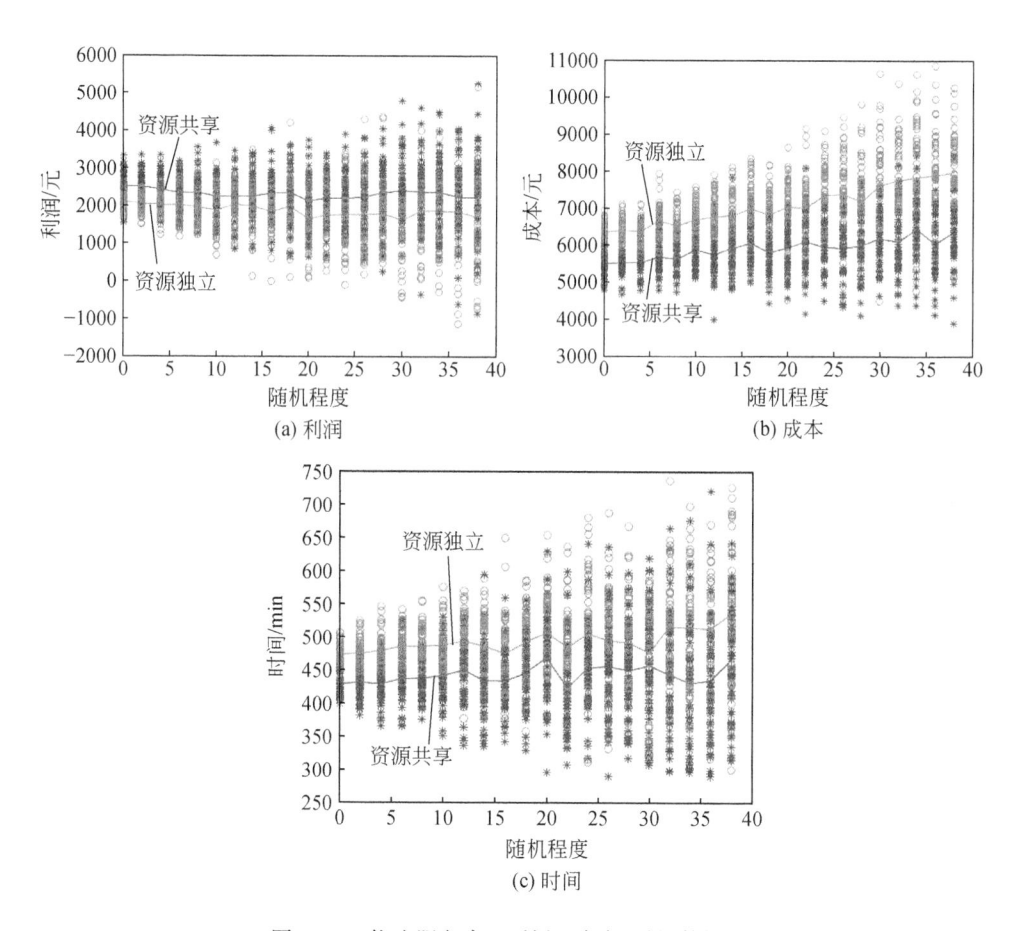

图 3.17 物流服务商 Y 利润、成本、时间数据图

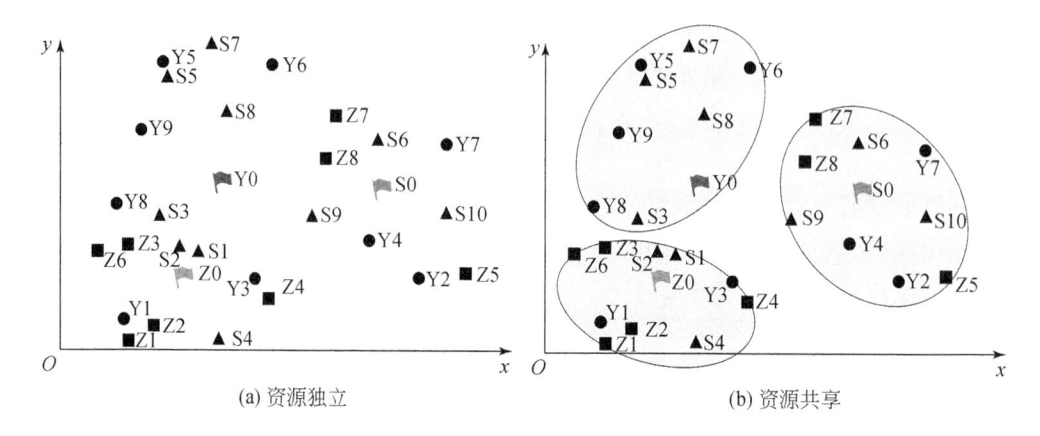

图 3.18 资源独立与资源共享配送范围

低,成本增高,时间增加。在资源共享情况下,当随机程度从 0 增加到 $N(0,38^2)$ 时,在平均利润方面,服务商 S 降低约 500 元,服务商 Z 降低约 800 元,服务商 Y 降低约 300 元;在平均成本方面,服务商 S 提高约 900 元,服务商 Z 提高约 800 元,服务商 Y 提高约 800 元;在平均时间方面,服务商 S 增加约 40min,服务商 Z 增加 50min,服务商 Y 增加约 30min。

最后,探究需求不确定性如何影响配送策略,如图 3.19 所示,其中实线箭头尾节点表示此节点的需求得到满足;虚线箭头尾节点表示此节点的需求未得到满足。需求确定时做出配送策略如图 3.19(a)所示;在需求随机的情况下,只有车辆达到节点时节点的需求才会被获取,此时就存在车辆不满足或只能满足部分需求的情况,需要另一辆车辆来满足节点剩余需求,节点 S6、S10、Z5 就是这种情况,这样就会增加车辆的行驶里程从而增加成本和时间,如图 3.19(b)所示。

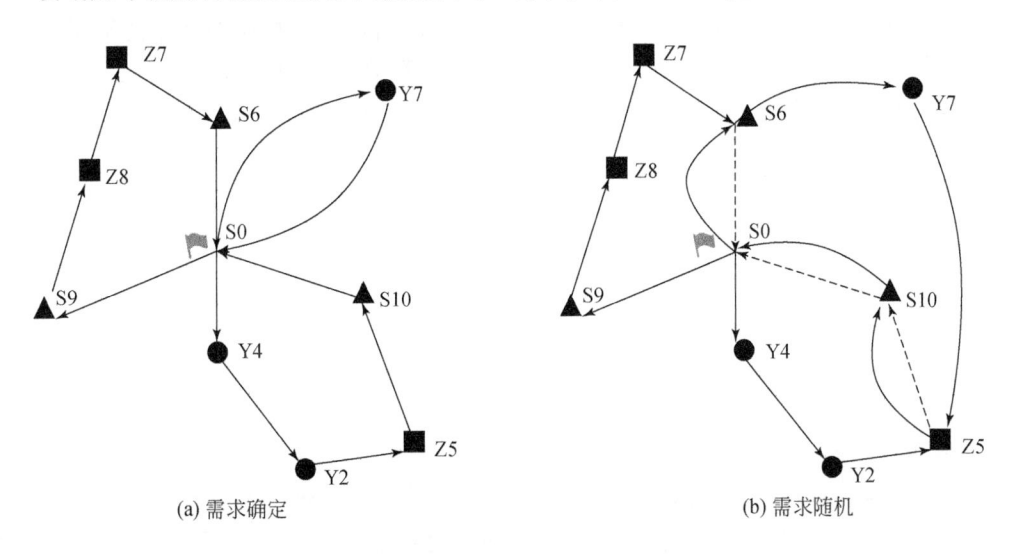

(a) 需求确定　　　　　　　　　(b) 需求随机

图 3.19　需求确定与需求随机配送范围

因此可以得到,随机程度增大时,单个案例的利润、成本、时间、距离数值不一定会更劣,但是平均利润、平均成本、平均时间数值会变得更劣。

3) 耦合分析

结合上述分析可以得到,资源共享和需求随机对最终的配送策略起到相反的作用,且相互影响。资源共享的主要效能是缩小物流服务商的配送范围;需求随机主要影响的是运输策略的稳定性,从而影响配送数据的稳定性,且随机程度越大数据就越不稳定。

当资源共享与需求随机同时存在时,资源共享会使得实际配送区域变得更小,从图 3.15～图 3.17 可以看出,资源共享确实会使得协同物流网络的运营商在成本、利润、时间方面取得更优的结果,但是需求随机使得资源共享情况下策略的稳定性遭到破坏,最终造成解的发散,且随着随机程度不断加大,平均利润、平均成本、平均时间都会更劣化。另外,需求随机对资源独立时的影响相同。

3.8 本章小结

本章以协同物流网络中的任务-资源匹配问题为核心,建立以成本、利润、时间为目标的多目标优化模型,设计了以外部需求随机和内部资源共享情况下的主模型,并遵守控制变量原则,构建了以外部需求随机和内部资源独立情况下的资源共享对照模型和以外部需求确定和内部资源共享情况下的需求随机对照模型。在此基础上,采用 NSGA-II 算法求解实际数据案例,得出在协同物流网络中的需求和资源共享都可以有效进行资源互补,提高运营效率,降本增效;但需求随机会使配送策略更劣化,且具有随着随机程度增加配送策略更劣化的趋势。

第 4 章 协同物流网络的资源优化体系研究

依据资源学派代表人物 Wernerfelt[102]的观点:资源是企业所拥有的各种有形和无形要素的集合。企业拥有的内部资源要存在差异性,即资源优势,才会带来竞争优势。与经济利益来自垄断利润的传统经济学思想不同,资源学派认为企业的经济利润来源于具有价值性、稀缺性、不可替代或仿制的特殊资源,同时,企业的核心竞争力和持续竞争优势也由这些特殊资源产生[103]。对协同物流网络来说,物流资源即为其竞争优势产生的特殊资源,它包括产品/服务所需的零部件、配套设备等在运输、仓储、配送以及信息沟通过程中所涉及的各种物流资源。总体来讲,协同物流网络资源优化体系是一个涉及领域非常广泛的综合体系,加强对该体系的研究将会对资源的合理利用产生深远影响。

4.1 协同物流网络资源分类及特点

协同物流网络的资源主要是指物流资源,前面仅是从理论角度探讨了协同物流网络的四大构成要素,在本章中将分析协同物流网络的资源构成及特点。

4.1.1 资源分类构成

企业的生产制造覆盖设计、工艺、采购、仓储、零部件加工、分段制造、装配、测试、交付和售后服务等多个环节,所需物资均依据区域/阶段/类型有步骤地进行集配,其物流运作流程涉及协作外包商、供应商、中转仓库、物流中心、库房场地、加工制造车间等物流环节。协同物流网络运作过程中涉及的物流资源从功能上可分为仓储资源、运输资源和采购资源。其中,仓储资源包括各类物资中转仓库、企业库房等物流基础设施以及相应的物资信息;运输资源包括运输中心、运输车辆及运输路线;采购资源包括供应商和协作外包商等综合信息。

从物流资源使用用途上还可分为供应资源、能力资源和信息资源。其中,供应资源包括各类零部件、设备的供应商和配套服务等外包商;能力资源包括物流活动的实体资源(如仓储基础设施和运输车辆)和隐形资源(如货运组织方式和团队管理知识)两部分;信息资源则贯穿于协同物流网络运作的全过程,对各类资源起到优化配置的作用。

4.1.2 资源功能特点

传统协作模式下的物流资源具有私有性和内向性的特点,私有性是指企业独自拥有物流资源的所有权和使用权;而内向性是指企业物流资源功能仅仅是面向企业内部的产品制造需求[104]。协同物流网络中的物流资源可以认为是协同物流网络中所有成员物流资源的一个子集,是将其成员的部分物流资源经过封装而形成的一个集合。经过封装后的物流资源不再独属于或单面向某个成员,其特征属性转变为共享性和外向性,即物流资源的使用权和功能是面向协同物流网络中全体成员的。

除此之外,协同物流网络的物流资源还具有动态性和复杂性。动态性是指网络内部成员协作伙伴的动态选择机制和外部环境的变化导致物流资源不再是稳定不变的,同时市场对产品/服务的多样需求和交付时间的压缩,导致资源规划周期缩短,不确定因素增加。复杂性是指资源的管理突破了成员自身,还要考虑整个协同物流网络中的各种物流资源,物流资源的来源、种类、数量和统计分析工作的复杂性较以往有较大增加。

4.2 协同物流网络资源优化的表现形式

协同物流网络资源优化的表现形式从协同效应上来说,主要分为点-点协同、点-线协同、线-线协同、链-链协同。

4.2.1 点-点协同

协同物流网络资源优化的点-点协同主要包括两方面:一是在业务层上进行物流服务时所经历的停顿节点,如仓库中转点、配送中心、站场等节点相互合作运行;二是指在组织层上各物流协作点、协作厂商等企业之间的协同。点-点协同有如下特征:在纵向相互补充、协同帮助,横向相互合作、协同发展,同时服务上相互辅助、协同进步,帮助各节点发挥自己的核心竞争力,提升节点柔性,随着长期彼此的交流和互助,能够建立相关的学习形式,使得物流网络更具有生机和活力。

4.2.2 点-线协同

点-线协同是指协同物流网络资源优化中各级节点同物流线路路径之间的协同,其中包括协作点、协作厂商或仓库中转点等节点作业的组织运行和线路路径间运输组织工作的衔接,以及协作点、协作厂商或仓库中转点等节点的基础设施、设备技术和线路路径间的运输设施之间的配合。如果点-线协同能够有序运行,就能够实现资源调配过程中运行的平稳流畅,实现点-线的紧密耦合,降低停顿等待时间,以此完成协同物流网络的高效衔接,提升运行效率。

4.2.3 线-线协同

线-线协同是指协同物流网络资源优化过程中各类物料资源所依附的流通线路之间的协同,运输路线是流通线路的主要表现方式。如果各物流线路能够实现协调互助,不但能节约成本及资源,而且能在时间和空间上创造一定的经济效应,提升物流网络的服务质量。

4.2.4 链-链协同

协同物流网络资源优化中的链-链协同是基于上述三种协同形式而组成的各条物流链之间的协同。协同物流网络实际也由各个物流链相互交融集合而成,因此各条物流链之间在资源集成方式和业务开展效率方面相互影响、相互依存,将链-链协同的形式最终融合成整个物流网络之间的协同。

4.3 协同物流网络资源优化的目标分析

协同物流网络资源优化是复杂的递阶规划过程,其总优化目标实际上是由多个子分解目标构成的。资源优化总目标的实现是各子目标综合作用的结果,但总目标最优并不是各子目标最优的简单叠加,这是由于子目标间存在背反关系,在同一时间或空间截面不能实现同步最优。因此,如何控制各子目标优先次序以实现总目标最优,是协同物流网络资源优化的首要问题。

4.3.1 核心企业的经营目标

作为协同物流网络的核心主导部分——核心企业,其经营目标的取向,直接影响整个与其协同的物流网络运行。因此,明确核心企业的生产经营目标,对于分析协同物流网络的资源优化目标意义重大。核心企业的经营目标主要由生产、时间和成本三个具体的子目标构成。

1. 生产子目标

该目标主要是提高企业的生产制造/服务提供能力,减少生产/服务资源的冗余和浪费,实现合理的资源利用。

(1)准时的制造物资发放。
(2)透明的制造资源信息。

(3)合理的主生产计划和详细的生产计划。

2. 时间子目标

该目标主要是缩短产品生产时间,提高生产效率。
(1)提高产品粗设计和详细设计的效率。
(2)强调优良的数据质量,减少数据冗余和噪声的影响。
(3)强化不同部分之间的沟通协调。

3. 成本子目标

该目标主要是在保证产品质量的前提下,尽可能地减少产品生产成本,节约建造支出。
(1)产品生产所需高价值物资的及时交付。
(2)高价值物资的特殊管理与控制。
(3)产品生产的跟踪控制和严格管理。
(4)降低产品生产所需物资和工具的库存。
(5)减少由物资短缺造成的生产停顿。

4.3.2 多目标间的背反关系

高效的协同物流网络资源优化流程是整个网络有序运行的坚实基石,为实现客户满意和网络增益的最终目标,资源优化要求实现低物流成本、短交付周期、高交货可靠性和高设施利用率等多个目标。这些目标之间存在背反关系,因此要同时实现这些目标的最优是不现实的。协同物流网络资源优化具体目标间的背反关系如图4.1所示。由图可以看出,协同物流网络资源优化具体目标间存在复杂的背反关系,具体的背反关系如下。

1. 低物流成本-短交付周期

为使交付周期尽可能短,要求产品生产所需物资能随时供应,这将会增加库存成本,进而增加物流成本,或者为了局部的交付周期最短而增加物资的采购成本,丧失经济批量采购的机会。

2. 低物流成本-高交货可靠性

最低物流成本需要低库存成本,而低库存水平则增加了物资短缺的风险,这将直接导致产品生产的延误。如果没有充足的物资储备和时间余量,物资交付日期很难保障。

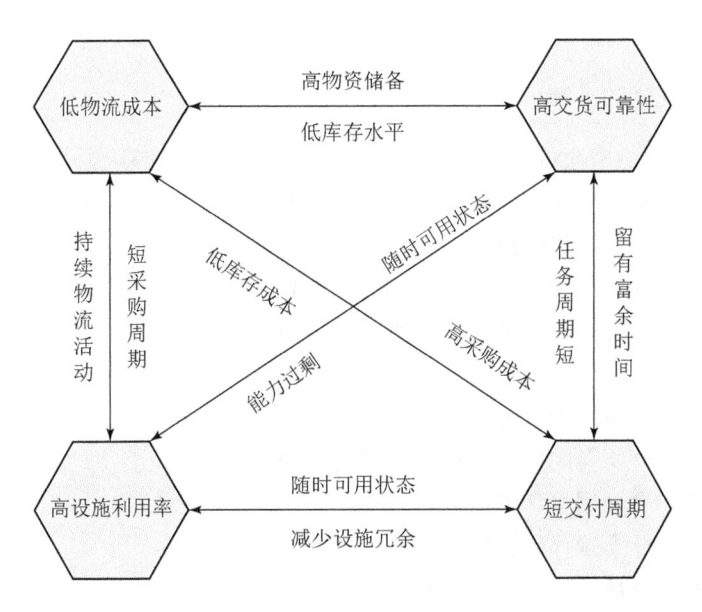

图 4.1 协同物流网络资源优化目标背反关系图

3. 低物流成本-高设施利用率

物流基础设施要保持有序运转,就需要有不断的物资输入输出。因此,要提高设施的利用率就要有持续的物流活动,而这势必导致企业采购的经济周期缩短,物资采购成本增加。

4. 短交付周期-高交货可靠性

最短交付周期要求物流任务的执行时间尽可能地压缩,而任何波动或并行任务之间的物流资源协调都将会产生等待时间,由于任务周期过短,往往没有富余弥补延误时间,导致交货的可靠性降低。

5. 短交付周期-高设施利用率

高设施利用率要求资源尽量处于经济负荷状态,这要求尽量减少设施闲置,而最短交付周期则要求物流设施处于随时可用状态,这将导致物流资源冗余。

6. 高交货可靠性-高设施利用率

高交货可靠性要求物流设施处于随时可用状态,以补偿可能出现的延误时间,而单纯为满足局部高交货可靠性而开设的物流设施,可能会出现能力过剩现象,这又反过来降低了设施的利用率。

4.3.3 资源优化的控制目标

协同物流网络资源优化中各具体目标的优先次序之间存在冲突,不能实现同步优化。结合 Donald[105] 提出的 80/20 优先次序法则,可以发现现代化的产品生产主要是以低生产成本的高可靠性准时交付为最终目标展开分工协作的。因此,与之相对应的协同物流网络在进行资源优化时也应以低物流成本的高交货可靠性为首要目标。基于此要求,协同物流网络资源优化中各子组成部分计划和控制的具体目标如下:

(1)最小化的库存物资和生产物料。
(2)产品生产所需的各零部件物资及时交付。
(3)信息的高利用率和重复使用。
(4)物流任务衔接,高的交付可靠性。
(5)物流任务执行,短的交付周期。
(6)不同物流任务执行的优先次序不同。

围绕高的交付可靠性,对协同物流网络资源优化中各子组成部分计划实施控制,协同物流网络资源优化总的控制目标如下:

(1)保持产品生产物资高的采购透明度。
(2)基于产品生产计划的波动和调整,动态更新规划内容,确保执行和决策指导能力。
(3)通过控制和反馈循环,考虑所有物流任务的实际情况。
(4)在多物流任务并行的情况下,通过使用集成资源管理来维护规划的可行性和实用性。
(5)支持产品的规划和控制。
(6)促进柔性规划和采用敏捷控制方法。

4.4 协同物流网络资源优化的体系结构

4.4.1 空间体系

具体的协同物流网络资源优化的空间体系如图 4.2 所示[106,107]。

该空间体系分别从不同的侧面描述了协同物流网络资源优化的层次、阶段和范围。该资源优化体系从产品生命周期的视角,以产品生产制造的物资需求为起始点,按照建造大节点计划所需物资进行物流资源的统筹安排,体现了资源优化活

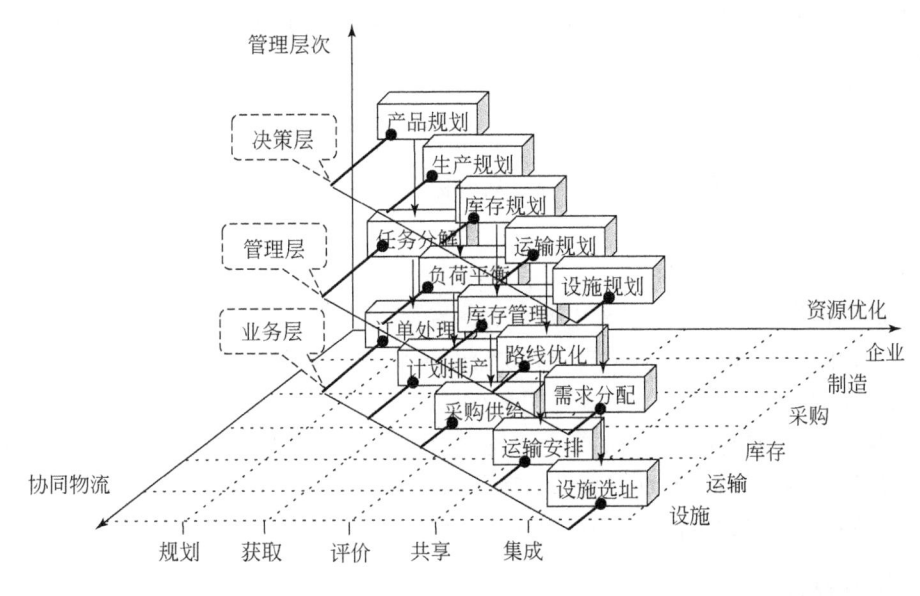

图 4.2 协同物流网络资源优化的空间体系

动中的战略决策、战术管理以及业务执行之间的耦合关系,反映了产品生产涉及的物流不同阶段的资源优化和协作过程。

4.4.2 协同原则

为了实现协同效应,达到协同物流网络资源调配高效率、低成本的目标,在资源调配过程中应遵循适应性原则、整体性原则和资源整合性原则。

适应性原则是协同物流网络的首要原则,其首要性在于它是其他原则的前提。适应性是指在实际协同物流网络各协作点参与运行时,本着符合自身特点的原则选择合作伙伴,保障各企业在运营方式、组织形式、运作模式以及管理理念等方面相互协调匹配。同时,各企业需要在适应性原则的基础上建立合作模式,在利益分配、责任承担以及企业技术流通等方面达成共识。

整体性原则是协同物流网络的重要原则,由于协同物流网络资源调配系统由众多子系统构成,只有实现各子系统之间的有机运作,才能保障整个系统的有效运行。在实际运作过程中,具有独立经济利益的子系统与总系统的目标存在矛盾时,需要根据系统的整体性原则,积极调整各子系统,从而保证整体效果的最优化。

协同物流网络是仓储中转点、运输工具、包装设备等硬件资源以及管理文化、人才资源等软件资源共同聚集的系统,硬件资源投入的资金大,软件资源获取时间长、难度大,因此物流网络在协同过程中要遵循资源整合性原则,实现"1+1>2"的运作效果,提升硬软件资源的利用率,提高每项业务流程的整合与流畅度,最终实现各协作点之间的无缝对接。

4.4.3 协同层次

协同物流网络资源调配体系可以从目标、规则、层次等方面实现协同。

1. 目标协同

协同物流网络在运作过程中要实现参与者有序、有效的运行,前提是各个参与者都有相同的目标,即降本增效。对物流网络来说,在物流活动中物流节点间的运输成本和货物的存储成本、运输时间和存储时间是分别影响物流成本和物流效率的主要因素。当协同物流中的参与者通过优化实现运输时间和成本、存储时间和成本降低而达到降本增效的目标时,各物流主体就会自发地在运输和存储过程中进行协同运作,来减少协同物流网络中无效资源的消耗。

2. 规则协同

规则协同是指协同物流网络中进行决策和执行物流操作时网络中的成员所要认同且遵守的规则。协同物流网络是一个复杂的网络系统,成员繁多,只有有了统一的规则,成员之间才会有合作、资源共享的可能,从而实现资源有效整合,减少资源浪费,最终实现整个网络高效且低成本的运行。

3. 层次协同

层次协同是指在协同物流中相同业务之间的协同,如运输协同、配送协同、存储协同、分拣协同等。在整个物流运输流程中,同环节之间协同是最直接和最有效的,而且协同成本最低。

从业务层次角度分析,协同物流网络是指物流网络协作点运作过程中的各个功能流程的协同,包括运输、仓储分拣、搬运装卸、包装等,共同组成协同运作的基础,具体如图 4.3 所示。

运输是物流网络中最为关键的一项流程,增加运输活动必会增加分拣、装卸等其他功能流程,因此运输协同需要从物流网络整体利益出发,将运输成本、时间、环节、工具以及距离等相关因素综合考虑,形成最优的资源调配方案,实现从供应商到销售商各级运输流程运输成本最小、时间最短、距离最短、质量最高的高效运输作业体系。

仓储能够实现生产与运输之间的连贯性,实现物品的时间价值。如果没有仓储功能流程,则供应商需要根据销售商的需求进行生产运输,使得物流时间加长,

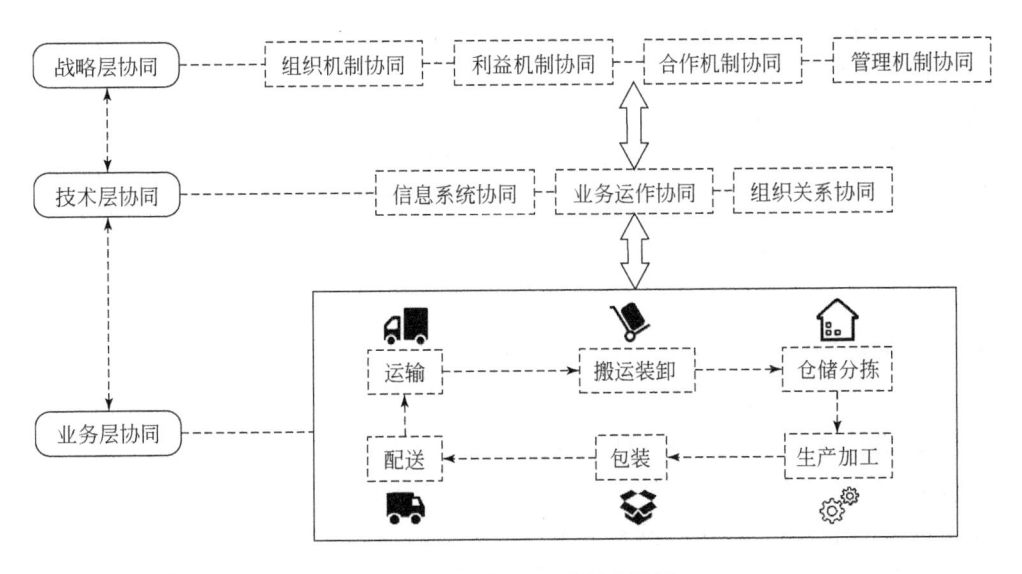

图 4.3 协同物流网络层次协同

成本增加，因此存储需要综合考虑规模、时间等因素。但是如果将大批量的资源存储在仓库里，为销售商提供保障，则仓储成本会过高，从而降低网络的运行效率。因此，需要进行仓储合理化分配，保证在实现仓储功能的前提下，系统投入最少。分拣需要将资源按照品类分别进行仓储；此外，分拣作业是否按时按标准也会影响后续的配送效率。

搬运装卸环节的协同主要体现在成本、时间和位置等方面。虽然搬运不是物流功能流程的主要环节，但是必不可少，搬运装卸一般是在物流资源进行位置转移，资源从某一个协作点运送到另一个协作点的过程中，衔接点与点之间的物流任务。如果搬运装卸能够顺利进行，就能保证资源流动的连续性，从而提升时间效率。

包装加工协同能够保证物流资源在运输过程中不受损伤，它体现在作业成本和作业时间上。通过一定数量的资源集成大件资源，能够提升搬运、运输的效率，同时专业化、标准化的包装能为资源的仓储保管、识别提供便利。如果包装质量不高，则会导致仓库资源存放能力降低，后续流程也会出现破包、漏包等情况。

4.5 协同物流网络资源优化的内涵构成

协同物流网络资源优化是在约束条件下对系统决策方案满意解的搜寻过程，也是物流资源运行高效率和系统总成本最低两者间的平衡过程。因此，网络资源优化的重点不是简单的局部资源利用最优或个体成本最小,而是要通过网络成员的耦合互动和动态互补,实现网络总成本最低和价值溢出,以此结合合理的分配制度实现网络成员的个体增值。协同物流网络资源优化的内涵实际上是在有限资源情况下,通过分析和评估网络中资源优化活动和流程来确定不同层级或阶段对目标实现的影响程度。协同物流网络要实现资源的合理优化,必须以深入的过程分析为研究起点,运用有效的系统理论方法和工具来实现物流资源的优化。

4.5.1 约束模型

协同物流网络资源优化建模分析是指用模型方式来表达协同物流网络内部物流资源要素之间的关系,这是对协同物流网络进行数学抽象分析的基础。通过模型将物流资源要素间的约束关系和物流管理目标耦合成一个整体,然后进行计算模拟、结果评价或决策寻优,这是开展协同物流网络资源优化研究的重要方法之一。资源优化涉及的模型主要有逻辑关系模型、特征分析模型、抽象数学模型、活动预测模型、组织结构模型及决策行为模型等不同类型。协同物流网络资源优化模型主要涉及抽象数学模型和决策行为模型。

协同物流网络资源优化问题是由目标函数、约束条件和决策变量组成的。决策变量是需要进行决策选择的二进制0/1结构,协同物流网络资源优化模型主要由以下部分组成。

1. 目标函数

协同物流网络资源优化主要满足两个目标:客户满意和网络增益,但是这两个目标之间也存在一定的背反关系,高客户服务水平与低物流成本是矛盾背离的。因此,协同物流网络提供的是考虑物流成本支出的临界均衡服务。可以说,协同物流网络资源优化模型实际上是多元的随机优化模型,其目标函数为

$$\begin{cases} \min Z = \min \sum_{i=1}^{n_i} C_i + \min \sum_{j=1}^{n_j} S_j + \min \sum_{k=1}^{n_k} V_k \\ \forall i \in \{1,\cdots,n_i\}, j \in \{1,\cdots,n_j\}, k \in \{1,\cdots,n_k\} \end{cases} \quad (4.1)$$

式中,目标函数 Z 是以协同物流网络整体的网络运营成本最小为目标,其具体由三部分组成:物流成本 C、服务成本 S、变更成本 V。①物流成本 C 包括产品生产各种物资的采购成本、各级库存成本(仓储成本和存货成本)、在途物资成本、运输成本、缺货惩罚成本、物流管理成本等。因此,要实现整体的物流成本最低,就必须控制物流成本的各个组成部分,对其成本的各种搭配组合取最小值。②服务成本 S 包

括各类供应商的筛选成本、物流基础设施的投入支出成本、可变的配送服务成本等。协同物流网络资源优化要求为客户提供临界物流服务，即寻求高客户满意度与低服务成本之间的均衡。③变更成本 V 包括基础设施数量和地点变更成本、配送运行周期变更成本、安全库存水平变更成本等。协同物流网络的基本服务能力会随着变更成本中所含变量的变化而波动，而最低物流成本决定的临界服务则是协同物流网络进行变更的基础。

2. 主要条件约束

(1) 企业对设备、零部件、服务等的需求量≤供应商的供货能力。
(2) 从供应商或各级物流节点获取的各类物资≥企业的需求量。
(3) 任何两个物流节点间的运输量≤某种承运运输工具的承受能力。
(4) 各级物流节点接收的零部件或设备数量≤该节点库存的设计容量。
(5) 采购订单处理时间＋运输时间≤可接受的交货期限。
(6) 某物流节点对下级节点的供应≤该级物流节点瓶颈资源的供应能力。
(7) 任何中转物流节点的物资流入量＝物流流出量。
(8) 决策变量取整数变量 0 或 1。

4.5.2 活动层次

物流资源是协同物流网络运行所依赖的基础，其中大部分物流资源都是组织异构和空间动态分布的独立功能实体，要实现其物流资源的有序共享和集成，就必须采取合理的资源配置活动，使之形成动态的虚拟优势资源互补协作体系。可以说，资源优化配置活动在物流各功能实体的协作过程中发挥关键作用。协同物流网络资源优化活动层次模型如图 4.4 所示。

由图 4.4 可知，第一层为协同单元层，是协同物流网络中底层物流实体功能元素的集合，包括物流能力资源和信息资源，涉及物流设施、任务状态及负荷信息的处理提交等活动；第二层为资源封装层，是协同物流网络中物流资源的集散地和发源地，包括资源描述、资源封装、资源共享和资源集成等活动，提供资源发现、资源定位、资源评价和资源分配等功能；第三层为资源共享层，是将封装后的物流资源共享集成为一个虚拟整体，以便更好地响应协同物流网络中的物流需求，主要提供资源注册、资源调用、状态监控和动态耦合等功能；第四层为优化决策层，是在协同物流网络中对相应的物流任务进行分解发布，并通过物流资源检索对发现的合适资源进行评价、分配的决策过程，包括最佳资源匹配、资源负荷平衡和异构信息集成等活动。

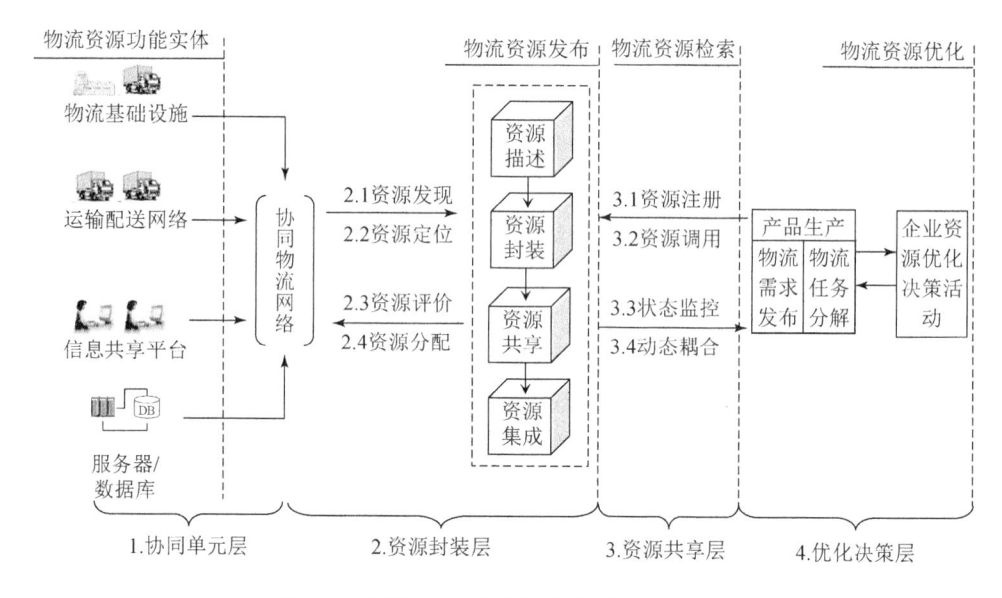

图 4.4 协同物流网络资源优化活动层次模型

协同物流网络中的资源优化配置活动实际上是在保证物流资源快速响应和准确匹配目标驱动下各层次的协作过程，是各种物流功能实体有序综合集成的结果。协同物流网络的资源优化体系至少应该包括能够进行分析决策的核心控制实体、支持资源共享和协作机制的功能实体以及参加产品生产物流任务协同的事务处理实体。总体上，协同物流网络资源优化活动层次模型是资源管理活动宏观性的战略指南。

4.5.3 运作流程

协同物流网络资源优化是在产品生产协同物流决策指引下的有序活动，本书先从宏观战略角度分析了协同物流网络资源优化的层次活动，阐述了不同层次的资源优化内容和基本功能，但这仅是从战略高度梗概式的总体逻辑进行分析，还不具有实际的物理操作意义。因此，为实现基本的资源优化运作流程，协同物流网络需要确定物流资源优化管理的核心基本操作，实际情况中更复杂的操作可在此基础上进行扩展。协同物流网络资源优化核心流程如图 4.5 所示。

由图 4.5 可知，协同物流网络资源优化活动由多种不同的子活动组成，资源配置的状态是各子活动间相互作用、互相影响、耦合互动的整体表现，其资源优化的最终目标是以低成本资源投入实现产品生产物流需求的高效满足，保障产品生产的连续性。

第4章 协同物流网络的资源优化体系研究

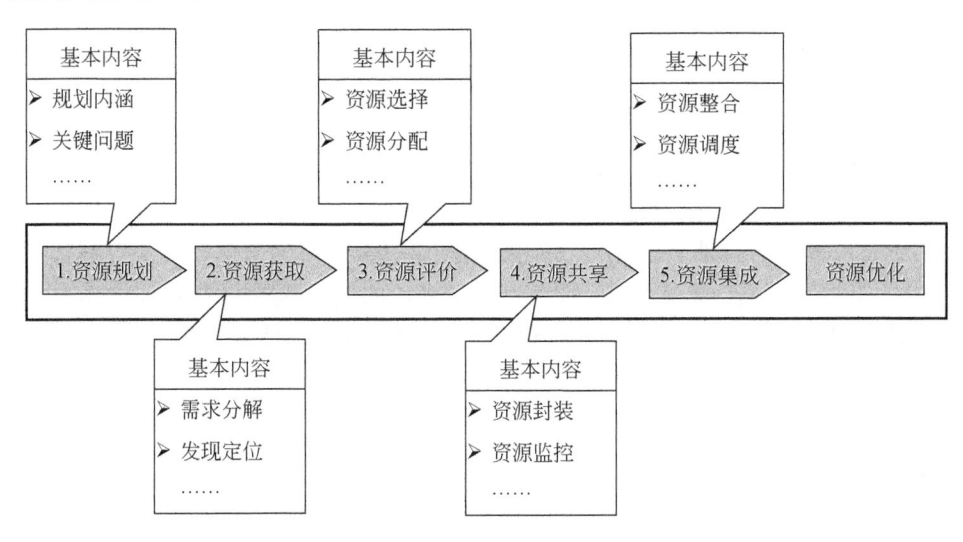

```
基本内容                基本内容                基本内容
➤规划内涵              ➤资源选择              ➤资源整合
➤关键问题              ➤资源分配              ➤资源调度
……                     ……                     ……
```

1.资源规划 → 2.资源获取 → 3.资源评价 → 4.资源共享 → 5.资源集成 → 资源优化

```
       基本内容              基本内容
       ➤需求分解            ➤资源封装
       ➤发现定位            ➤资源监控
       ……                   ……
```

图 4.5 协同物流网络资源优化核心流程

协同物流网络资源优化的关键环节如下。

1. 协同物流网络资源规划优化

资源规划优化主要是对规划初期和规划实施过程中存在的不利影响进行控制优化。在规划制定过程中存在的不确定因素是影响规划顺利实施的关键障碍之一;同时,规划实施过程中出现的偏差也会影响规划的权威性和稳定性。针对资源规划中存在的这些不利影响,有必要采取优化方法加以控制和约束。

2. 协同物流网络资源获取优化

资源获取优化主要是起到承上(资源规划)启下(资源集成)的作用,是在资源规划的指导下,为资源共享集成获取候选资源的过程。资源获取以来自产品生产的物流任务为起始点,通过对物流任务的资源需求分解,进行资源发现定位,并针对发现所得的备选资源对象集,提出资源优化选择的方案,便于进行更有效的资源匹配。

3. 协同物流网络资源集成优化

资源集成是资源获取阶段的延伸和升级,该阶段面向的将是来自物流任务包提供的多资源组合服务。要进行有效的资源集成首先要了解其主要内容及相关的集成步骤,研究其逻辑方案与资源物理映射之间的关系,并深入分析其资源调配的优化机制。

4.6 本章小结

本章结合资源理论和协同物流网络自身的特点,明确了物流资源是其竞争优势的源泉,并对其物流资源进行了多角度分类和功能特点阐述。在分析资源优化多目标背反关系的基础上,提出了协同物流网络资源优化的整体和局部控制目标,构建了面向资源优化/协同物流/管理层次三维的协同物流网络资源优化体系,阐述了其资源优化的内涵,并对其约束模型、活动层次和运作流程进行了分析。

第 5 章　协同物流网络的资源规划优化研究

协同物流网络资源规划是确定发展目标和为实现目标而设计策略和行为的过程，是资源优化体系的重要组成部分。协同物流网络的成功运行离不开切实有效的资源规划，而可靠的资源优化体系则是其实施的必要保障。作为不断进化的动态系统，对物流资源优化的需求必然伴随着决策行为和组织重构。协同物流网络资源规划具体是指从协同物流网络核心企业角度出发，对资源分类、资源配置、有序运行等一系列内容所进行的决策优化过程，实际上就是协同物流网络的物流资源计划。

5.1　协同物流网络的资源规划基本内容

产品生产制造过程中的物流活动涉及众多部门和领域，由于各个环节在信息上缺乏沟通和协调，在利益上存在"二律背反"，在地域上存在局部物流资源有限和低水平重复建设，这些都不可避免地破坏了协同物流网络实施的有效性，因此迫切需要一个更高层次、更有效的综合物流资源规划把其纳入有序的发展轨道。对协同物流网络来说，实现物流资源的优化配置是其核心任务，而合理的资源规划设计则是其实现物流资源优化的前提，它为进一步实现物流资源获取与评价、资源共享和动态组合及集成提供了有力的支撑平台。

5.1.1　资源规划的决策因素

协同物流网络的资源规划是各部分有机结合、协调一致的总体纲领，整个网络的资源规划应侧重于"物流支持生产"的规划，因此协同物流网络的资源规划需重点解决客户服务目标确定、生产规划、库存规划、运输规划和物流基础设施规划等问题。

协同物流网络资源规划主要包括六方面的决策内容：客户服务目标决策、网络效益增值决策、物流设施选址决策、库存规模控制决策、生产物资集配决策、运输路径安排决策(表 5.1)。实现客户服务目标和网络效益增值是协同物流网络资源规划的首要任务，它取决于资源规划的总体水平，其他四个方面均是实现两者的实施手段，四者相互影响，相辅相成，直接决定了资源规划的实施程度。

表 5.1　协同物流网络资源规划决策因素构成

决策因素	指标		
	决策内容	决策阶段	决策等级
客户服务目标	物流服务水平:这是协同物流网络资源规划的首要任务,要求对服务水平和物流成本之间进行平衡 服务评价标准:响应时间、产品种类、合同纳期、信息透明度等	战略层 规划目标	★★★
网络效益增值	整体增值:协同物流网络效益溢出 个体增值:解决成员间效益"二律背反"现象	战略层 规划目标	★★★
物流设施选址	设施数量:根据协同物流网络划定的设施服务范围和物流成本确定 设施布局:考虑产品的移动过程、相关物流费用和选址成本 规模设计:按照设施承担的物流任务类型确定其最大容量	战术层 长期计划	★★
库存规模控制	库存类型:根据库存的功能以及在生产和配送过程中的状态确定 库存成本:由产品生产所需物资购买、订购、库存持有和缺货等四成本要素构成 存货水平:综合库存持有成本和产品生产所需物料种类的重要程度	战术层 中期计划	★☆
生产物资集配	工序管理:要做好原材料、设备、配件等的工序管理工作 物量控制:以工序对应工位作为物资部门物料控制的基本单元	执行层 短期计划	★
运输路径安排	运输时间:由服务响应时间和货运时间两部分组成 运输方式:综合考虑客户要求、货运量、运输成本、运输时间和库存成本等 路径优化:强调多点多回路整体的总运输成本最小	执行层 短期计划	★

注:★、☆表示重要程度强弱,其中☆的重要程度弱于★。

协同物流网络资源规划是由各种不同的长期计划、中期计划和短期计划组成的。其中，生产物资集配、物流设施选址、库存规模控制和运输路径安排决策由于时间跨度的不同分别属于三个不同的计划期，物流设施选址决策属于长期计划，库存规模控制决策属于中期计划，而生产物资集配、运输路径安排决策则属于短期计划的范畴，不同计划期的决策问题应区别对待，并分别属于既相对独立又紧密联系的决策阶段。

5.1.2 资源能力的负荷平衡

在协同物流网络资源规划的过程中，物流资源能力和负荷都会随时间发生变化，物流资源负荷过量和不足的状况时有发生，物流资源能力和负荷平衡旨在凭借对关键资源瓶颈的识别确定，通过动态增加或删减物流资源数量，纠正产生"通道偏差"的物流资源负荷，实现资源间的负荷转移，并在资源能力范围内提高负荷利用率。可以说，协同物流网络资源规划的目标之一就是在物流资源能力和负荷并行分布的条件下，通过合理调整资源负荷的作业分配，实现能力和负荷两者均衡。协同物流网络中关键物流资源瓶颈的识别过程如图 5.1 所示。

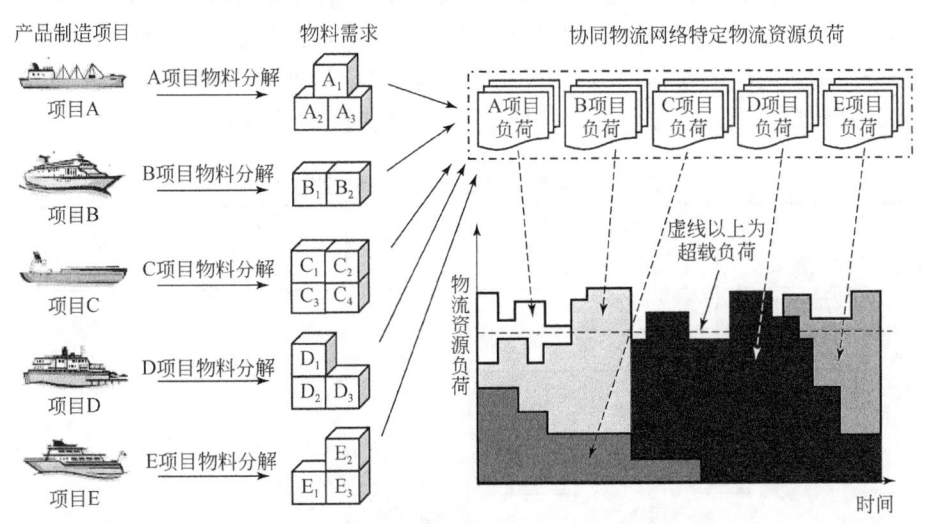

图 5.1 协同物流网络关键物流资源瓶颈识别过程示意

由图 5.1 可知，虚线以上为超载负荷，即超过该物流资源的负荷能力极限，将导致整个协同物流网络运作出现瓶颈，这部分也是负荷平衡的主要对象。在协同物流网络资源规划中，物流资源的需求是由产品生产相应顶层作业引发的，这些顶层作业可能持续几周甚至更长时间，但每天的作业工作量并不是均匀分布的，因此临时分配超过其计划周期的物流资源需求显得十分重要，为了更切实地反映某段时间内特定物流资源所面临的负荷,需要定义各个顶层作业在该段时间的工作量变化曲线,以此来求得物流资源应力曲线,物流资源的应力曲线表示超过作业周期能力需求百分比的各自整数差值视图。

5.1.3 递阶规划的体系结构

客户需求变化和不同产品生产排产调整使得协同物流网络资源规划需依据动态变化柔性协调,产品生产不断缩短的周期也要求其资源规划具有良好的敏捷性,实现快速响应。总之,产品生产内外部动态发展变化要求协同物流网络资源规划必须具有良好的柔性扩展和敏捷性响应能力。因此,为使协同物流网络资源规划具有良好的接口拓展能力,可以把其资源规划问题划分为不同计划期递阶控制的独立决策问题,而递阶控制机制特点能使资源规划的柔性和敏捷性成为可能。

协同物流网络资源规划实际上是由核心企业主导的生产计划与相应物流资源规划的有机集成。由核心企业制定的各种生产制造计划是协同物流网络运行的推动力,这些计划覆盖产品设计、生产准备、物资采购、分段制造、装配和交付等整个生产过程,在时间上是递阶连续的,在内容上是相互耦合影响的。核心企业在新接产品订单后,需做出大量决策,用以制定中长期计划,定义包括物资计划在内的各种任务。随着时间的推移,计划粒度由粗到细,单项计划的周期逐渐缩短,细节信息和计划数量也随之增多。表 5.2 展示的是船舶制造企业递阶计划。

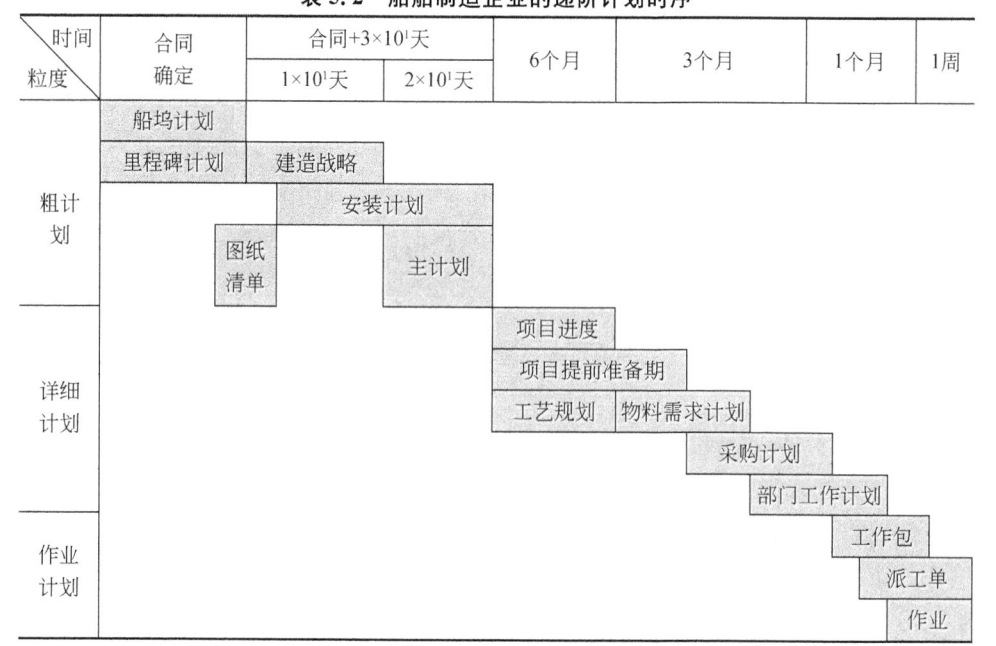

表 5.2 船舶制造企业的递阶计划时序

时间粒度	合同确定	合同+3×10¹天		6个月	3个月	1个月	1周
		1×10¹天	2×10¹天				
粗计划	船坞计划						
	里程碑计划	建造战略					
			安装计划				
		图纸清单		主计划			
详细计划					项目进度		
					项目提前准备期		
				工艺规划	物料需求计划		
						采购计划	
						部门工作计划	
作业计划							工作包
							派工单
							作业

由表5.2可知：①各种计划的制定有先后顺序（水平方向），从产品合同签约开始，按照线表→大日程→中日程→小日程阶段来编制日程计划，随着日程计划不断细化，制定能够供作业执行所需的预算计划和物量标准，生产制造过程中把作业作为管理元，根据管理元的重要次序来标准化各区域、各工种、各作业区。②计划内容由粗到细递阶定义（垂直方向），计划粒度由大粒度粗计划→中粒度详细计划→细粒度作业计划逐次分解，施工部门（生产部门）在编制的执行预算范围内实施作业计划，其中，设计、物资、生产为一体的工作包和派工单是计划实施的关键辅助工具。

协同物流网络资源规划与核心企业的各种计划是呼应集成的，依据生产进度计划，相应的物流计划也匹配制定。协同物流网络对物流资源规划的决策水平会直接影响其运行费用、工作效率和物流控制水平，并间接影响企业的生产进度、盈利能力和投资回报率。结合企业计划制定的特点，用递阶控制思想对协同物流网络的物流资源进行规划，将其分解为不同阶段的独立决策问题，降低决策内容难度，从而满足规划的柔性和敏捷性要求（图5.2）。总之，合理的物流资源规划是提高协同物流网络整体运作效率和保证企业连续性生产的关键。

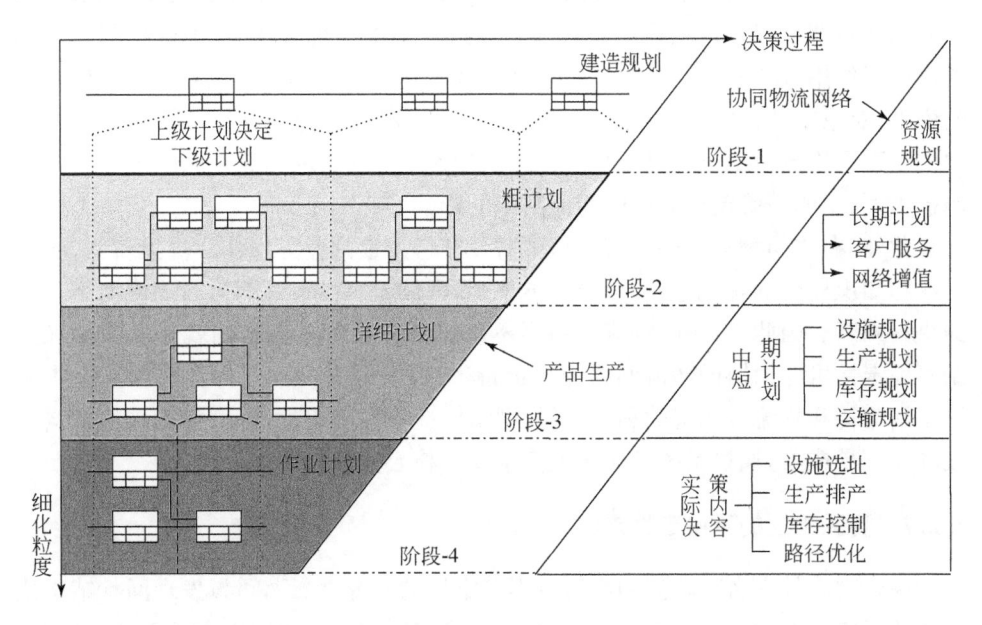

图5.2 协同物流网络资源规划的递阶结构

5.2 协同物流网络资源规划不确定性控制优化

作为动态、开放的复杂大系统,协同物流网络各节点间分工合作与独立耦合的多层级协作方式、多条件约束与多目标优化的智能群体决策方法、网络整体增值与个体间利益背反的非零和协调手段,使得整个网络充满了复杂性;同时,协同物流网络与外界环境的动态能量交换也增加了其决策与控制的复杂性。究其复杂性产生的原因,可以发现贯穿于协同物流网络中的不确定性是导致网络复杂性产生的重要因素,如信息不透明、需求和提前期不精确等。协同物流网络要更好地生存和发展,就必须不断地进行系统重组和自身完善。可以说,协同物流网络始终处于不确定的动态环境中,而如何描述和控制这些不确定性,则是进行其资源规划的基本前提。

5.2.1 不确定性对协同物流网络的影响

在协同物流网络中不确定性的影响是广泛存在的,网络中结构的复杂关系、节点间的利益背反以及信息的不对称都会导致其不确定现象产生,不确定因素之间通过相互作用,使得不确定性出现不断放大增强的发展趋势,导致对未来预期结果的失真,对系统的稳定运行产生极大危害。不确定性对协同物流网络的影响主要集中在正向物流供给、逆向信息传递和系统整体运行稳定性等方面。下面以船舶制造为例,说明不确定性对协同物流网络的影响(图5.3)。

此外,在协同物流网络运行过程中需要进行大量的业务操作和决策行为,主观臆断和知识局限的客观存在,会导致出现"归因偏差"现象,影响协同物流网络正确的决策判断。因此,对协同物流网络中不确定性分析的关键目的就是要减少和控制不确定性可能给协同物流网络有序运行带来的不利影响,以保证整个网络中物资正常流转和物流资源有效利用,增加网络敏捷性和确定性,降低物资采购的沟通成本和交易成本,通过系统优化来提高企业的核心竞争力。

5.2.2 资源规划的不确定性来源

综合国内外学者对物流网络运行不确定性的研究[108-111],可以发现网状结构决定了其不确定性的存在,物流网络运行的不确定性主要来源于以下方面:需求层面的客户需求变化、需求信息偏差和产品功能特性;供给层面的采购信息不对称、纳期不稳定、采购物资品质变化、物资价格波动及供货商变更等;制造层面的生产计划调整、制造过程复杂和前置时间模糊;竞争层面的外部市场环境变化和对手策略改变等。总体来讲,物流网络中存在的这些不确定性具有随机和模糊等特性,将导

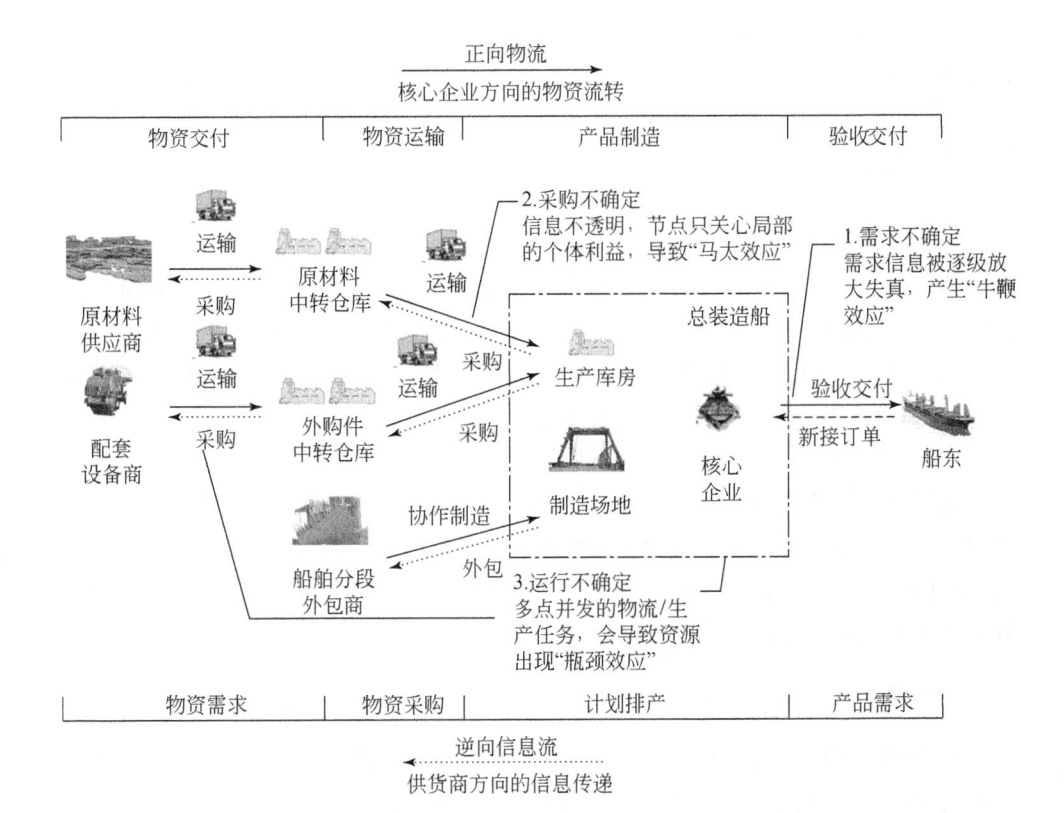

图 5.3 不确定性对协同物流网络的影响关系图

致信息在传递过程中发生失真,影响整个网络的有序运转。对协同物流网络而言,能否有效控制和减少不确定因素对网络资源规划的影响,关系到资源规划决策的成败。

作为由产品生产协作厂商、物流节点、节点链路和节点关系等构成的复杂网络系统,协同物流网络具有强动态性、交叉性和时效性,整个网络中存在大量的不确定性。这些不确定性是由协同物流网络内部和外部众多不确定因素综合作用引起的,因此要实现协同物流网络的资源优化,必须明确其相应不确定影响因素的构成内涵,以便采取针对性策略加以控制。协同物流网络资源规划中需要考虑的不确定因素主要由以下几方面构成。

1. 市场需求不确定因素

市场需求不确定因素主要来源于客户需求的多元化。面对复杂多变的市场环境,客户对产品的使用功能要求在不断变化,即使同型产品不同批次的制造过程也有很多不同之处,很难实现复制量产。同时,在产品生产过程中,随着时间推移和外部环境变化,客户自身需求调整和市场发展动态都会使其偏离最初的产品功能需求,使得客户需求在时间、空间和结构上产生不确定性差异,直接影响在线产品的生产计划排产,并间接对协同物流网络资源规划匹配产生影响。

2. 物资供给不确定因素

协同物流网络物资供给不确定因素主要来源于物资采购信息不对称和供货商物资供给的不稳定性。产品生产所需物资种类繁多,其采购过程和交易情况复杂度高,无法用有效的契约规范来约束双方,如在原材料统筹订货或配套设备购买谈判过程中,处于信息弱势的一方将因信息搜寻或契约不对等而增加交易成本[112],也就是说,采购的复杂度将引起物资供给的不确定。

协同物流网络中供给不确定性主要由无法预知和控制的供给情况导致。供货商由于生产制造过程的未知影响因素和外界不可抗拒突发事件而出现的供货延迟,会导致供给的不确定。同时,供货商交付的物资质量是否符合企业的要求也是导致供给不确定产生的因素之一。

3. 物流协作不确定因素

协同物流网络中物流协作不确定因素主要来源于物流节点间的匹配衔接状况和物流资源负荷状况。协同物流网络是由组织异构、空间分布的不同节点构成的,由于节点间在物流管理技术、信息化控制水平、员工整体素质、经营风险偏好和目标利益分配等方面的差异,会出现衔接非完全匹配和合作缺陷等现象,影响物资交付时间和货物质量及数量,导致协同物流网络衔接运作不确定性的产生。

产品并行生产计划会导致协同物流网络中多点多物流任务并发现象的产生,使得产品生产所需物资的流转过程中,可能会出现瓶颈物流资源处于满负荷或过载状态,而冗余物流资源则处于低负荷或空载状态的情况,对物资交付准时性产生不确定影响,因此在协同物流网络资源规划过程中要尽量减少资源瓶颈或冗余,做好不同物流资源间的平衡匹配与衔接工作。

4. 生产制造不确定因素

产品生产制造的不确定因素主要来源于生产计划调整、制造提前期变异和制造过程未知影响因素。在产品并行制造过程中,由于紧急订单而安排的临时排产、物资供货延迟或客户需求变化而导致的交付期更改以及生产进度的提前或延后都会引起产品生产计划的重新调整,这些偶然事件都会导致不确定产生,间接影响协同物流网络的运行效率。

产品研发设计及生产过程物资配置等的复杂性,会导致制造的提前期发生不确定性变异,直接影响生产计划的执行状况。同时,产品生产过程中出现的不可控生产故障、工序加工瓶颈、定置管理混乱等也会对制造进度和产品质量产生影响,导致交付的不确定。

5. 市场环境不确定因素

协同物流网络外部市场环境不确定因素主要来源于原材料/设备等价格波动、汇率变动、突发性贸易壁垒、银行紧缩银根以及竞争对手战略调整等,这些偶然的不可预见因素对协同物流网络的稳定运行产生影响;同时,客户出现的非正常情况订单作废也是导致不确定产生的因素之一。

6. 系统运行不确定因素

协同物流网络系统运行的不确定因素主要来源于节点组织间公共关系的动态调整和系统控制的不稳定性。协同物流网络允许节点组织间存在私下或半私下协作关系,允许节点组织根据自身在网络中的公共角色动态选择协作伙伴,这些复杂的关系将会对整个网络结构产生巨大影响,表现出系统的不确定性。同时,如果协同物流网络节点组织间缺乏有效的沟通和协调,也会导致组织管理和系统控制的不稳定,严重时可能造成系统崩溃。

5.2.3 不确定性仿真及鲁棒优化

针对不确定性问题,一般建模处理大多是将不确定因素近似取值为刚性的确定值[113],通过将未知环境转变为已知环境,建立确定环境下的系统优化设计模型。但是,对不确定因素的近似确定性处理忽略了问题产生的影响因素,不能从本质上反映问题的症结所在,因此难以保证系统的鲁棒性。总体来说,基于确定性的模型最优设计不仅可能导致模型与优化对象之间的失配,还有可能使系统运行效率变差。因此,对于不确定条件下的协同物流网络资源优化,必须考虑不确定因素的影响,对于该领域存在的大量优化问题,可通过引入不确定优化理论进行有效解决。

当前不确定优化理论主要有三种基础类型[114]:随机规划(stochastic programming)、模糊规划(fuzzy programming)和鲁棒优化(robust optimization),其他诸如模糊随机规划、模糊机会约束规划、多目标规划等均是在这三种类型的基础上衍生出来的。不确定优化理论三种类型的具体比较见表5.3[115-117]。

表5.3 不确定优化理论的主要类型比较

类型	指标			
	优化目标	参数状态	建模求解	应用领域
随机规划	约束条件下,对于不确定参数的所有可能值寻求优化解	不确定参数离散或连续,参数状态未知,参数概率分布已知	依据概率分布对随机变量抽样,主要建模求解类型:期望值规划、机会约束规划和有关机会约束规划	风险解析型问题
模糊规划	约束条件等价为模糊集合,约束满意度为约束的隶属函数,求约束条件下的最佳决策	不确定参数看作模糊数	依赖模糊模拟技术,主要建模求解类型:柔性规划和可能性规划	风险非解析型问题
鲁棒优化	不受参数观测值变化影响,寻求最优和可行之间的均衡,求近似最优解	不确定参数离散或连续,参数状态和概率分布均未知	对参数变化免疫,主要建模求解类型:遗憾模型、差异模型和偏好模型	完全不确定型问题

由表5.3可以看出,根据不确定参数状态和具体问题实际情况,不确定优化理论的应用领域有所不同。随机规划和模糊规划主要应用于不确定参数状态未知、概率分布已知的风险型问题,而鲁棒优化则应用于参数状态和概率分布均未知的完全不确定型问题。协同物流网络运行总是处于不确定的环境中,其资源规划受到各种预先未知不确定因素的影响,因此在协同物流网络资源规划的过程中,采用鲁棒优化控制不确定性显得十分必要。

1. 蒙特卡罗不确定性仿真

鲁棒性是指系统能够处理由系统内部或外部不确定因素引起的未经计划安排的变化的能力[118]。综合鲁棒优化理论的研究[119-121]可以发现,以往研究大都假定随机参数概率分布是对称的,没有充分利用不确定参数的概率分布信息。目前,对不确定参数实现的方法主要有情景分析法和蒙特卡罗法(Monte Carlo method,MCM)。情景分析法是通过发挥人的主观能动作用来进行未来预测的系统分析方法,相比蒙特卡罗法通过计算模拟生成伪随机数来解决问题的方式,具有操作过程复杂、预测成本较高的缺点。

蒙特卡罗法是通过大量随机试验,利用概率论解决问题的一种数值模拟方法,其基本的思想是概率和体积的相似性[122],主要用途是数值仿真和数据取样。MCM 和单纯的仿真模拟有所区别,仿真模拟的过程和结果都是不确定的,而MCM 的模拟过程是随机的,但是要解决的问题是确定的。MCM 以服从[0,1]均匀分布的随机数为基础生成服从特定概率分布的随机变量,实现与实际系统的对接。MCM 生成随机变量最常见的方法主要有以下两种[123]。

1)CDF 逆函数法-直接抽样法

依赖 MCM 生成服从特定概率分布的随机变量要借助累积概率分布函数(cumulative probability distribution function,CDF),它是由概率密度函数积分而成的。考虑协同物流网络运行及资源规划过程中不确定因素的影响,选取柯西分布(Cauchy distribution)作为概率分布函数,这是因为柯西函数的"肥尾"分布能很好地考虑不确定影响产生的极端情况。

(1)柯西分布的 PDF 表达式为

$$f(x)=\frac{r}{\pi[r^2+(x-x_0)^2]} \tag{5.1}$$

式中,x_0 为定义分布峰值位置的位置参数;r 为 1/2 峰值处一半宽度的尺度参数。x_0、r 不同参数取值的 PDF 比较如图 5.4 所示。

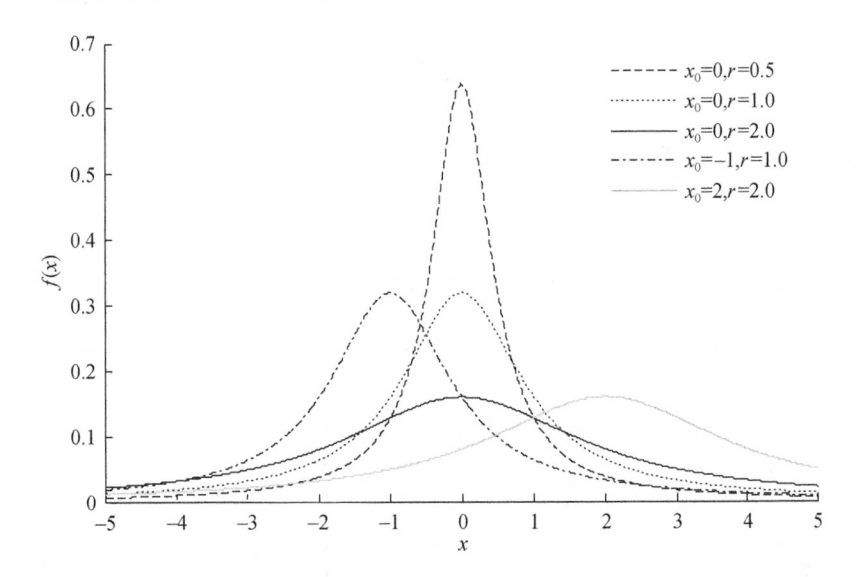

图 5.4 不同控制参数下的柯西分布 PDF

其中,$x_0=0$,$r=1$ 的情况称为标准柯西分布,其 PDF 表达式为

$$f(x)=\frac{1}{\pi(x^2+1)} \tag{5.2}$$

(2)柯西分布的 CDF 表达式为

$$F(x)=\frac{1}{\pi}\arctan\left(\frac{x-x_0}{r}\right)+\frac{1}{2} \tag{5.3}$$

x_0、r 不同参数取值的 CDF 比较如图 5.5 所示。

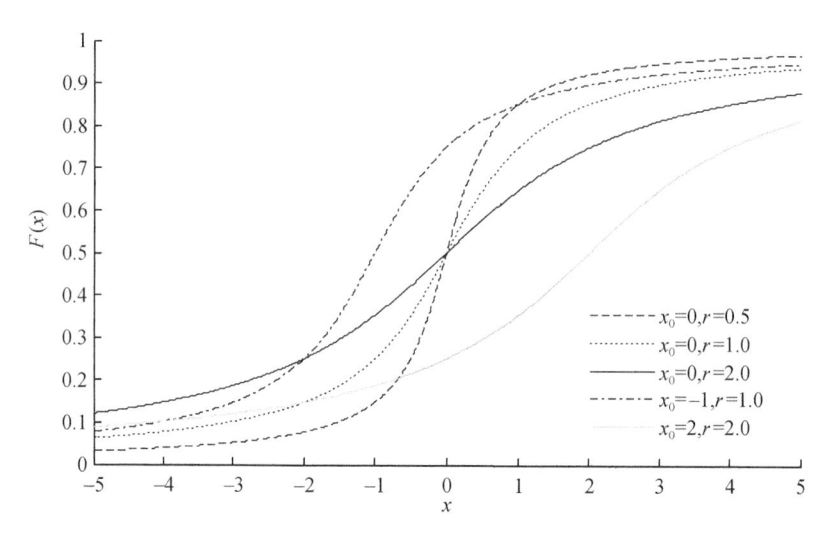

图 5.5　不同控制参数下的柯西分布 CDF

(3)柯西分布 CDF 的逆函数表达式为

$$F^{-1}(x)=x_0+r\tan\left[\pi\left(x-\frac{1}{2}\right)\right] \quad (5.4)$$

x_0、r 不同参数取值的 CDF 逆函数比较如图 5.6 所示。

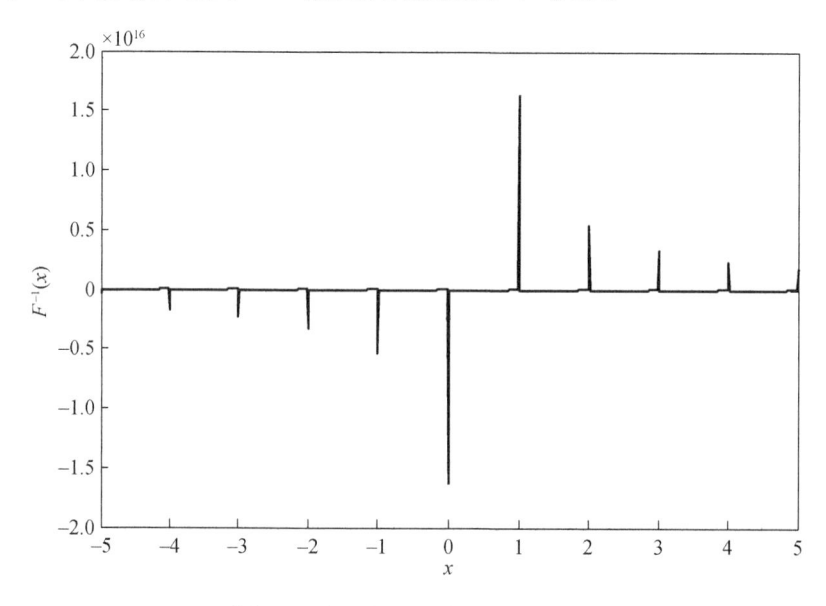

图 5.6　柯西标准分布 CDF 逆函数

由图5.6可以看出,CDF逆函数在0或1处的值趋向于±∞。以上三个步骤是蒙特卡罗CDF逆函数法生成随机变量的过程。

2)舍选抽样法

由于许多随机变量的CDF无法用解析函数给出,或CDF逆函数不存在、难以求解以及求解难度大等问题,导致蒙特卡罗运用CDF逆函数直接生成随机变量存在困难。舍选抽样法(rejection sampling technique)考虑了随机变量的不确定性,其取样机理是按照一定的舍取规则从随机序列X中选取子序列,使其满足给定的概率分布。

如图5.7所示,随机选取矩形框$abed$中的点,假设点t_1落在阴影内,则表示t_1服从概率密度为$f(x)$的分布。如果$f(x)$的阴影面积占矩形框面积比例过低,会使得大部分随机抽样点不会落在$f(x)$曲线内,最终导致抽样效率低下。

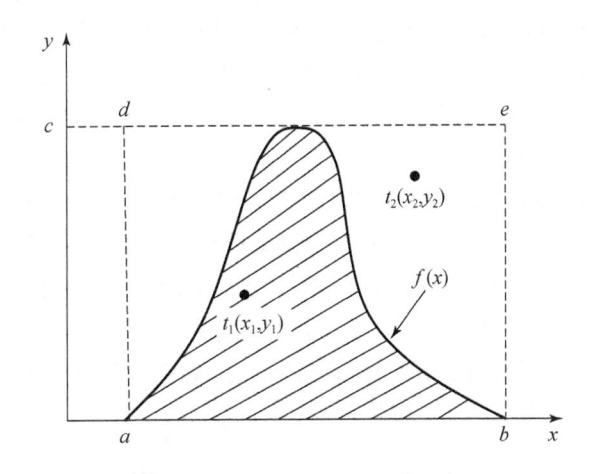

图5.7 舍选抽样法的几何解释

选取PDF $g_{PDF}(x)$,并计算一个常数c_g,使其能够满足$f(x) \leqslant c_g g_{PDF}(x)$,$x \in [a,b]$,常数$c_g$的选取应尽可能小,这是因为抽样效率$E_f$与$c_g$成反比,且$c_g$满足:

$$c_g = \max\left[\frac{f(x)}{g_{PDF}(x)}\right], \quad x \in [a,b] \tag{5.5}$$

样本的抽样效率E_f为

$$E_f \propto \frac{\int_a^b f(x) \mathrm{d}x}{c_g \int_a^b g_{PDF}(x) \mathrm{d}x} \propto \frac{1}{c_g} \tag{5.6}$$

由$g_{PDF}(x)$中随机抽取x,并由x计算变量y,计算公式为

$$y = c_g g_{PDF}(x) \xi, \quad \xi \in U[0,1] \tag{5.7}$$

计算 $f(x)$,如果 $y>f(x)$,舍去 x;如果 $y\leqslant f(x)$,接受 x。

2. 期望值模型的鲁棒约束

结合协同物流网络资源优化约束模型,将其资源规划问题的数学模型表示为

$$\min Z = f(x,\xi)$$
$$\text{s. t.} \begin{cases} g_i(x) \leqslant 0, & i=1,2,\cdots,n \\ h_j(x,\xi) \leqslant 0, & j=1,2,\cdots,m \end{cases} \quad (5.8)$$

式中,x 为决策变量;ξ 为不确定参数;$f(x,\xi)$ 为协同物流网络资源规划的目标函数;$g_i(x)$ 和 $h_j(x,\xi)$ 分别为约束函数。

要使协同物流网络具有高交货可靠性,就必须保持整个网络系统的稳定运行。对协同物流网络资源规划而言,要尽量避免不确定因素影响导致的频繁修改,因此,在选择规划方案或策略时,保持系统物流活动运行的稳定性是必须考虑的重要因素。鲁棒优化控制就是借助带有不确定参数的线性优化问题处理方法,实现不确定条件下协同物流网络资源规划的鲁棒性,其实际是在考虑随机不确定因素的影响和利用概率分布信息的情况下,满足一定概率约束的优化方法[124]。针对实际问题中存在的随机现象,大多数研究倾向于将传统的数学规划模型转化为随机规划模型,通过对不确定参数的离散或连续概率分布表述,将不确定问题转变为确定问题。随机规划作为不确定规划的重要组成部分,主要由期望值模型、机会约束模型和相关机会约束模型构成[125-127]。在处理协同物流网络资源规划不确定性问题时,采用的是具有鲁棒性的 MILP(混合整数线性规划)期望值模型,MILP 期望值模型的一般形式[128]为

$$\max Z = \sum_{i=1}^{l}[k_i+E(\gamma_i)]x_i + \sum_{i=l+1}^{n}[k_i+E(\gamma_i)]x_i + [k_0+E(\gamma_0)]$$
$$\text{s. t.} \begin{cases} \sum_{i=1}^{l}[a_{ij}+E(\xi_{ij})]x_i + \sum_{i=l+1}^{n}[a_{ij}+E(\xi_{ij})]x_i - [b_j+E(\theta_j)] \leqslant 0, \\ \quad j=1,2,\cdots,m \\ x_i \geqslant 0, \quad i=1,2,\cdots,n \\ x_i \text{ 取整数}, \quad i=1,2,\cdots,l \end{cases}$$
$$(5.9)$$

式中,x_i 为决策变量;k_i、a_{ij}、b_j 为模型中的变量系数;γ_i、ξ_{ij}、θ_j 为相互独立的不确定随机参数,其 PDF 分别为 $\varphi_i(\gamma_i)$、$\omega_{ij}(\xi_{ij})$、$\varphi_j(\theta_j)$;E 表示期望值。不确定参数的 PDF 已知,所以该模型为确定型模型,但在协同物流网络资源规划过程中,不确定因素的存在,导致随机参数 PDF 未知,影响到优化方案的可行性,因此在实施优化方案时,要进行鲁棒性分析。

设 x^* 为协同物流网络资源规划的预选方案,则其鲁棒性指标表达式为

$$\begin{cases} c_j = \Pr\Big[\sum_{i=1}^{n}(a_{ij}+\xi_{ij})x_i^* - (b_j+\theta_j) \leqslant 0\Big], & j=1,2,\cdots,m \\ c = \min_j c_j \end{cases} \quad (5.10)$$

式中,c_j 为 x_i^* 对约束 j 的鲁棒性指标;c 为 x_i^* 对模型的鲁棒性指标。在 $c \to 1$ 的理想状态时,模型的鲁棒性最强。

结合式(5.9)和式(5.10),可将式(5.10)按照相应的约束方程进行如式(5.11)所示的调整[128]。

$$\Pr\Big\{\sum_{i=1}^{n}[\xi_{ij}-E(\xi_{ij})]x_i - [\theta_j - E(\theta_j)] \leqslant [b_j+E(\theta_j)] - \sum_{i=1}^{n}[a_{ij}+E(\xi_{ij})]x_i\Big\}$$
(5.11)

假设不确定参数均独立有界,根据如式(5.12)所示的 Hoeffding 定理[129],再结合式(5.11),可以得出满足约束 j 鲁棒指标的充分条件,具体表达式为

$$\Pr\Big(\Big|\sum_{i=1}^{n}y_i\Big| \geqslant \Delta\Big) \leqslant 2\exp\left[\frac{-2\Delta^2}{\sum_{i=1}^{n}(e_i-d_i)_i^2}\right],$$

$$i=1,2,\cdots,n, \quad y_i \in [d_i,e_i], \quad \Delta \geqslant 0 \quad (5.12)$$

$$1-2\exp\left\{\frac{-2\{[b_j+E(\theta_j)]-\sum_{i=1}^{n}[a_{ij}+E(\xi_{ij})]x_i\}^2}{\sum_{i=1}^{n}(u_{ij}-v_{ij})^2 x_i^2 + (s_j-t_j)^2}\right\} \geqslant c_j,$$

$$\xi_{ij} \in [u_{ij},v_{ij}], \quad \theta_j \in [s_j,t_j] \quad (5.13)$$

综上所述,在所建立的模型中加入如式(5.13)所示的鲁棒约束,使得产生的可行解既能满足模型要求,又能达到鲁棒性指标要求,并使整个模型具备鲁棒性。

5.2.4 算例设计及仿真应用分析

协同物流网络资源规划的不确定性控制模型来源于现实的抽象数学决策模型,是决策方案制定的依据基础。抽象数学决策模型力求以简洁的表达方式来说明复杂的现实问题,因此协同物流网络资源规划的决策细节并非全部涵盖在表达模型中,模型中仅包含了那些简单而又不能忽视的重要资源约束。

1. 算例设计

以船舶制造为例,在协同物流网络资源规划过程中,拟筹备建设两个物流中心 A 和 B,以便为产品生产所需物资提供相应的仓储和运输资源。假设仓储费用为

5元/单位物资,运输费用为3元/单位物资。

假设物流中心 A 和 B 提供资源表达式如下。

仓储资源为

$$\begin{cases} \rho(A,x_1)=10-\xi_1 \\ \rho(B,x_1)=8+\xi_2 \end{cases} \quad (5.14)$$

运输资源为

$$\begin{cases} \rho(A,x_2)=5+\xi_1 \\ \rho(B,x_2)=12-\xi_2 \end{cases} \quad (5.15)$$

企业对仓储和运输资源的需求会随造船计划和不确定因素影响而动态变化,其需求公式分别表示为 $h_1=150+\theta_1$ 和 $h_2=100+\theta_2$。求解满足需求的两种资源的供给量,并使运营成本最低。

协同物流网络资源规划的期望值模型为

$$\min Z = 5x_1 + 3x_2$$
$$\text{s.t.} \begin{cases} E\{(10-\xi_1)x_1+(5+\xi_1)x_2-(150+\theta_1)\} \geqslant 0 \\ E\{(8+\xi_2)x_1+(12-\xi_2)x_2-(100+\theta_2)\} \geqslant 0 \\ x_1+x_2 \leqslant 100 \\ x_1,x_2 \geqslant 0 \end{cases} \quad (5.16)$$

2. 仿真-优化混合算法应用

从算例的设计过程中可以发现,消除协同物流网络资源规划不确定因素的影响,将不确定问题等价为确定问题是整个问题求解的关键。综合期望值模型可以发现随机参数的不确定性是协同物流网络资源规划不确定性的主要来源。其主要的解决途径是依据不确定参数的 PDF,产生符合该分布的独立随机数,将其作为不确定参数的取值,经过多次循环模拟求得模型的最优解。

由于不确定参数的影响,协同物流网络资源规划期望值模型为完全不确定型模型,结合经验和统计数据,可以得出各种不确定参数的 PDF,具体见表 5.4。

表 5.4 各种不确定参数的 PDF

不确定参数	服从分布	取值区间	函数命令
ξ_1	均匀分布	$[-2,2]$	Unifrnd()
ξ_2	柯西分布	$[-1.25\times 10^1, 1.25\times 10^1]$	—
θ_1	正态分布	$[-7.74, 7.74]$	Normrnd()
θ_2	正态分布	$[-5.16, 5.16]$	Normrnd()

注:θ_1 和 θ_2 分别为服从 $N(0,9)$ 和 $N(0,4)$ 的正态分布,其取值区间以 $\mu \pm 2.58\sigma$(取值点落在该区间的概率为 99%)来确定。

基于不确定参数的 PDF,运用蒙特卡罗法进行模拟仿真,以生成服从参数概率分布的随机数。借助 MATLAB 7.0 分别模拟样本容量为 10000、100000 和 200000 等三种不同情况,并进行随机抽样取值,具体见表 5.5。

表 5.5 基于蒙特卡罗法的不确定参数随机模拟

不确定参数	$N=1\times10^4$ 取值	均值	标准差	$N=1\times10^5$ 取值	均值	标准差	$N=2\times10^5$ 取值	均值	标准差
ξ_1	-9.8×10^{-1}	1×10^{-2}	1.16	1.38	0	1.16	1.55	0	1.16
ξ_2	-2×10^{-1}	-3.67	3.5354×10^2	-2.02	3×10^{-2}	3.1786×10^2	-7.9×10^{-1}	-1.44	1.9583×10^3
θ_1	-5.13	0	3	-1.71	0	3	3.85	0	3
θ_2	2.84	0	2	6.2×10^{-1}	0	2	3.23	0	2

注:柯西分布随机数的生成用直接抽样法,正态分布随机数的生成用舍选抽样法。

对协同物流网络资源规划期望值模型不确定参数的随机模拟考虑了不确定因素的影响,根据不确定参数的特点和实际情况,选取均匀分布、柯西分布和正态分布等不同的概率分布函数,在不同的模拟循环下,进行了随机抽样取值,计算所得的模型最优解见表 5.6。

表 5.6 协同物流网络资源规划期望值模型计算结果

模拟次数 N	最优解 (x_1,x_2)	目标值 Z^*	鲁棒约束指标 c_1	鲁棒约束指标 c_2	模型鲁棒性指标 $c_{\min}$
1×10^4	$(1.3194\times10^1,0)$	6.5969×10^1	5×10^{-1}	5×10^{-1}	5×10^{-1}
1×10^5	$(0,2.3779\times10^1)$	7.1337×10^1			
2×10^5	$(0,2.3489\times10^1)$	7.0466×10^1			

通过模拟计算可以发现,当模拟次数为 10000 时,含有不确定参数的约束方程均发挥作用,不确定参数随机取值使得协同物流网络资源规划的期望模型达到最优值,目标总成本最低。结合计算结果和前人研究成果[128],可以得出约束的鲁棒性指标均约为 0.5,整个模型鲁棒性指标 $c_{\min}$ 约为 0.5,可以看出协同物流网络资源规划解的鲁棒性较差,容易受不确定因素的影响而出现不稳定性。

由以上分析可以发现,单纯的期望值模型具有较低的鲁棒性,不利于保持协同物流网络资源规划的连续性和稳定性。结合式(5.16),为构建的期望值模型添加鲁棒性条件约束,要求添加的鲁棒性约束均不小于 0.7,具体如式(5.17)所示。

$$\min Z = 5x_1 + 3x_2$$

$$\text{s.t.} \begin{cases} E[(10-\xi_1)x_1 + (5+\xi_1)x_2 - (150+\theta_1)] \geqslant 0 \\ 1 - 2\exp\left[\dfrac{-2(10x_1 + 5x_2 - 150)^2}{(2+2)^2 x_1^2 + (7.74+7.74)^2}\right] \geqslant 0.7 \\ E[(8+\xi_2)x_1 + (12-\xi_2)x_2 - (100+\theta_2)] \geqslant 0 \\ 1 - 2\exp\left[\dfrac{-2(8x_1 + 12x_2 - 100)^2}{(12.5+12.5)^2 x_1^2 + (5.16+5.16)^2}\right] \geqslant 0.7 \\ x_1 + x_2 \leqslant 100 \\ x_1, x_2 \geqslant 0 \end{cases} \quad (5.17)$$

上述公式引入了非线性鲁棒约束,与式(4.16)构建的模型相比,模型稳定性将会增加。采用 MATLAB 7.0 工具,运用粒子群优化(particle swarm optimization, PSO)算法对模型进行求解[130,131],粒子数 $m=50$,粒子维度 $n=2$,迭代次数 $k=100$,计算添加鲁棒约束后的最优解和目标值,具体见表 5.7。

表 5.7 基于 PSO 的鲁棒约束模型求解

参数取值	最优解(x_1, x_2)	目标值 Z^*	模型鲁棒性 $c_{\min}$
$\xi_1 = -9.8 \times 10^{-1}, \xi_2 = -2 \times 10^{-1}$ $\theta_1 = -5.13, \theta_2 = 2.84$ $N = 1 \times 10^4$	$(3.025, 2.7818 \times 10^1)$	9.8578×10^1	9.01×10^{-1}
$\xi_1 = 1.38, \xi_2 = -2.02$ $\theta_1 = -1.71, \theta_2 = 6.2 \times 10^{-1}$ $N = 1 \times 10^5$	$(3.172, 2.7557 \times 10^1)$	9.853×10^1	8.9×10^{-1}
$\xi_1 = 1.55, \xi_2 = -7.9 \times 10^{-1}$ $\theta_1 = 3.85, \theta_2 = 3.23$ $N = 2 \times 10^5$	$(3.332, 2.7417 \times 10^1)$	9.8914×10^1	9.11×10^{-1}

注:迭代次数为 1×10^2 代,粒子发散的最大速度系数为 5×10^{-1}。

非线性约束模型无法应用解析方法求解,只能通过人工智能方法不断迭代寻找近似最优解。PSO 算法计算模型可行解的收敛情况如图 5.8 所示。

由图 5.8 可知,在不同的参数取值情况下,运用 PSO 算法经过 100 次迭代,求解所得的目标值均趋向收敛。通过比较得出,在(3.172,27.557)处,目标函数具有最小值 98.53,此时模型的鲁棒性为 0.89。与不加鲁棒约束的期望值模型相比,目标函数的最小值增大,但最优解的鲁棒性增加,这将有利于降低或消除不确定因素对协同物流网络资源规划的不利影响,减少资源规划的修改频率和成本,增加稳定性。

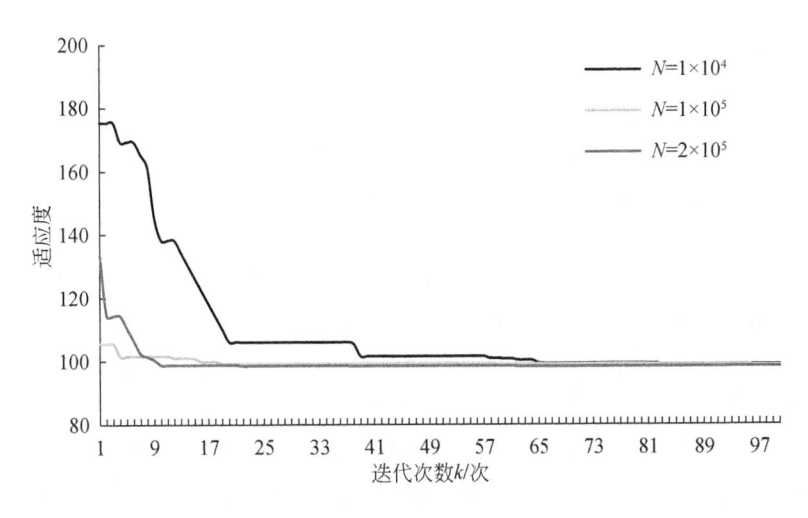

图 5.8　不同参数取值的 PSO 最优解收敛比较

5.3　协同物流网络资源规划实施进度优化分析

对于协同物流网络这种复杂的网络系统,由于不确定因素干扰,如果仅是处于网络顶端进行物流资源的决策规划,必然会偏离预定的计划轨道,非但不能满足产品生产的物资需求,也不能动态客观地反映和监控整个协同物流网络的运作情况。同时,由于不同类型产品并行生产的复杂性和生产计划的非连续性动态调整,会导致协同物流网络资源规划出现滞后和脱节现象,削弱其自身的指导价值,进而增加整个协同物流网络的无序程度。因此,要增强协同物流网络资源规划的实践指导意义,必须使其具有强时效性,能够深入具体的物流任务,根据出现的问题和进度状况,进行适当的柔性调整。

5.3.1　进度偏差分类及产生动因

偏差是指指标计划预算值与实际发生值之间的差额,在协同物流网络资源规划的实施过程中,成本/进度的统计数据总会与规划数据出现偏差。不同成本/进度偏差对协同物流网络资源规划实施产生的影响也不同,并不是所有的偏差都需要调整,识别关键路径偏差加以合理控制,对减少资源规划修改变动成本、保持规划的稳定性至关重要。

1.进度偏差分类

协同物流网络资源规划实施的进度偏差根据差额的计算符号可以分为正向偏差和逆向偏差。正向偏差指进度超前或是实际成本低于预算成本;逆向偏差则是指进度滞后或是成本超出预算。单纯的正负偏差不能说明具体问题,需要将成本和进度综合考虑。

同时,根据偏差对资源规划的影响程度还可分为浮动偏差、关键偏差和偶然偏差。浮动偏差是由物流任务执行余度、技术更新、资源调整和客户需求变化等引起的,这类偏差在协同物流网络运行中是允许的;关键偏差是必须要纠正的偏差,这是因为关键路径所产生的偏差会产生旁侧效应,影响其他物流任务执行,关键路径物流任务进度滞后将引起整个协同物流网络运行周期的增加,降低网络的运行效率;偶然偏差是由不可预见的内外部影响因素产生的,无法避免,如紧急产品订单出现而导致的其他物流任务进度延后等,对于这种偏差只能修改规划。

2.偏差产生动因分析

综合协同物流网络资源规划实施进度偏差产生的原因,可以发现进度偏差产生的深层影响动因主要体现在两个方面[132]:正向实施控制偏差和逆向反馈协调偏差。正向实施控制偏差是由外部的市场因素、社会因素、不可抗拒因素等和内部的不可预见支出、管理控制不善、产品质量缺陷等因素综合产生的;逆向反馈协调偏差是由客观上的生产计划变动、信息沟通不畅、外界自然灾害等和主观上的知识局限性、协调不及时、决策不合理等因素综合产生的。

5.3.2 赢得值反馈控制原理

协同物流网络资源规划活动大致包括规划拟订、规划实施、检查反馈、调整分析和经验总结等五个阶段。每个阶段都要求必须及时收集物流任务的执行情况数据及任务变更情况信息,实现数据动态更新与计划实时调整的对接。对于实际发生与基准计划之间的偏差,通过比对检查分析查找原因,并采取针对性措施予以纠正,对产品生产影响重大的关键物流任务要实施全程监控。

赢得值分析(earned value analysis,EVA)是通过引入工作执行的预算成本,即赢得值(earned value,EV),对项目成本/进度进行综合控制的集成系统分析方法,是项目管理中计划修订和成本控制的通用工具。赢得值分析作为一种有效的现代项目管理方法,解决了在任务执行时间区间内主观预测任务完成情况的问题[133,134]。对协同物流网络来说,EVA 的应用能及时发现并纠正协同物流网络任务执行与产品生产进度出现的脱节,并通过绩效指标有效地控制实际资源消耗与计划预算的偏差。赢得值的作用原理可用图 5.9 来说明。

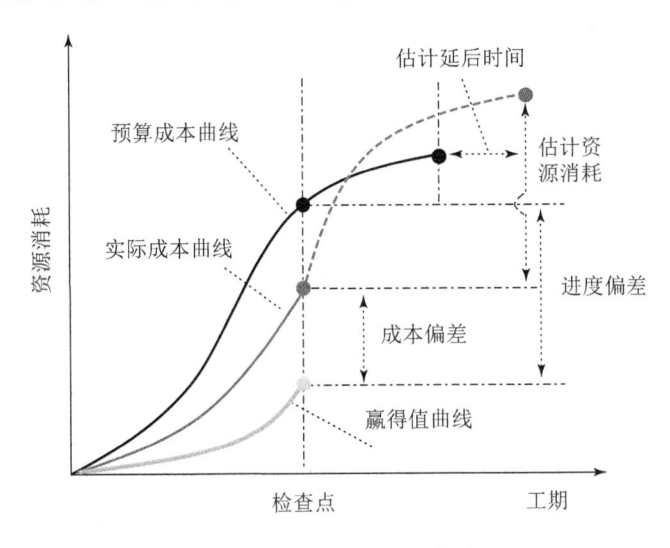

图 5.9 赢得值作用原理曲线图

赢得值的基本原理是基于统计学的指数分析和中间变量替代原理实现对项目成本/进度的控制及预测。最初的 EVA 方法是通过数据汇总累加来计算相关指标的,指标反映的是项目整体的进度状态,不能具体反映单一工作包对项目整体目标控制的影响程度,更不能很好地反映特定时刻项目各项具体工作的进展状态,同时,对关键和非关键工作认识不清。针对 EVA 方法存在的缺陷和不足,国内外众多学者进行了深入的探讨[135,136],对 EVA 方法在协同物流网络资源规划中的应用奠定了坚实的基础。

5.3.3 资源规划可靠性评价

协同物流网络资源规划实施过程中出现的偏差波动会影响资源规划的可靠性和有效性,为保证物流任务实际执行进度与规划的一致性,引入 EVA 方法来定量控制执行进度,在 EVA 方法中,其主要的指标是成本/进度绩效指数 CPI 和 SPI,以下简称 C/SPI。综合当前 EVA 方法对成本/进度的应用研究,大多数学者的研究成果均是关于成本/进度控制中 EVA 方法关键与非关键路径混淆缺陷的改进与控制[137-139],鲜有对其成本/进度未来预测准确度和风险性缺陷进行分析。对协同物流网络资源规划而言,只有保持规划的可靠性、时效性和可维护性,才能使其具有良好的鲁棒性。

为了预见和避免突发性的系统故障对协同物流网络资源规划实施进度的不利影响,克服 EVA 方法的可靠性和预测缺陷,需要一种精确、定量分析方法对规划与进度偏差进行调整控制。Weibull 分布是描述系统可靠性和预测各种系统故障的有效模型，主要为各种实证研究提供精确的事故分析和风险预测性能模型。它是 PDF 的一种组成形式，依据参数取值不同，其形状表达也有所不同，Weibull 分布 PDF 具体如式(5.18)所示[136]。

$$f(x)=\begin{cases}\dfrac{\beta}{\alpha}\left(\dfrac{x-l}{\alpha}\right)^{\beta-1}\exp\left[\left(-\dfrac{x-l}{\beta}\right)^{\beta}\right], & x\geqslant l \\ 0, & x<l\end{cases} \quad (5.18)$$

式中，α 为尺度参数，衡量数据分布的规模和范围；β 为形态参数，衡量模型所考虑性能特点的增速。不同参数取值条件下的 Weibull 分布 PDF 表达形式如图 5.10 所示。

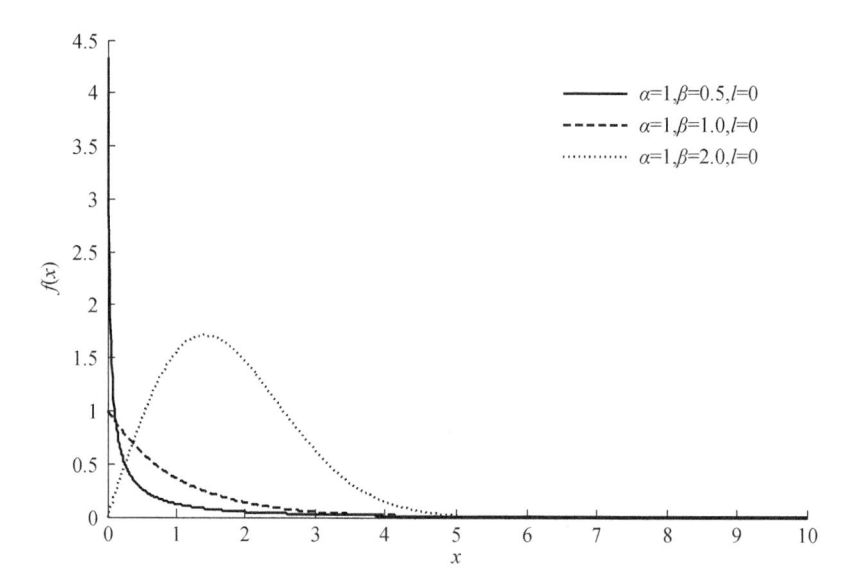

图 5.10　不同参数取值条件下的 Weibull 分布 PDF 表达形式

Weibull 分布的 CDF 公式如式(5.19)所示：

$$F(x)=1-\exp\left[\left(-\dfrac{x}{\alpha}\right)^{\beta}\right], \quad x>0 \quad (5.19)$$

Weibull 分布参数(α,β)是在 EVA 方法基础上，结合计算所得的 C/SPI 指标值，借助简单的线性回归来确定的。线性回归表达形式为 $y=ux+v$，其中，$\beta=u$，$\alpha=e^{\frac{v}{\beta}}$ [140]。

5.3.4 算例设计及实证应用

选取协同物流网络资源规划过程中具体的实例,对其任务规划和实施进度进行赢得值分析,具体见表5.8。

表5.8 基于EVA方法的协同物流网络资源规划任务实施进度分析

物流任务执行时间/月	预算成本(BCWS)/百万元	赢得值(BCWP)/百万元	实际成本(ACWP)/百万元	成本绩效指数(CPI)	进度绩效指数(SPI)
1	3.3	3.2	3	9.7×10^{-1}	1.07
2	6.6	6.3	5	9.5×10^{-1}	1.26
3	8.2	1.02×10^1	1.2×10^1	1.24	8.5×10^{-1}
4	4.9	2.8	1.2	5.7×10^{-1}	2.33
5	6	5	4.5	8.3×10^{-1}	1.11
6	5.5	4.5	5	8.2×10^{-1}	9×10^{-1}
7	3.2	3.6	4.7	1.13	7.7×10^{-1}
8	3.8	4.2	4	1.11	8.4×10^{-1}
9	6.6	5.2	4	7.9×10^{-1}	1.3
10	7.5	7.3	8	9.7×10^{-1}	9.1×10^{-1}
			均值:	9.4×10^{-1}	1.13
			标准差:	1.9×10^{-1}	4.6×10^{-1}

依据Khaled提出的二元一次方程线性回归方法[136],用 $\frac{\text{month no.} - 0.3}{\text{end month no.} + 0.4}$ (month no. 为物流任务执行时间,此处取值为$1,2,\cdots,10$; end month no. 为最后的物流任务执行时间,此处取值为10)分别与lnCPI和lnSPI拟合,求得线性方程的系数和常数项,以此来求解Weibull分布的参数(α,β),并进一步计算协同物流网络资源规划实施过程中物流任务的执行概率和可靠性,具体见表5.9。

由表5.9可以看出,在协同物流网络资源规划实施过程中,任务执行的完成概率与其规划准确实施的可靠性保障是呈反比关系的,随着物流任务的执行,任务执行的完成率增加,而资源规划的可靠性则降低,因此在协同物流网络资源规划实施过程中,尤其到了物流任务执行的后期,要做好规划与进度的统一,及时调整出现的偏差,提高规划的可靠性和可信度。

在协同物流网络资源规划实施进度算例求解过程中,要做好关键和非关键资源约束的甄别工作,通过对关键资源约束的有效优化实现流畅的网络运转,从而保障企业连续性生产。如果在资源规划实施过程中将关键和非关键约束混为一谈，不仅会对协同物流网络资源规划决策产生误导偏差，更会影响产品生产的有序进行。

表5.9 协同物流网络资源规划任务执行概率与可靠性评价

物流任务执行时间/月	CPI $u_1=7.2\times10^{-3}$ 执行概率(CDF)	$v_1=-8.85\times10^{-2}$ 可靠性(PDF)	SPI $u_2=3.024\times10^{-1}$ 执行概率(CDF)	$v_2=-2.222\times10^{-1}$ 可靠性(PDF)
1	2.8754×10^{-1}	3.0438×10^{-1}	5.7794×10^{-1}	3.0062×10^{-1}
2	2.8988×10^{-1}	2.7322×10^{-1}	5.8676×10^{-1}	2.8218×10^{-1}
3	2.9251×10^{-1}	2.4203×10^{-1}	5.9668×10^{-1}	2.6237×10^{-1}
4	2.9554×10^{-1}	2.1082×10^{-1}	6.0802×10^{-1}	2.4097×10^{-1}
5	2.9909×10^{-1}	1.7957×10^{-1}	6.2121×10^{-1}	2.1767×10^{-1}
6	3.0336×10^{-1}	1.4828×10^{-1}	6.3698×10^{-1}	1.9208×10^{-1}
7	3.0873×10^{-1}	1.1694×10^{-1}	6.5652×10^{-1}	1.6361×10^{-1}
8	3.1591×10^{-1}	8.553×10^{-2}	6.8213×10^{-1}	1.3135×10^{-1}
9	3.2668×10^{-1}	5.404×10^{-2}	7.1922×10^{-1}	9.368×10^{-2}
10	3.4809×10^{-1}	2.24×10^{-2}	7.8712×10^{-1}	4.689×10^{-2}

5.4 本章小结

协同物流网络的资源规划优化是资源优化体系的重要组成部分和起始点，关系到后续资源优化能否顺利进行。本章在阐述资源规划基本内容的基础上，分析了不确定影响因素对协同物流网络资源规划的不利影响，结合不确定因素来源，通过蒙特卡罗仿真和鲁棒优化约束实现了对不确定因素的控制，削弱了其产生的危害。同时，针对协同物流网络资源规划实施过程中出现的偏差问题，综合运用EVA方法中的C/SPI指标和Weibull分布对资源规划实施进行可靠性评价，依据评价结果对资源规划实施进行优化调整，以利于更好地为产品生产服务。

第6章　协同物流网络的资源获取优化研究

协同物流网络的资源获取是其资源优化体系的基本组成部分，它为资源规划产生的应用需求寻找各种备选物流资源，并为资源的共享集成提供评价信息，因此资源获取能力的强弱直接决定了协同物流网络的运行效率和稳定程度。

6.1　协同物流网络的资源需求分解

协同物流网络是任务导向型的网络系统，它以产品产生所引发的物流需求为导向，通过将生产引导的物流需求转化为协同物流网络的物流任务包，驱动整个网络有序运行。同时，物流任务包的生成将会引发协同物流网络的物流资源需求，因此深入分析资源需求的要素结构、分解途径和分类评价将有利于资源获取有效地进行。

6.1.1　资源需求的要素结构

中间产品导向型的产品生产制造都是按照系统—区域—类型（成组归类）—阶段等生产特征进行分类的，所需的资源主要有生产/制造物资、配套设备、加工工具等。综合产品制造的生产作业类型、生产特征和资源需求可以看出，与产品生产相对接的任务导向型协同物流网络资源需求要素结构实质上是一个三维矩阵，它包括产品生产物资需求任务包、物流资源和任务包特征三个维度，任务导向型协同物流网络资源需求的要素结构及其相互关系如图 6.1 所示。

由图 6.1 可以看出，协同物流网络与产品生产是紧密衔接互动的，生产任务包括企业各部门对生产物资、配套设备和加工工具等的物资需求以及进度要求；物流资源包括产品生产协同物流网络中的采购、运输和仓储等各种资源；任务包的特征包含不同任务包的产品生产所需要的物流资源信息。通过图 6.1 所示的三维视图，能够实现产品生产物资需求及生产进度与协同物流网络的同步性和一致性。

6.1.2　资源需求的分解途径

在传统的产品生产/制造物流活动中，其所有功能（销售、采购、生产、回收等）均是围绕产品设计和使用功能来展开的，是典型的系统导向型体系结构。但是，现代化生产管理中各种物流活动多是并发同步进行的，单纯从功能上进行物流资源

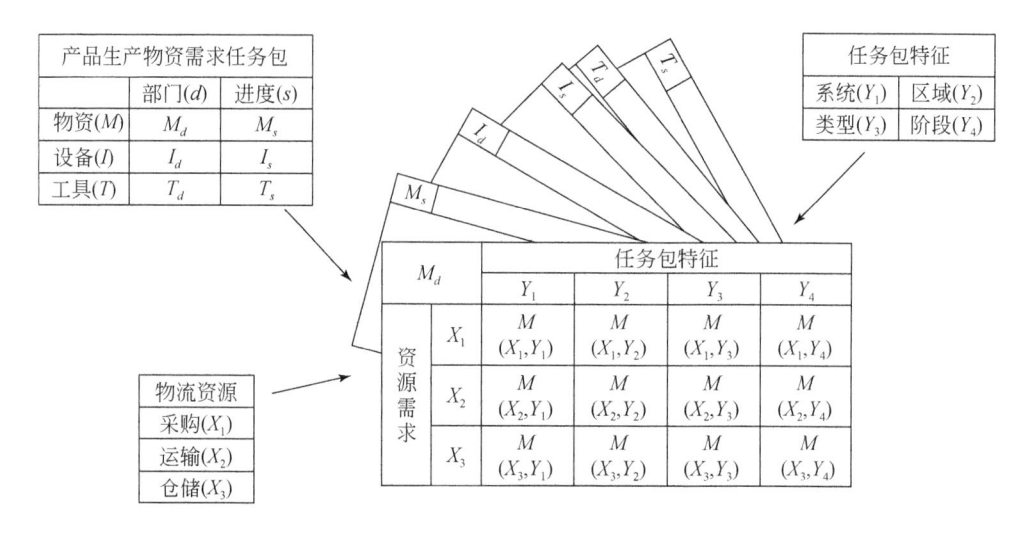

图 6.1 任务导向型协同物流网络资源需求的要素结构及其相互关系

需求分解已无法与现代化生产模式相匹配。可以看出，任务导向型产品生产协同物流网络的资源需求具有多种特性，因此它应允许对物流资源需求的不同角度进行多重分解。资源需求的多重分解结构如图 6.2 所示。

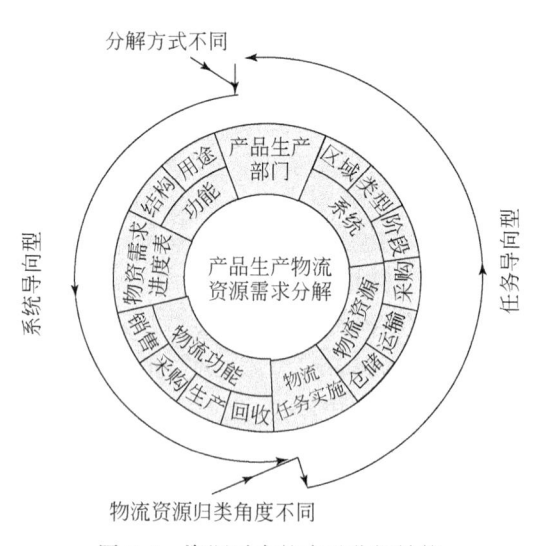

图 6.2 资源需求的多重分解结构

由图 6.2 可知，系统导向型和任务导向型资源需求在分解方式和物流资源的归类角度两个方面存在差异。其中，任务导向型协同物流网络资源需求分解具有特殊的多重性，由产品生产所引发的协同物流网络资源需求分解，一方面可按区域/类型/阶段进行分类划分,另一方面也可按需求的物流资源类型进行分类汇总。

6.1.3 资源需求的分类评价

对任务导向型物流资源需求的分类除了依据不同的分解途径外,还应考虑与相应的产品生产级划分保持一致,这是由于产品生产/制造类型存在内在差别,由此产生的协同物流网络任务包也千差万别,导致对物流资源的需求和要求也不尽相同,因此要做好不同任务包物流资源需求的评价工作。对资源需求的评价是以资源所属的任务包为单元分类进行的,其评价形式为

$$P_v = f(T, R, Q, E) \tag{6.1}$$

式中,P_v 为协同物流网络任务包的运作效率;T 为任务包核定的时间进度安排;R 为任务包所需物流资源的类型,包括采购、运输和仓储等;Q 为任务包所需物流资源的数量;E 为任务包所面临的资源环境的优劣。

式(6.1)中参数 T、R、Q、E 是相互关联的,它们之间通过耦合作用最终以 P_v 的综合形式表达,各种参数间关联以及与 P_v 之间的影响关系如图 6.3 所示。

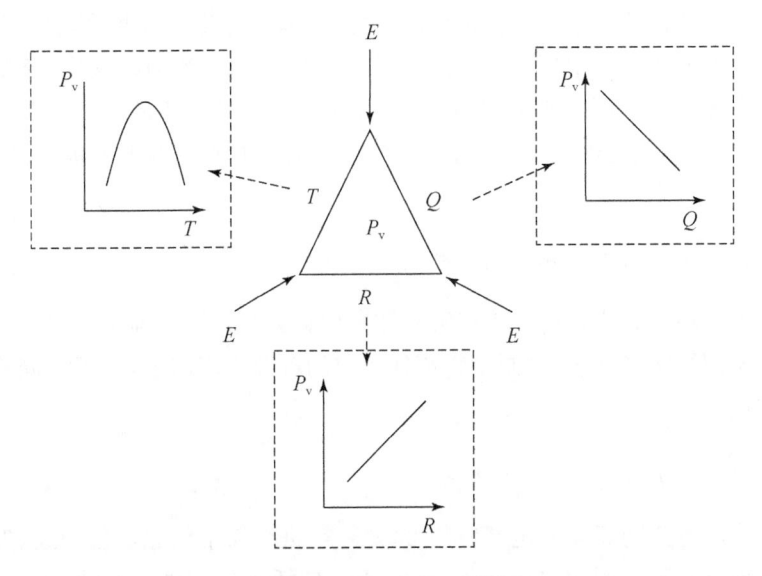

图 6.3 参数关联以及与 P_v 的影响关系分析

由图 6.3 可以看出,参数 T、R、Q、E 之间以及与 P_v 之间的关系是相互依存影响的,只有当参数 T、R、Q 在适当的环境参数 E 下达到平衡时,P_v 才能达到最大值。

6.2 协同物流网络的资源发现流程

协同物流网络是由产品生产协作厂商、物流节点、节点链路和节点关系等构成的复杂系统,是空间上地理分散物流资源的共享平台。它通过接受来自企业与资源和服务分布无关的物流任务包,来驱动整个网络的运转。资源发现则是根据由任务包形成的物流资源需求,通过搜寻定位和评价反馈,返回与资源需求信息相符的资源集合[141],但是,协同物流网络所具有的物流资源地理分布、物流信息动态模糊以及运作过程的不确定性都从某种程度上增加了资源的获取和优选的难度,因此能否实现合理的资源获取和优选成为后续资源共享集成和全局优化配置实施的关键问题[99]。资源发现流程具体包括资源信息的建模描述、资源需求的发现匹配与备选资源的物理定位等多个环节。

6.2.1 资源信息的建模描述

合理的资源描述是进行资源优化的前提,其提供的关键信息关系到资源获取、资源集成等资源优化基本环节能否顺利实施。对协同物流网络来说,资源信息的建模描述主要是为了更好地实现与生产制造的无缝对接,通过对其资源的优化配置,实现网络中不同地理分布、不同子组织和子系统的资源最大效能发挥,其具体的作用主要有以下两个方面。

1. 规范了资源需求信息的描述机制

统一的资源信息描述约定使得资源需求信息的结构更清晰明了,且标准实用,可以满足不同层次产品生产/制造物流任务包的资源应用需求,便于协同物流网络的敏捷响应。

2. 实现了需求-网络-资源的联动

根据产品生产物流任务包产生的资源需求,进行需求信息规范描述,然后通过协同物流网络实现资源的快速匹配,确定符合该任务包的最佳资源选择信息。但是,协同物流网络作为一个资源共享的动态平台,其包含的各种物流资源具有独立自治、组织异构、动态分布和二元服务等特点,这些特点的存在将会对资源信息交流和资源优化配置产生障碍,因此为了能更好地支持资源优化,必须要提供全面而准确的资源信息描述。在考虑到资源种类多样性以及构成复杂性的基础上,运用标准的面向对象的统一建模语言(unified model language,UML)来实现资源的建模描述。基于 UML 的资源信息描述模型如图 6.4 所示。

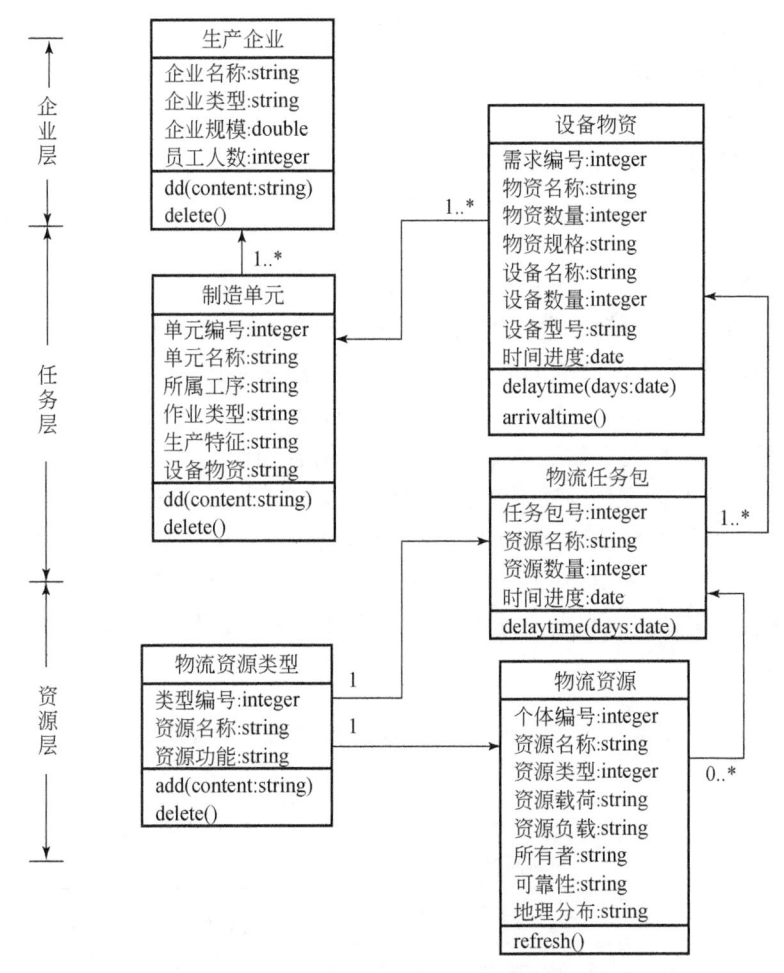

图 6.4　基于 UML 的资源信息描述模型

图 6.4 是使用 UML 描述的协同物流网络资源需求信息,整个描述过程以生产制造企业为起始点,并定义了最基本的制造单元父类,以此为基础分别从企业层、任务层和资源层三个层次进行子类的派生,对所需的物流资源信息按区域/类型/阶段等生产特征或物流资源类型进行分解。采用 UML 对资源进行信息描述,使得资源的描述机制具备独立性、可扩展性和友好性。

6.2.2　资源需求的发现匹配

资源优化首先要考虑的是资源发现问题,即如何准确而快速地实现与任务资源需求相匹配的资源定位问题。对协同物流网络来说,要实现网络内所含资源的有效共享集成,必须要建立高效灵活的资源获取机制,以便为整个协同物流网络提供敏捷有效的资源发现获取服务。协同物流网络的资源发现是依据网络所接受的物流任务包形成资源需求,并采用技术手段和方法获取所需的资源描述信息,然后从数量巨大的协同物流资源中选取基本符合任务资源需求的资源对象集,为进一步的多资源优化选择提供备选资源库的连续过程。

1. 资源发现的内涵比较

资源发现实际是一个快速的资源搜寻匹配定位过程,是资源需求和网络中分布资源之间的联系纽带,它是将网络中不被需求所知的资源或不被资源所知的需求联系起来。作为资源获取的起始点,负责根据需求对协同物流网络中存在的动态资源类型和数量进行搜寻匹配工作。资源发现的搜寻对象不是单纯的异构物理资源,其面对的主要是已封装成服务具有位置信息和语义信息等统一表达形式的模块资源,这样的标准化描述有利于减少信息异构带来的沟通障碍。

从表面上看,协同物流网络的资源发现与诸如 Google、百度等通用搜索引擎(general search engine,GSE)的资源搜索相似,但深入分析可以发现两者在目标对象、搜索机制、信息获取和定位方式等各方面均有本质的不同,具体的比较结果见表 6.1[99]。

表 6.1 资源发现与通用搜索引擎资源搜索的差异比较

指标	类型	
	资源发现 (协同物流网络)	资源搜索 (GSE)
目标对象	产品生产物流任务包,是多属性集合复杂目标	关键字段组合查找,不具有明确的语义
搜索机制	多层次目标逐步分解,备选资源筛选匹配	基于数据库技术的关键字段精确比较
信息获取	具有位置和语义等统一表达形式的描述信息	语义信息异构,海量数据导致信息冗余
定位方式	资源属性描述与资源物理地址具有一一对应关系	关键字段描述与相符资源具有一对多的模糊关系

2. 资源发现的基本框架

不同任务条件下,资源发现有不同的需求、目标和约束,总体上资源发现的基本框架主要包括请求处理、信息分解、资源描述、资源匹配和资源定位等五个组成部分。在对资源信息模型的 UML 描述中采用了企业/任务/资源三层的体系结构,因此对资源发现的框架也采用类似的三层体系结构,如图 6.5 所示。

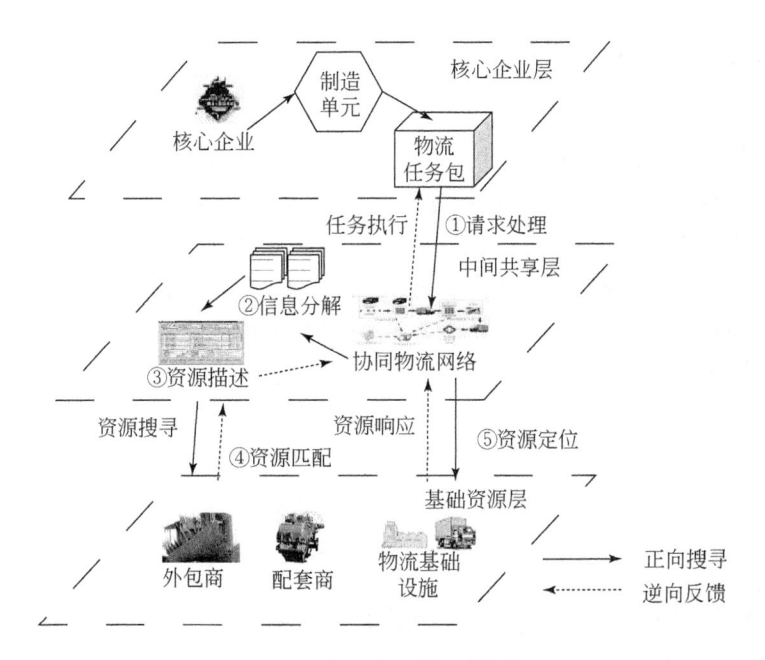

第6章 协同物流网络的资源获取优化研究 · 113 ·

图 6.5 资源发现的基本框架

图 6.5 说明了协同物流网络的资源发现基本框架,该框架具体是由核心企业层、中间共享层和基础资源层等三个层次的不同构成要素和活动组成的。

1) 核心企业层

该层根据产品生产/制造单元提出的物资和设备需求,生成物流任务包,并转化成无位置要求的标准化资源请求,并将其发送到协同物流网络,通过中间共享层和基础资源层之间的信息沟通交互,等待资源响应与任务执行。

2) 中间共享层

该层是核心企业层和基础资源层的中间共享平台,也可以说该层是虚拟的资源共享平台,通过接受来自核心企业层的资源请求,进行信息分解和资源描述,以此对基础资源层的描述文档进行匹配检索定位,并启动寻找到的资源,实现资源的快速响应;同时,中间共享层还可以为基础资源层提供关于资源的注册加入和信息更新等服务。

3) 基础资源层

该层包括协同物流网络不同类型、异构、数量巨大的分布资源,通过对资源信息和服务的转换处理及提取封装,用标准化的 UML 形成资源信息描述文档提交到协同物流网络的共享平台;同时,根据资源变化定时更新,便于资源需求的查询搜索。

6.2.3 备选资源的物理定位

由图 6.5 可以看出,资源定位在资源发现过程中发挥了关键作用,实现了资源需求与物理资源之间的沟通联系。资源定位是根据任务包描述的资源信息,通过搜索定位机制获取资源空间位置的过程[142]。具体来讲,在协同物流网络接到来自核心企业的物流任务包后,通过一定的分解途径形成物流资源需求,但是所需资源往往在本地无法完全满足,这就需要再采用搜索机制对整个网络内的资源进行匹配发现,进而找到与需求信息吻合的资源,并进行地理位置定位。资源的定位过程如图 6.6 所示。

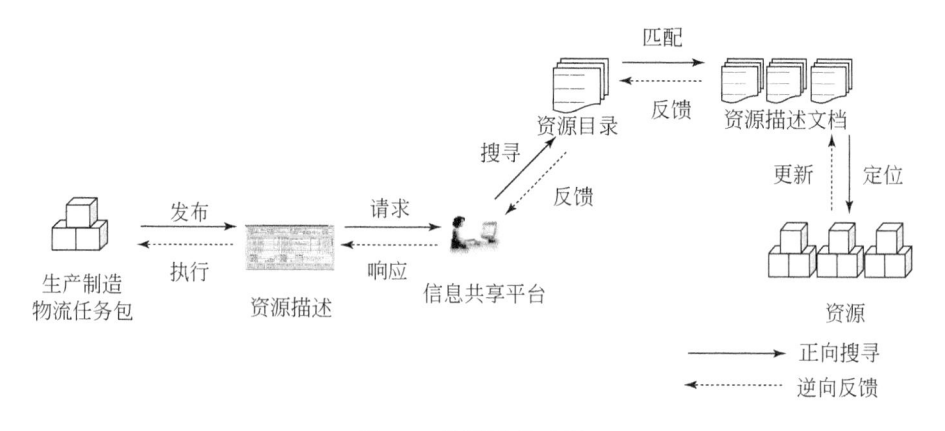

图 6.6　资源定位过程

可以说,资源定位是资源发现过程的核心环节,主要完成与资源需求的信息匹配以及目标资源锁定,其性能直接影响整个资源发现过程的运作效率。资源定位既可以与资源发现并行进行,也可与资源发现串行进行。

6.3　协同物流网络的资源优化选择

资源优化选择是从资源发现环节搜寻的备选资源对象集中,按一定标准选取最符合需求条件(如运作效率高、成本费用低等)资源对象的过程,是对任务需求和响应资源之间匹配程度的综合评价。资源优化选择是资源共享集成的必要条件,为体现资源共享集成的合理性,在对协同物流网络中的资源进行集成之前,需要确定资源选择的依据和原则,这需要对资源获取阶段得到的备选资源进行客观评价,以实现资源的优化选择。资源优化选择实际是对获取的备选资源进行多因素考核的综合过程,属于多目标的优化决策问题。

6.3.1 资源评价的信息反馈

资源定位后还需进一步对所选资源属性进行相关评价,并将其评价信息逆向反馈,以便能实现更好的资源响应,这主要是因为不同种类的物流资源之间具有很大差别,即使对同类的资源也会因为所处环境和运行状况等的差异而呈现出不同的状态。总体上,协同物流网络中的资源属性可分为静态固定属性和动态变化属性两种[143],可以此作为资源评价反馈的关键依据。其中,静态固定属性主要描述的是资源概况和资源功能属性,包括资源的空间分布、类型、载荷能力等;动态变化属性主要描述的是资源实时更新属性,包括负载情况、客户满意度、运行可靠性等。协同物流网络资源评价信息反馈的内容如图6.7所示。

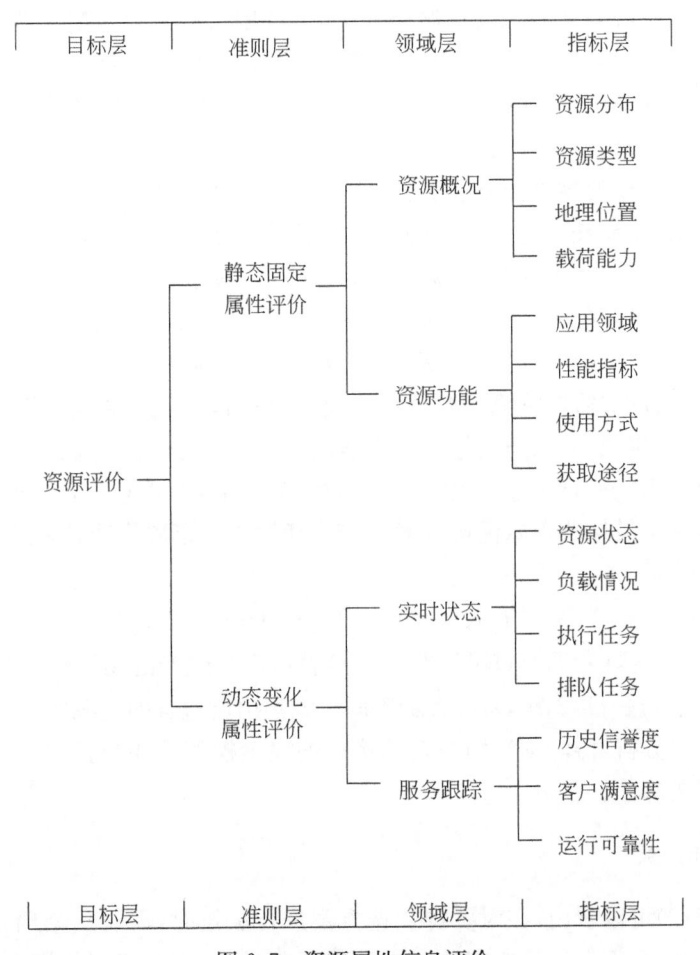

图 6.7 资源属性信息评价

在对协同物流网络资源优化选择时,首先要考虑资源优化的目标,确定资源优化选择的标准和策略,然后根据目标和相应的准则优先考虑资源负载小、地理分布近、资源优先级别高的物流资源,最后确定出合理的资源优化选择方案。

6.3.2 资源优选的决策建模

协同物流网络的资源发现是指对网络中存在的大量可利用资源,按照来自产品生产/制造物流任务包所形成的资源需求,运用自动化的搜寻手段对资源属性信息进行匹配定位的过程。资源发现的结果是获得了满足最基本物流任务包资源需求的备选资源对象集,这些资源对象虽然满足了资源需求的目标及约束,但是与整个物流任务包的资源需求相比并不一定是完全匹配吻合的,备选资源对象集存在大量负荷超出资源需求的冗余资源对象,如果选用这些间隙匹配资源将导致运作成本增加和资源闲置浪费[144]。协同物流网络的资源优化选择是在备选方案中进行综合比较的优选过程,通过对备选资源对象集中资源的评价,力求选择出最适合资源需求的资源对象,达到无缝匹配。

产品生产形成的物流任务包主要由生产制造过程中所需的物资、设备、加工工具等转化形成,物流任务包所产生的资源需求可以看作一定约束条件下的资源优选问题[145,146]。协同物流网络资源优选的思路是:根据物流任务包具体的资源需求,生成备选资源对象集,然后根据目标函数及资源约束优选出与任务资源需求最匹配的资源对象,从而实现资源负载 r_k、物流成本 l_c、服务质量 s_q 和交货纳期 g_t 的综合最优。可以说,协同物流网络资源优化的决策建模就是要实现资源约束条件下资源负载、物流成本、服务质量和交货纳期等多目标的综合最优。

假设对于由任一产品生产物流任务包所形成的资源需求 T,协同物流网络 N 中有且仅有一个最佳的资源优选方案 G 与之相对应。资源优选具体的数学表达如式(6.2)所示[147]:

$$G=(T,R), \quad \forall i, \exists j [\text{match}(r_j, T_i)] \tag{6.2}$$

式中,$T=\{T_1, T_2, \cdots, T_k\}(i \in \{1,2,\cdots,k\})$ 表示产品生产的物流任务包集合;$R=\{r_1, r_2, \cdots, r_m\}(j \in \{1,2,\cdots,m\})$ 表示资源对象集中所包含的资源实体。

结合上述分析,协同物流网络资源优选的决策模型主要包括目标函数和约束条件两个组成部分。

1. 目标函数

由式(6.2)可以看出,在对资源优选方案进行决策时,需要从全局角度考虑方案的综合最优,而不仅仅是实现某一方面的局部最优,因此可以将资源负载、物流成本、服务质量和交货纳期等多目标的局部最优目标函数转化为单目标的全局综合最优目标函数[148]，具体如式(6.3)所示：

$$\min Z = \omega_1 \frac{r_k}{r_{kmax}} + \omega_2 \frac{l_c}{l_{cmax}} + \omega_3 \left(1 - \frac{s_q}{s_{qmax}}\right) + \omega_4 \frac{g_t}{g_{tmax}} \quad (6.3)$$

式中，Z 为资源优选方案最优决策目标；ω_i 为各子目标的权重系数，且 $\sum_{i=1}^{4} \omega_i = 1$，$\omega_i \geqslant 0$。

2. 约束条件

备选资源对象集 $O=(R,C)$，$C=\{c_1,c_2,\cdots,c_m\}$ 表示各个资源实体 r_i 所对应的约束条件，各个资源实体均有决策变量 λ_i。其中，λ_i 满足：

$$\lambda_i = \begin{cases} 1, & \text{表示资源被选中} \\ 0, & \text{表示资源没被选中} \end{cases} \quad (6.4)$$

同时，各子目标的取值不能高于其最大值。

6.3.3 系统试验与回归拟合

以上协同物流网络的资源优选决策建模主要是依赖传统的资源优选方法进行的。传统物流资源优选依赖的途径主要有定性问题描述分析和定量先验模型分析，这些方法存在的主要缺点是：主观局限性产生的"隧道视野"缺乏全局性考虑，进而影响决策的有效性；缺少合理的资源获取机制，导致备选资源的数量和质量都无法保证，容易出现因匹配失败导致无法优选的情况。因此，要使决策的依据更合理客观，就必须在决策之前综合分析资源优化选择模型的求解结果和相应试验或模拟的计算结果。可以说，系统试验和模拟是系统决策的重要依据和方法之一。

系统试验与系统模拟是两类解决不同性质问题的工作。系统试验主要面向实际情况中可测度的系统对象，通过在缩小的规模和范围内，对影响系统对象运行的内、外因素进行测定分析，得出系统各个因素在不同水平下的变化规律，并以此确定出令人满意的系统运行方案；系统模拟则主要针对无法进行试验或是试验代价昂贵的系统对象，因而只能借助计算机采用现代模拟技术建立虚拟模型，揭示系统的运行和变化规律，为决策提供依据支持[149]。其中，系统试验的主要目的是检验系统各要素(自变量)对设定目标(因变量)影响的显著情况，并确定出系统运行的最佳方案，而正交设计则是实现该目的的试验方法[150]。对协同物流网络资源优化选择采用的主要是正交试验设计与多元回归拟合相结合的方法。

1. 正交试验设计

在协同物流网络的资源优选中应用正交试验设计，主要是为了能更合理地确定资源优选各影响因子的最佳水平，为实现有效的资源匹配提供更准确的决策依据。正交试验设计是利用正交表 $L_n(h^j)$（L 代表正交表，n 为试验次数，h 为水平数，j 为因子数）进行均衡分散和整齐可比的试验安排，并根据正交表的试验结果分析，推断出系统最佳运行方案的辅助决策方法[151]。正交试验设计由指标、因子和水平三部分组成，其中，指标是指试验设计所要考核的试验结果或目标值；因子是指可能会对试验结果或目标值产生影响的多选择因素；水平是指因子在正交试验中的可选范围。协同物流网络资源优选的正交试验分析内容具体如下[149]。

1）单因子多水平最优确定

该步骤测量的是资源优选各影响因子的最佳水平，即在因子独立情况下（不考虑与其他因子的相互影响），使试验指标达到最优时的因子水平。设 Z_i 为第 i 次试验的指标值，$\bar{Z}_{mh}$ 为 m 因子 h_m 个水平的平均值，h_m 表示 m 因子的水平数，则 $\bar{Z}_{mh}$ 的数学表达式为

$$\bar{Z}_{mh} = \frac{\sum_{i=1}^{h_m} Z_i}{h_m} = \frac{K_{mh}}{h_m}, \quad m = \{1, 2, \cdots, j\} \tag{6.5}$$

式中，$K_{mh} = \sum_{i=1}^{h_m} Z_i$ 为 m 因子 h_m 个水平的指标累加值。

单因子对水平最优确定的计算为

$$\bar{Z}_{mh}^* = \min(\bar{Z}_{mh}) \quad \text{或} \quad \max(\bar{Z}_{mh}) \tag{6.6}$$

2）多因子间的重要度分析

该步骤主要是说明各影响因子的重要程度，通常采用方差平方和 S 和极差 R 来衡量。m 因子的方差平方和 S_m 为

$$S_m = h_m \sum_{i=1}^{h_m} (\bar{Z}_i - \bar{Z}_{mh})^2, \quad m = \{1, 2, \cdots, j\} \tag{6.7}$$

m 因子的极差 R_m 为

$$R_m = \max\{K_{mh}\} - \min\{K_{mh}\} \tag{6.8}$$

3）因子对指标的显著性影响

因子重要度分析说明的仅仅是因子间重要度大小比较，还无法衡量因子对指标的影响程度。因此，该步骤进行的是因子对指标的显著性影响检验，如果因子显著性检验不明显，则可剔除因子实现决策简化。因子的显著性 F 检验为

$$F_m = \frac{S_m / f_m}{S_{误} / f_{误}} \tag{6.9}$$

式中，f_m 为 m 因子的自由度；$S_{误}$ 为误差的方差平方和；$f_{误}$ 为误差的自由度。

当 $F_m \geqslant F_{1-a}(f_m, f_{误})$ 时，说明 m 因子对指标的影响显著，反之，不显著，予以剔除。保留通过显著性检验的因子，取其最优水平组合来确定资源优先的最佳方案。

4)因子效应与最佳方案效应

因子效应考察的是因子的费效比,即因子取其某一水平时对指标均值的影响,表达式为

$$b_{mh} = \bar{Z}_{mh} - \bar{Z} \tag{6.10}$$

最佳方案效应衡量的是指标最优取值情况,具体为

$$Z_{优} = \bar{Z} + \sum_{m=1}^{j} b_m^* \tag{6.11}$$

式中,b_m^* 为 m 因子最佳效应。

指标在 a 显著水平下的置信区间为 $(y_{优} - \theta, y_{优} + \theta)$,其中,$\theta$ 的表达式为

$$\theta = \sqrt{F_{1-a}(1, \tilde{f}_{误}) \frac{\tilde{S}_{误}}{\tilde{f}_{误} V}} \tag{6.12}$$

式中,$\tilde{S}_{误}$ 为 $S_{误}$ 与剔除因子自由度之和;$\tilde{f}_{误}$ 为 $f_{误}$ 与剔除因子自由度之和;V 为有效重复度,且 $V = \dfrac{n}{1 + \sum f_m}$,$\sum f_m$ 为通过显著性检验的因子自由度之和。

2. 多元回归拟合

通过协同物流网络资源优选的正交试验设计,可以推断出资源优选各影响因子的最佳组合方案,并将信息反馈以作为资源优选决策的重要依据。同时,依据提出的决策模型为先验模型,其存在的主观局限性将会对资源优选决策产生负面影响,因此为了克服先验决策模型存在的缺点与不足,在正交试验的基础上引入多元线性回归分析,结合正交试验结果,提炼出多因素之间的复杂关系,确定资源优选目标与各影响因子的函数关系,进一步建立协同物流网络资源优选的多元线性回归模型,实现更准确的资源优选目标预测。

多元线性回归模型的数学表达式为[152]

$$\begin{cases} y = b_0 + b_1 x_1 + b_2 x_2 + \cdots + b_n x_n + \varepsilon \\ E(\varepsilon) = 0 \\ \text{var}(\varepsilon) = \sigma^2 \end{cases} \tag{6.13}$$

式中,$b_1, b_2, \cdots, b_n$ 为未知的回归系数;b_0 为未知的回归常数;ε 为系统随机误差;y 为因变量;$x = \{x_1, x_2, \cdots, x_n\}$ 为自变量。

多元线性回归方程实际上是多维空间内的平面,由于实际中总体数据往往无法取得或是获取的代价昂贵,因此对多元回归方程系数的确定往往是通过样本数据来确定的,通过样本数据来估计方程系统,多元线性样本回归方程为

$$\hat{y} = \hat{b}_0 + \hat{b}_1 x_1 + \hat{b}_2 x_2 + \cdots + \hat{b}_n x_n \tag{6.14}$$

式中，$\hat{b}_0, \hat{b}_1, \cdots, \hat{b}_n$ 为总体的多元线性回归方程中系数 $b_0, b_1, \cdots, b_n$ 的估计值，对回归系数的估计多采用最小二乘法。

对于由样本数据估计得出的回归系数，还要进行拟合优度、回归方程和系数的显著性检验，具体见表 6.2[152]。

表 6.2 多元线性样本回归方程与系数的检验参数

考核指标	线性拟合优度	回归方程显著性检验	回归系数显著性检验
检验参数	多重相关系数 R^2	显著性 F 检验	显著性 t 检验
参数含义	考察因变量与自变量整体之间的线性相关程度	衡量自变量整体与因变量的线性关系是否成立	衡量单自变量对因变量的影响程度

6.3.4 应用实例及结果分析

选取协同物流网络资源优选实例进行正交试验设计，数据来源于不同资源节点执行某项物流任务过程中的历史记录。依据网络运作目标，把低物流成本下的高可靠性交货作为正交试验的指标，选取资源负载 r_k、物流成本 l_c、服务质量 s_q 和交货纳期 g_t 作为正交试验的因子，每个因子的水平数为 3。为了实现网络的运作目标，要求资源负载少、物流成本低、服务质量高和交货纳期短，但是同时达到这些子目标是不可能的，只能通过协调均衡，实现总体目标的近似最优。

物流任务资源优选的正交表设计见表 6.3。

表 6.3 资源优选的正交表设计

因子名称	r_k	l_c	s_q	g_t
水平 1	低	5.8	低	3
水平 2	中	6.2	中	4
水平 3	高	6.5	高	5
最大值	—	7	—	5

根据表 6.3 的设计选取 $L_9(3^4)$ 形式的正交表，即 3 种水平、4 个因子、9 次试验的正交表。采用抽签法确定不同因子各水平的次序，然后按正交表相关规定进行试验，正交试验的结果见表 6.4。

表 6.4 资源优选的正交试验结果

序号	因子				Z
	r_k	l_c	s_q	g_t	
1	高	5.8	高	3	6.50×10^{-1}
2	高	6.2	中	4	7.62×10^{-1}

续表

序号	因子				Z
	r_k	l_c	s_q	g_t	
3	高	6.5	低	5	8.68×10^{-1}
4	中	5.8	中	5	7.52×10^{-1}
5	中	6.2	低	3	7.38×10^{-1}
6	中	6.5	高	4	7.06×10^{-1}
7	低	5.8	低	4	7.28×10^{-1}
8	低	6.2	高	5	7.02×10^{-1}
9	低	6.5	中	3	6.82×10^{-1}

注：Z 值为综合评定的结果。

表 6.4 以物流任务资源优选的资源载荷因子为基准，将 9 次试验分为 3 组，每组其他影响因子的不同水平各出现一次，这种均等性的水平分布排除了其他因子对资源载荷因子的影响，体现了资源载荷因子对指标的影响程度，并可计算出该因子的最佳水平，其他因子的最佳水平确定与此类似。依据正交试验设计步骤，对表 6.4 中试验数据进行处理，初步分析结果见表 6.5。

表 6.5 资源优选试验数据初步处理

水平	因子				Z
	r_k	l_c	s_q	g_t	
$j=1$	$Z_{11}=$ 7.6×10^{-1}	$Z_{21}=$ 7.10×10^{-1}	$Z_{31}=$ 6.86×10^{-1}	$Z_{41}=$ 6.9×10^{-1}	$\sum_{i=1}^{n}Z_i=6.588$
$j=2$	$Z_{12}=$ 7.32×10^{-1}	$Z_{22}=$ 7.34×10^{-1}	$Z_{32}=$ 7.32×10^{-1}	$Z_{42}=$ 7.32×10^{-1}	$\bar{Z}=$
$j=3$	$Z_{13}=$ 7.04×10^{-1}	$Z_{23}=$ 7.52×10^{-1}	$Z_{33}=$ 7.78×10^{-1}	$Z_{43}=$ 7.74×10^{-1}	7.32×10^{-1}
方差 S	1.5×10^{-2}	1×10^{-3}	1.5×10^{-2}	1.5×10^{-2}	
极差 R	1×10^{-1}	2.5×10^{-2}	1×10^{-1}	1×10^{-1}	

由表 6.5 可以看出物流任务资源优化的最佳方案，各个影响因子的不同水平组合使得指标值最小，保证了低物流成本下高可靠性物资交付目标的实现，同时该组合方案也可作为协同物流网络资源获取优选时的决策依据，可以以此标准来进行备选资源的搜寻匹配工作。物流任务资源优选各个因子对指标的效应矩阵 B 为

$$B=\begin{bmatrix} 0.028 & -0.022 & -0.046 & -0.042 \\ 0 & 0.002 & 0 & 0 \\ -0.028 & 0.020 & 0.046 & 0.042 \end{bmatrix} \quad (6.15)$$

相对应的效应曲线如图 6.8 所示。

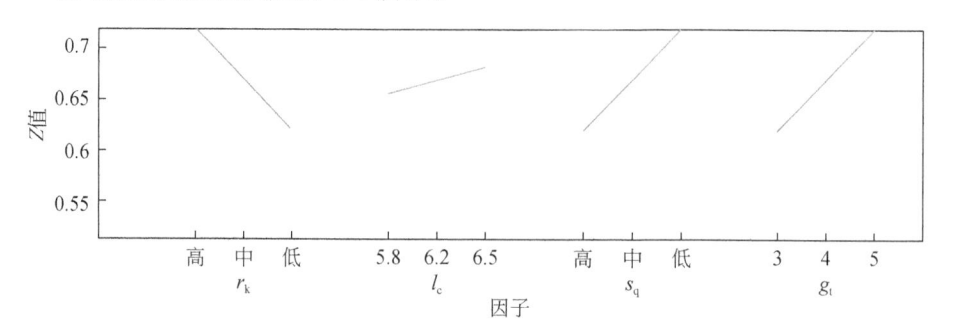

图 6.8　资源优选各影响因子的效应曲线

由图 6.8 可以看出物流任务资源优选各个影响因子在不同水平的取值。最佳方案效应 $Z_{优}$ 可由表 6.5 中的 $\bar{Z}$ 和矩阵 B 中各因子的最佳水平计算得出，$Z_{优}$ 的计算过程为

$$Z_{优}=0.732-0.028-0.022-0.046-0.042=0.594 \quad (6.16)$$

即低资源负载、低物流成本、高服务质量和短交货纳期最优组合方案的指标值为 0.594。资源优选指标在 $a=0.05$ 水平下的置信区间为

$$(y_{优}-\theta, y_{优}+\theta)=(0.594-0.312, 0.594+0.312)=(0.282, 0.906) \quad (6.17)$$

即该物流任务资源优选方案的指标值为 0.282~0.906。

通过正交试验设计得出了协同物流网络资源优选的最佳组合方案，正交试验结果可作为资源获取的重要决策依据。结合试验数据，还可以推断出因变量（指标）与自变量（影响因子）之间的函数关系。借助统计产品与服务解决方案 (statistical product service solutions, SPSS) 软件，对指标与各影响因子进行多元线性回归分析。

运用正交试验结果的因子与指标数据，进行多元回归分析，可得指标与影响因子的相关性矩阵 C，指标与各影响因子的相关系数 R_1 为

$$R_1=[1 \quad -0.392 \quad 0.295 \quad -0.644 \quad 0.588] \quad (6.18)$$

式中，第一列为正交试验指标，其他各列为影响因子，可以发现各个因子对指标的影响都比较大。通过计算得出相关系数 $R=0.95$，多重相关系数 $R^2=0.903$，并且 F 检验、t 检验显著，说明自变量与因变量指标存在显著的线性关系，自变量对因变量具有显著影响。根据回归系数分析得出物流任务资源优选的多元线性样本回归模型为

$$\hat{y}=0.342-0.14x_1+0.42x_2-0.23x_3+0.21x_4 \quad (6.19)$$

通过求得的多元线性回归模型，可以实现更好的物流任务资源优选方案预测，在进行决策之前，对可能的组合方案进行预测分析，其预测结果有助于选择更合理

的服务方案。

6.4 本章小结

资源获取作为协同物流网络资源优化的基本组成部分,是在资源规划的指导下,按照产品生产物流任务包形成的资源需求进行资源的发现定位工作,其最终目的是获取满足最基本资源需求的备选资源对象集,并进行资源优选,为后续的资源共享集成提供支持。针对资源的优化选择,本章通过正交试验设计得出了物流任务执行的资源最佳组合方案,以此作为资源搜寻的决策依据并从备选资源对象集中进行匹配;同时,为了能更好地实现资源优选预测,结合正交试验数据进行了关于指标和影响因子的多元回归分析,在此基础上提出了多元线性回归模型,实现了对资源优选组合方案的评价。

第 7 章 协同物流网络的资源集成优化研究

协同物流网络的资源集成是利用网络中的优势资源,采用技术手段实现网络资源共享,将网络中竞争优势分布的资源虚拟集成,以强化资源的衔接关系,提高资源的响应速度,减少资源的冗余浪费。对协同物流网络来说,庞大的资源信息将使得用户无所适从,进而增加网络系统的无序程度,因此必须要根据用户需求进行有效的资源信息集成,可以说只有按需形成异构资源集成才能满足更高层次的资源共享要求[153]。作为资源优化体系的关键环节,资源集成与资源获取的最大不同点在于:资源获取匹配是以资源属性为最小搜寻单元的资源各组成属性比对过程,而资源集成则是以资源个体为最小单元的不同资源优化组合过程。

7.1 协同物流网络资源集成的主要内容

协同物流网络中各组成节点提供的往往都是专业化服务,只能部分地满足来自产品生产物流任务包所形成的资源需求,因此要完成物流任务就需要多专业资源间的协同合作。如果节点间缺乏信息沟通和协调机制,将会影响物流任务响应速度和执行进度,导致产品生产计划出现偏差。资源集成就是为快速响应需求而产生的,它通过对优势资源的动态集成,能够实现分布资源的快速响应和重构[154]。对资源集成主要内容的阐述主要从资源集成的基本形式、关系模型和主体框架三个方面进行。

7.1.1 资源集成的基本形式

综合关于资源集成的相关文献[155,156],传统的资源集成方式主要有本地横向资源集成和异地纵向资源集成两种形式[157]。而协同物流网络的资源集成方式除以上两种形式外还有特殊的纵横混合资源集成形式。

1. 本地横向资源集成

本地横向资源集成在协同物流网络中主要针对核心企业,其实际上是核心企业对其自身及所在区域物流资源的管理。其管理的主要方式是通过建立本地的物流资源标准数据库,采用统一的资源描述语言分类存取资源的静态固定属性和动态变化属性等信息,并根据实际情况动态地更新、删除、查询和添加资源库信息。当产品生产物流任务资源需求产生时,首先搜寻本地资源库,通过信息匹配,实现本地资源集成,当本地资源库无法满足需求时,则进行异地纵向资源集成,直至达成合理的资源组合,能够实现产品生产物流任务包响应。本地横向资源集成相对其他集成形式响应速度更快、更敏捷,因此在进行资源集成时应首先考虑这种集成方式。本地横向资源集成的过程如图7.1所示。

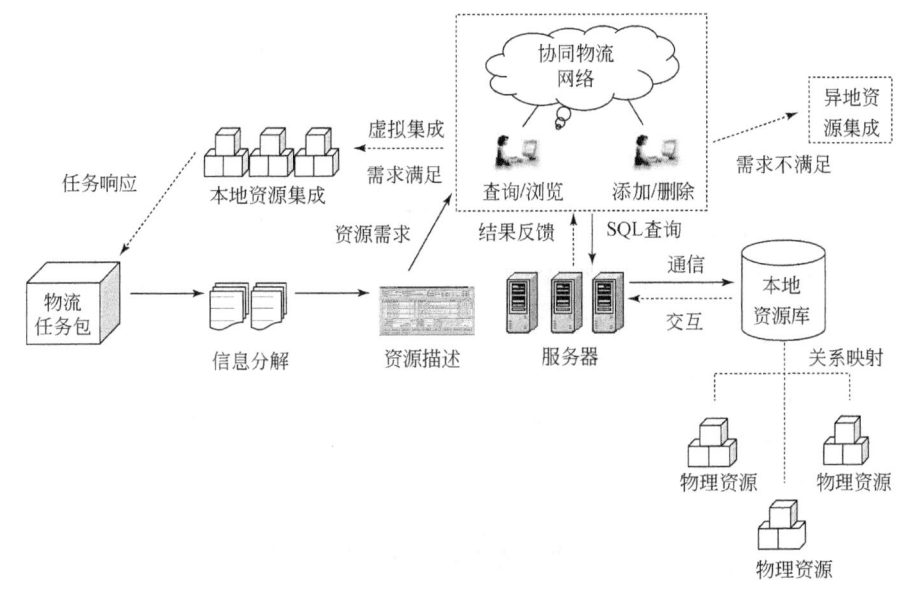

图 7.1 本地横向资源集成过程示意图

2. 异地纵向资源集成

当本地资源无法完全满足任务资源需求时,需进行异地资源搜寻,以保障任务的快速响应执行。异地纵向资源集成在协同物流网络中主要针对空间分布的资源节点,它面对的不是网络中大量的分散资源,而是资源获取阶段得到的匹配资源,并借助互联网/内联网(Internet/Intranet)等网络技术,实现资源的虚拟集成。异地资源集成是根据任务执行各个环节所需要的物流资源需求,纵向进行不同类型资源的优化组合。这个过程涉及资源获取产生的资源优化数据库和资源封装数据库,结合专家知识数据库,可进行资源集成优化决策。异地纵向资源集成的过程如图7.2所示。

3. 纵横混合资源集成

以上介绍的两种集成形式分析了资源集成的两种极端形式(完全本地和完全异地),而在产品生产物流任务的执行过程中,往往出现的是本地资源和异地资源混合集成的状况,即本地资源能满足部分资源需求,执行部分物流任务,在此基础

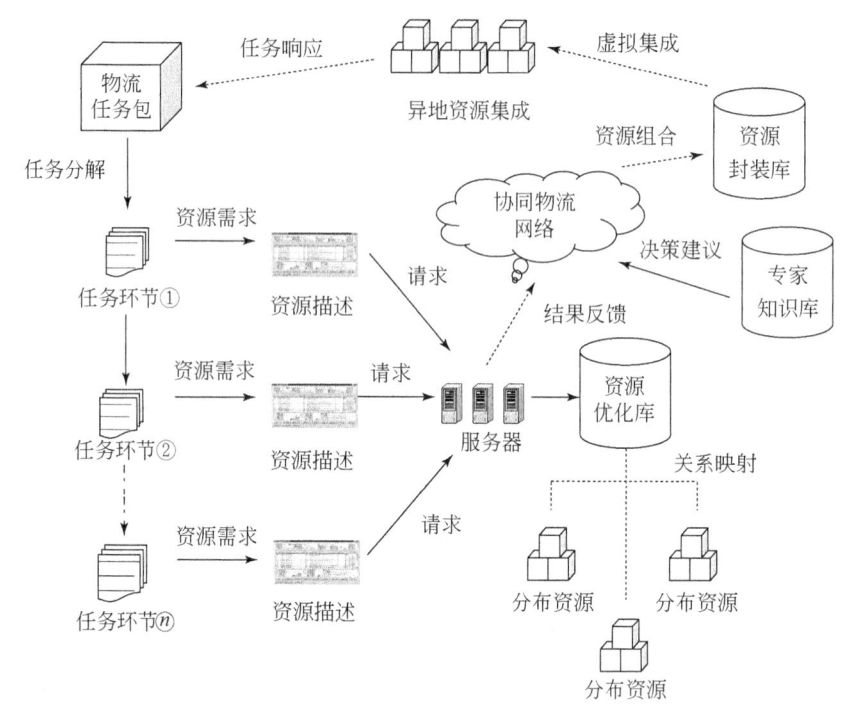

图 7.2 异地纵向资源集成过程示意图

上通过协同物流网络集成异地资源,最终以本地和异地混合资源集成的方式响应物流任务。这种资源集成形式是一种空间分布、标准封装和临时组合的松耦合组织形式,采用的技术主要有分布对象技术和网络 Web 技术[158],可以很好地适应网络组织的异构性和资源种类的多样性。

7.1.2 资源集成的关系模型

协同物流网络资源集成关系模型分析除资源静态和动态属性分析外,还应包括资源功能特征、关联关系和沟通机制等分析[159]。通过分析发现,资源集成和集成的内容组成完全是不同范畴的,因此可以把资源集成的关系模型看成一个由基本属性、功能特征、关联关系和沟通机制构成的四元架构数组,其关系模型的数据结构可以描述成 $Res_{int-model} = \{Res_{int-pro}, Res_{int-fun}, Res_{int-rel}, Res_{int-com}\}$。其中,$Res_{int-pro}$可以看成资源基本属性域;$Res_{int-fun}$可以看成资源功能特征域;$Res_{int-rel}$可以看成资源间关联关系域;$Res_{int-com}$可以看成资源间沟通机制域。这种结构的优点在于可以存储不同类型和结构的资源信息。

1. $Res_{int-pro}$资源基本属性域

资源基本属性域涵盖了固态和变化的属性信息,是对资源属性集成的封装表达。该域下含两个子域 $Res_{int\text{-}pro}$. Static 和 $Res_{int\text{-}pro}$. Dynamic,每个子域下有两个架构形式,架构形式包含 $Res_{int\text{-}pro}$. Static = {$Static_{gen}(1\times4)$, $Static_{fuc}(1\times4)$} 以及 $Res_{int\text{-}pro}$. Dynamic = {$Dynamic_{sta}(1\times4)$, $Dynamic_{sev}(1\times3)$},因此资源基本属性域可以表示成含有两个子域的四元架构数组。

2. $Res_{int\text{-}fun}$ 资源功能特征域

资源功能特征域与资源属性域表述的功能信息不同,该域更侧重于对集成资源的运作能力、成本费用、时间约束和服务质量的描述,表明资源能够提供的服务水平和达到的运作效果。因此,资源集成的资源功能特征域可以表示成三元的架构数组,具体表达式如下:

$$Res_{int\text{-}fun} = \{Res_{int\text{-}fun}. Unit, Res_{int\text{-}fun}. Task, Res_{int\text{-}fun}. Result\} \quad (7.1)$$

$Res_{int\text{-}fun}$. Unit 为物流资源主体,按照面向对象的技术方法,表述在该资源类型下资源所提供的最大载荷信息以及服务形式,并可成为资源集成和重构的关键索引;$Res_{int\text{-}fun}$. Task 为资源任务对象,表示资源能够承担的物流任务以及任务的相关特征和内容描述;$Res_{int\text{-}fun}$. Result 为资源服务效果,表示资源承担物流任务所需花费的费用、时间需求以及所能提供的服务质量。

3. $Res_{int\text{-}rel}$ 资源间关联关系域

通过资源集成形式的分析可以得知,混合集成形式是协同物流网络资源集成的主要方式,这种集成形式是网络中广分布、多来源资源形成虚拟群体的外在表现形式。资源多层次、多地域和多隶属组织的复杂情况,使得资源集成形成的资源间关联关系错综复杂,因此要实现资源集成优化,就需要描述资源间形成的这种繁杂关系。

资源集成的资源间关联关系域是描述资源间互动关系的集合,这些关系包括资源间的协作关系 $Res_{int\text{-}rel}$. Cooperation、互斥关系 $Res_{int\text{-}rel}$. Exclusive、耦合关系 $Res_{int\text{-}rel}$. Coupling、隶属关系 $Res_{int\text{-}rel}$. Attacting、空间地域关系 $Res_{int\text{-}rel}$. Space 和时间衔接关系 $Res_{int\text{-}rel}$. Connect 等,具体表达式如下:

$$\begin{aligned}Res_{int\text{-}rel} = \{&Res_{int\text{-}rel}. Cooperation, Res_{int\text{-}rel}. Exclusive, Res_{int\text{-}rel}. Coupling,\\ &Res_{int\text{-}rel}. Attacting, Res_{int\text{-}rel}. Space, Res_{int\text{-}rel}. Connect\}\end{aligned} \quad (7.2)$$

资源间关联关系往往都是一对多或是多对多的复杂关系;同时,协同物流网络是一个开放的复杂系统,导致资源间关系具有非唯一性、动态性和多边性等特点,这使得必须根据实际情况和资源关系状态来进行资源集成。

4. $Res_{int\text{-}com}$ 资源间沟通机制域

该域主要是从技术角度保证协同物流网络资源集成的通信畅通,以实现分布环境下资源对象的共享集成与调度,主要包括信息驱动 $\text{Res}_{\text{int-com}}.\text{Driven}$ 和业务封装 $\text{Res}_{\text{int-com}}.\text{Packaging}$ 两个组分,具体表达式如下:

$$\text{Res}_{\text{int-com}} = \{\text{Res}_{\text{int-com}}.\text{Driven}, \text{Res}_{\text{int-com}}.\text{Packaging}\} \tag{7.3}$$

$\text{Res}_{\text{int-com}}.\text{Driven}$ 主要是指在通信协议基础上,将资源提供者的信息以规范的方式发布;$\text{Res}_{\text{int-com}}.\text{Packaging}$ 对资源提供者的信息处理函数、请求处理接口和接收触发接口按标准进行封装,以实现资源的调度集成。

7.1.3 资源集成的主体框架

产品生产的连续性要求协同物流网络对其生成的物流任务包实现快速响应,这要求网络中的资源在尽量短的时间内从逻辑上实现最优资源组合方案的资源集成[160],也就是资源的快速重构。可以说,资源快速响应重构过程,必然伴随着资源集成活动。同时,资源信息的模糊性、非对称性、动态性和不确定性等,都对资源的快速集成和重构响应提出了苛刻的要求。因此,搭建资源集成的主体框架成为支持资源重构活动的必要先行条件。资源集成的框架由上到下主要分为任务执行层、决策支持层、协调运作层、数据映射层和物理资源层等五个层次。协同物流网络资源集成的主体框架如图 7.3 所示。

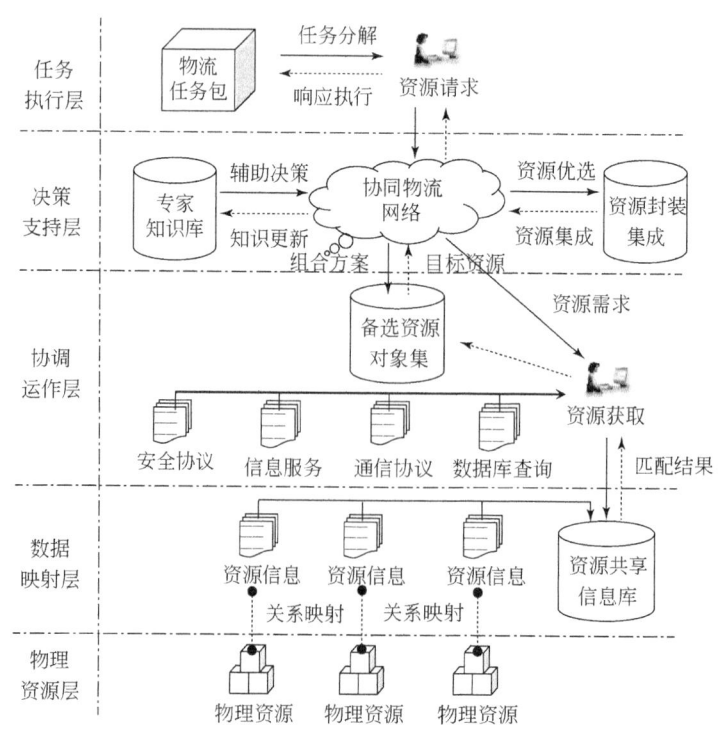

图 7.3 协同物流网络资源集成的主体框架

7.2 协同物流网络资源集成的具体步骤

协同物流网络资源集成的对象不是网络中大量的异构分布资源，而是以资源获取阶段优选匹配所得的备选资源为对象，经过一系列注册、封装、共享等操作活动来实现资源的动态集成。资源集成是连接资源提供者和资源需求者之间的纽带，其目的是为资源需求者提供匹配的资源组合方案，以资源快速重构响应需求。

7.2.1 资源注册与封装耦合

外部资源要加入协同物流网络提供资源服务，必须要先进行资源注册，表明该资源在网络中存在，然后将资源封装并共享，最终使其成为网络的节点组成。在进行资源注册之前，先要对资源进行统一建模描述，实现资源属性信息标准化表述，消除异构资源间的沟通障碍。资源注册的主要内容包括资源信息建模描述和资源使用概述（接口定义、功能特征、有效期限、服务方式和共享策略等）[142]。

资源注册后要按照一定的规范将异构资源进行标准化封装，以做到资源的"模块化"使用，即封装后的资源不再受其内部结构的影响，其提供的将是稳定可靠的"即插即用式"资源服务。一般来说，由于资源类型的不同，协同物流网络也会提供相应的资源封装模板，借助模板封装参数实现对不同资源的封装[161]，同时，随着外部环境动态发展和网络内部关系的调整，通过授权也可以自建封装模板，将其存储到网络的封装模板库，实现异构资源的标准化。

资源封装的流程如图7.4所示。

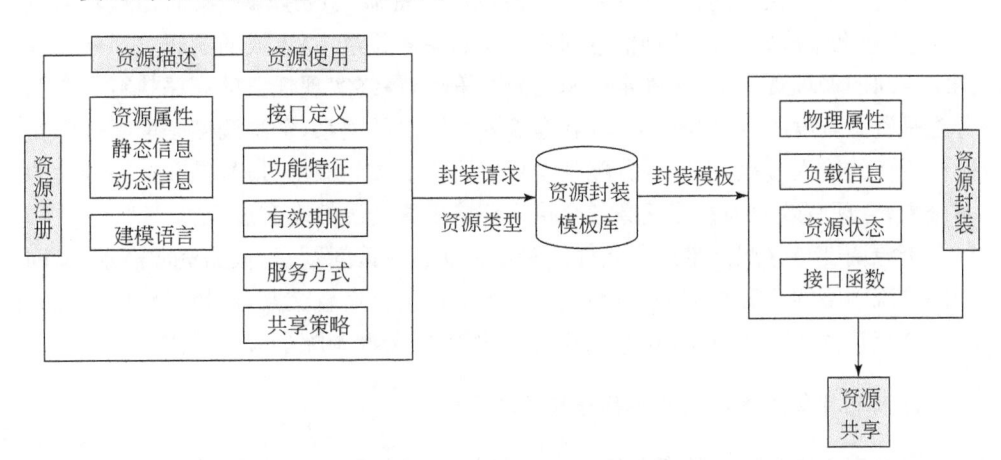

图7.4 资源封装的流程

7.2.2 资源协同与共享设计

资源协同是就资源的使用权和服务特性而言的,在传统的物流体系中,每个节点的物流资源具有独占性和内向服务的特点,其他节点无法享用该节点提供的服务。协同物流网络则不同,经过注册封装后的资源具有共享性和外向性,其提供的封装服务面向整个网络中的全体成员。资源共享则是资源协同的拓展。具体来说,就是明确节点所能提供的共享资源(其他节点也可以使用的资源),将其与内向型资源分离后,与相应的使用条件约束等附件一起封装,对外提供共享服务。资源共享是资源集成的重要组成部分,其将各种不同类型的异构分布资源经过封装后共享到整个网络中,为资源有效集成打下了坚实的基础,为提供高效的服务水平提供了有力支持。

在协同物流网络资源集成过程中,资源的注册与封装都是为了能提供更有效的物流服务,以便更好、更快地满足和响应物流任务。如果仅是进行了注册封装,而资源在网络中处于闲置状态,则只是表明了资源的使用价值,而无法体现其应用价值。因此,只有通过资源间的协同与共享设计,将网络中分布的、跨组织的分散资源联系起来,提供模块化的集成组合服务,才能弥补独立资源的服务不完整、资源供需不平衡、沟通效率低下等不足,实现其真正的应用价值。

7.2.3 资源调度与分配管理

资源集成的组合方案确定后,将要进行的就是资源触发和协调,也就是资源调度与分配管理。在协同物流网络中,资源调度是资源集成逻辑关系的物理映射过程,主要根据集成资源的各种信息和资源间的关联关系,将形成的逻辑关系映射到网络空间的物理资源上,并确定资源的分配策略,最终实现任务的有序执行。资源分配是资源调度的补充与延伸,两者是输入与输出的关系,资源调度是取得资源实际使用权的输入过程,而资源分配则是将使用权下放的输出过程,是在资源调度的基础上,合理有效地为物流任务各个执行环节配置资源的动态过程。

资源调度与分配是带约束条件的多目标动态决策问题,是根据资源需求,借助协同物流网络的资源共享平台,通过与资源节点进行信息交互,选择最佳的资源节点与物流任务执行环节相匹配。协同物流网络的资源调配具有以下特点。

1. 调配对象是跨组织的异构分散物理资源

资源集成决策形成的资源组合方案仅具有逻辑意义,要使资源有效执行物流任务,必须进行物理意义的资源调配。虽然数据库中资源信息是统一的标准化结构,但是实际中不同的资源地理分布、所属组织、资源类型和内部结构等也是千差万别的。可以说,协同物流网络的资源调配是在统一共享平台下,根据数据库中资源信息与物理资源的数据映射关系进行的异构资源调配。

2. 调配过程不涉及资源节点的内部关系

在协同物流网络中,各资源节点都是独立自治的,外部资源个体经过注册封装后加入网络,成为网络中的节点,资源节点内部的各种信息和关系等经过封装后,对外提供网络能够识别的规范服务。资源节点是网络中资源调度的最小基元,因此资源调配仅是针对资源节点提供的服务,不涉及其节点的内部情况。

3. 调配主体要求具备动态自适应和可扩展性

协同物流网络作为一个动态开放的系统,会不断与外界进行能量交换,这主要体现在资源个体的加入与退出,网络中资源结构与关系的动态变化要求资源调配主体必须具备动态自适应能力,以便应对网络中资源情况的动态变化。同时,随着网络的不断发展壮大,资源的规模数量持续增加,这就要求资源调配主体具备扩展能力。

7.3 协同物流网络的资源优化调配

关于资源调度问题的研究多集中在生产制造和交通运输方面[162],对物流资源调度的研究多集中在运输节点和路径的个体或组合优化方面。调度问题已被证明是 NP 问题,不能采用传统的数学解析方法进行优化求解,必须通过非线性的人工智能方法近似求解。对协同物流网络来说,资源优化调配问题是一个自适应自动化技术、系统工程理论和人工智能方法等多学科多技术领域耦合的综合优化问题。

7.3.1 资源优化调配问题描述

资源调配问题通常都被定义成分配一组资源执行一组任务[163]。在协同物流网络中资源优化调度是在保障调配目标(如时间最短、成本最低等)的前提下,对涉及的调配资源、物流任务各环节执行顺序和时间等的优化操作活动。资源优化调配问题的具体描述如下。

1. 资源集成方案描述

这一环节是资源优化调配的行动指南,即明确资源调配的资源对象,通过对资源集成的关系模型 $Res_{int\text{-}model}$ 进行描述,了解资源集成的组合方案,提取 $Res_{int\text{-}pro}$ 和 $Res_{int\text{-}fun}$ 两个域的内容,明确资源的种类、数量等,为资源调配与物理资源建立映射

关系集 $Res_{sch\text{-}set}$ 提供准备。

2. 资源调配任务描述

调取资源集成关系模型 $Res_{int\text{-}model}$ 中的 $Res_{int\text{-}rel}$ 和 $Res_{int\text{-}com}$ 两个域的内容,结合物流任务包集 $Log.Task = \{T_1, T_2, \cdots, T_m\}$ 和资源调配建立的映射关系集 $Res_{sch\text{-}set} = \{R_1, R_2, \cdots, R_m\}$,建立资源调配的任务环节——资源调配方案集 $T.R$,具体形式如下所示:

$$T.R = \begin{cases} T_1 R_{f \times i} \\ T_2 R_{g \times j} \\ \vdots \\ T_m R_{h \times k} \end{cases} \tag{7.4}$$

式中,$T_m R_{h \times k}$ 为 T_m 项物流任务 h 个物流环节 k 个调配方案,$R_{h \times k}$ 形式如下所示:

$$R_{h \times k} = \begin{cases} R_{11} & R_{12} & \cdots & R_{1k} \\ R_{21} & R_{22} & \cdots & R_{2k} \\ \vdots & \vdots & & \vdots \\ R_{h1} & R_{h2} & \cdots & R_{hk} \end{cases} \tag{7.5}$$

3. 资源调配手段描述

资源调配方案的实现需要借助调配技术手段集 $Res_{sch\text{-}meth}$,综合当前资源调度的技术手段[164],主要有启发式智能资源调度、Petri 网资源调度[165]、网格资源调度[166]、基于 agent 的资源调度等[167]。

7.3.2 multi-agent 调配优化机制

协同物流网络中资源具有异构分布、独立自治和动态多变等特征,增加了资源调配的难度。移动 agent 技术具有分散模块化自治、网络沟通协作和结构动态开放的特点,且对不确定信息和知识具有较强的容错能力,能及时消除由资源差异带来的障碍,可以很好地解决网络资源调度过程中存在的问题,为用户提供高效的资源响应服务,因此成为资源调度依赖的主要技术手段。独立的智能体(agent)仅是面向某一事物或是某一环节的,其能力具有局限性。面对网络中复杂的资源调配问题,需要多智能体(multi-agent)相互沟通协调,共同完成资源调配问题求解。

multi-agent 资源调度的基本思路是:将协同物流网络中的分布资源封装成资源 agent,因此资源调配的对象可以看作一个资源 agent 集,当接到来自产品生产的物流任务包时,将其资源需求及相关的约束条件封装成任务 agent,随之产生管理 agent,用以保障任务 agent 和资源 agent 之间的协调,并监控任务的实施。在任务实施过程中,为保证产品生产的连续性,要求任务 agent 不能更改,因此该类 agent 不提供任何操作接口。在此基础上,形成的多层调配优化机制模型如图 7.5 所示。

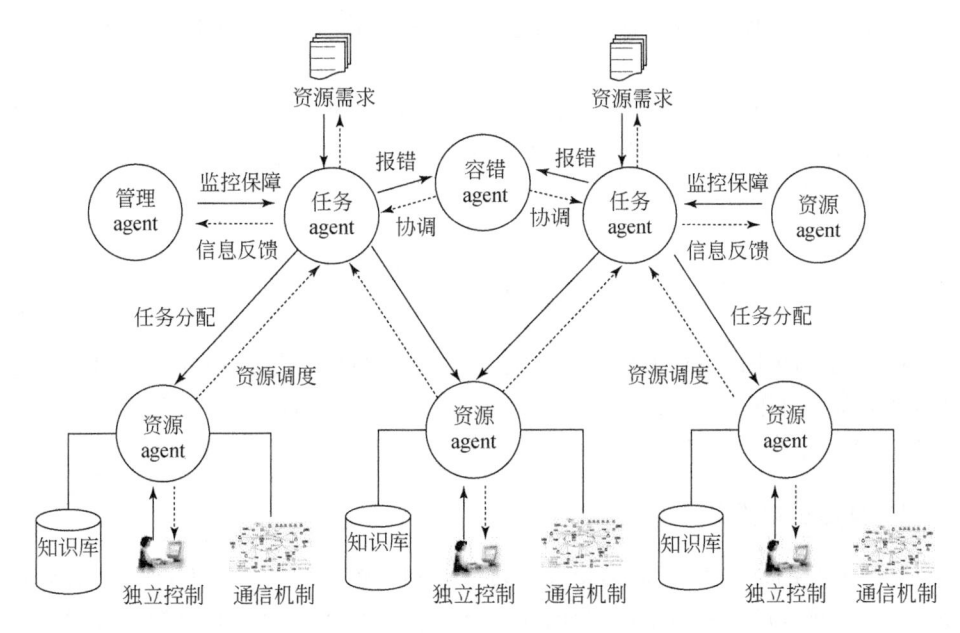

图 7.5 基于 multi-agent 的多层调配优化机制模型

7.4 本章小结

资源集成是以资源获取阶段的优选资源为对象,主要为协同物流网络提供资源注册与封装、协调与共享、调度与分配等服务,与单资源的资源获取不同,该阶段提供的是多资源组合服务。本章在对协同物流网络资源集成主要内容总结的基础上,提出了资源集成的具体步骤,并结合 multi-agent 技术,提出了资源集成多层调配优化机制模型。

第8章 考虑不确定影响的协同物流网络资源调配研究

考虑供应商、中转仓库和销售商之间的关系以及时间等不确定因素,建立带有随机约束的双层规划资源调配模型,并提出一种遗传模拟退火的混合智能算法,以此来求解该问题。

8.1 资源调配问题描述

协同物流网络的资源调配是满足物流供需网络的途径,其宗旨是协同物流网络企业内部与外部资源,使得供应商、中转节点到销售商的供应链系统能有效结合,以实现最低的成本及最优质的服务。

8.1.1 问题基本假设

本章研究的是多供应商、多仓库中转节点和多销售商的资源调配优化决策问题。供应商提供的原材料价格、距离远近使运输成本均不一样,其目标是获取最高的利润回报。同时,销售商根据自己的需求,将其各个仓库中转站的各项费用的成本进行比较,选择其成本最低的一方或多方进行运输调配,这也需要将整个物流网络的各阶段集中考虑。这种利益背反关系可以运用双层规划模型(bi-level programming)来解释。上层规划描述为供应商在满足中转节点需求的前提下,如何实现自己的利润最大化;而下层规划描述为综合考虑仓库中转节点和销售商的关系,以产生最低的成本。

为了更好地研究,该问题用数学语言描述为:假设物流网络 N 由供应商 $\{S_i | i=1,2,\cdots,n_i\}$、中转仓库 $\{M_j | j=1,2,\cdots,n_j\}$、销售商 $\{P_k | k=1,2,\cdots,n_k\}$ 和节点之间链路 $\{R | R \in R_{S_iM_j} \cup R_{M_jP_k}\}$ 构成,其中物流节点为 $\{O | O \in S \cup M \cup P\}$。当销售商 P_k 发出资源 $\{l | l=1,2,\cdots,n_l\}$ 的需求量 $D_l^{P_k}$ 时,产品将从中转仓库 M_j 运送到销售商 P_k。$X_{M_jP_k}^l$ 表示从仓库 M_j 配送产品 l 到销售商 P_k 的数量,$X_{S_iM_j}^l$ 表示供应商 S_i 配送原材料到仓库 M_j 的数量。$\{E(R) | E(R) \in E(R_{S_iM_j}) \cup E(R_{M_jP_k})\}$ 表示各个物流节点之间的距离。物流节点分布在不同地区,其处理相同单位的产品运输、仓储、包装加工的费用也不尽相同,因此 $\{C(R) | C(R) \in C(R_{S_iM_j}^l) \cup C(R_{M_jP_k}^l)\}$ 表示各个物流节点间运送资源 l 单位距离的费用;$C(f_O^l)$ 和 $C(g_O^l)$ 分别表示各物流节点对于资源 l 的单位仓储费用和生产加工费用(包括人工费);而供

应商作为提供方,对于资源 l 其给中转仓库的报价为 $C(X_{S_iM_j}^l)$。考虑到物流各节点对资源的订单处理、配送有一定的时间需求,销售商对仓库、仓库对供应商的交货时间要求分别为 $T_{M_jP_k}^l$ 和 $T_{S_iM_j}^l$,订单处理和生产加工时间分别为 $T_{M_jP_k}'^l$、$T_{S_iM_j}'^l$ 和 $T_{M_jP_k}''^l$、$T_{S_iM_j}''^l$,采取运输的车辆最大装载量分别为 $G_{M_jP_k}$ 和 $G_{S_iM_j}$。

在研究过程中,为简化模型,做如下假定:

(1)各物流节点之间运输方式均为陆运。

(2)各物流节点行驶路线及距离已被知晓,且为固定的。

(3)各物流节点之间的运输过程中,车辆平均车速均为 V。

8.1.2 不确定性指标描述

做好协同物流网络资源调配,务必降低运作过程中的不确定性。协同物流网络资源调配过程中的不确定性来源主要包括供应商的不确定性、生产者的不确定性以及配送的不确定性,不同原因造成的表现形式也各不相同。首先,供应商在接到订货通知时,存在订单处理延迟、发货延迟等情况;其次,由于生产计划的复杂性,仓库中转节点或供应商不能提前预测实际生产条件以及生产环境,难免会造成实际生产与计划生产的偏差,同时也存在系统发生故障的可能,从而产生延迟生产、推迟发货等情况;最后,从供应商到仓库中转节点、从仓库中转节点到销售商各阶段的配送过程也有诸多不确定因素影响其运输效率,如天气气候、运输的时间段、配送方式的性能,或意外交通事故,会导致运输延迟、失效等情况。

因此,为了稳定系统运行,提高系统的可靠性,增加资源调配的可操作性及可实现性,获取最优调配方案,本章对资源调配过程中的不确定性指标进行描述,主要包括各节点订单处理效率、生产加工至发货时间以及各级节点之间的运输配送情况。

8.2 考虑不确定性资源调配模型

8.2.1 双层规划模型构建

(1)上层规划以供应商和仓库中转节点的关系为主体,考虑供应商的利润最大化,具体模型为

$$\max F_1 = \sum_{j=1}^{n_j}\sum_{k=1}^{n_k}\sum_{l=1}^{n_l}\sum_{i=1}^{n_i}[C(X_{S_iM_j}^l) - C(R_{S_iM_j}^l)E(R_{S_iM_j}) - C(f_{S_i}^l) - C(g_{S_i}^l)]X_{S_iM_j}^l u_i$$

(8.1)

$$\sum_{i=1}^{n_i} u_i \geqslant 1$$

(8.2)

$$G_{S_iM_j} \geqslant X^l_{S_iM_j} \quad (8.3)$$

$$\Pr\left[T'^l_{S_iM_j} + T''^l_{S_iM_j} + \frac{E(R_{S_iM_j})}{V} \leqslant T^l_{S_iM_j}\right] = \alpha \quad (8.4)$$

$$u_i X^l_{S_iM_j} = X^l_{M_jP_k} \quad (8.5)$$

$$X^l_{S_iM_j} \geqslant 0, \quad i=1,2,\cdots,n_i, \quad j=1,2,\cdots,n_j \quad (8.6)$$

$$u_i \in \{0,1\} \quad (8.7)$$

式(8.1)表示从供应商的角度来看,其追求利益利润最大化,成本包括运输成本、仓储成本和生产制造成本;式(8.2)表示保证仓库中转节点至少选择一个供应商进行供货;式(8.3)表示供应商提供的资源数量不能超过其车辆装载最大容量;式(8.4)表示供应商订单处理时间、生产加工时间以及运输时间不能超过仓库中转节点规定的最长时间的概率为 α;式(8.5)表示仓库中转节点提供的资源数量等于所有供应商对其提供的资源数量;式(8.6)表示资源需求为正;式(8.7)为供应商的 0-1 变量约束,选择供应商 i 的值为 1,不选择供应商 i 的值为 0。

(2)下层规划考虑仓库中转节点和销售商的关系,考虑总成本最小化,具体模型为

$$\min F_2 = \sum_{j=1}^{n_j}\sum_{k=1}^{n_k}\sum_{l=1}^{n_l}\sum_{j=1}^{n_j}\left[C(R^l_{M_jP_k})E(R_{M_jP_k}) + C(f^l_{M_j}) + C(g^l_{M_j})\right]X^l_{M_jP_k}u_j \quad (8.8)$$

$$\sum_{j=1}^{n_j} u_j \geqslant 1 \quad (8.9)$$

$$\sum_{j=1}^{n_j}\sum_{k=1}^{n_k}\sum_{l=1}^{n_l} u_j X^l_{M_jP_k} \geqslant D^{P_k}_l \quad (8.10)$$

$$G_{M_jR_k} \geqslant X^l_{M_jP_k} \quad (8.11)$$

$$\Pr\left[T'^l_{M_jP_k} + T''^l_{M_jP_k} + \frac{E(R_{M_jP_k})}{V} \leqslant T^l_{M_jP_k}\right] = \beta \quad (8.12)$$

$$X^l_{M_jP_k} \geqslant 0, \quad j=1,2,\cdots,n_j, \quad k=1,2,\cdots,n_k \quad (8.13)$$

$$u_j \in \{0,1\} \quad (8.14)$$

式(8.8)表示仓库中转节点和销售商作为一体,追求成本最小化的目标,包括运输成本、仓储成本和生产制造成本;式(8.9)表示保证销售商至少选择一个仓库中转节点进行供货;式(8.10)表示选择后所有的仓库中转节点提供的产品资源总和要满足销售商 P_k 的需求;式(8.11)表示销售商提供的资源数量不能超过其车辆最大装载量;式(8.12)表示订单处理时间、生产加工时间以及运输时间不能超过销售商规定的最长时间的概率为 β;式(8.13)表示资源需求为正;式(8.14)为仓库中转节点的 0-1 变量约束,选择仓库 j 的值为 1,不选择仓库 j 的值为 0。

8.2.2 不确定性指标约束转化

对于供应商在销售商时间要求上,运输过程和订单处理过程存在不确定因素,需要将其转化为确定性约束。目前,求解随机规划约束的方法大概有两种:一种是将随机规划约束通过一定变化,转化为确定性的数学规划,再利用已有的解决确定性数学规划的方法求解;第二种是基于逼近函数的思想,采用神经网络等智能算法求解[168]。

本书因随机规划转化后需求解双层规划,因此采用第一种方法。订单处理时间 $T'^l_{M_jP_k}$ 和 $T'^l_{S_iM_j}$ 分别服从正态分布 $T'^l_{M_jP_k} \sim N[\mu(T'^l_{M_jP_k}), \sigma(T'^l_{M_jP_k})^2]$ 和 $T'^l_{S_iM_j} \sim N[\mu(T'^l_{S_iM_j}), \sigma(T'^l_{S_iM_j})^2]$,生产加工时间 $T''^l_{M_jP_k}$ 和 $T''^l_{S_iM_j}$ 分别服从正态分布 $T''^l_{M_jP_k} \sim N[\mu(T''^l_{M_jP_k}), \sigma(T''^l_{M_jP_k})^2]$ 和 $T''^l_{S_iM_j} \sim N[\mu(T''^l_{S_iM_j}), \sigma(T''^l_{S_iM_j})^2]$,运输时间 $\dfrac{E(R_{M_jP_k})}{V}$ 和 $\dfrac{E(R_{S_iM_j})}{V}$ 分别服从正态分布 $\dfrac{E(R_{M_jP_k})}{V} \sim N\left\{\mu\left[\dfrac{E(R_{M_jP_k})}{V}\right], \sigma\left[\dfrac{E(R_{M_jP_k})}{V}\right]^2\right\}$ 和 $\dfrac{E(R_{S_iM_j})}{V} \sim N\left\{\mu\left[\dfrac{E(R_{S_iM_j})}{V}\right], \sigma\left[\dfrac{E(R_{S_iM_j})}{V}\right]^2\right\}$。

则随机规划约束 $\Pr\left[T'^l_{S_iM_j} + T''^l_{S_iM_j} + \dfrac{E(R_{S_iM_j})}{V} \leqslant T^l_{S_iM_j}\right] = \alpha$ 可转化为

$$\mu(T'^l_{S_iM_j}) + \phi^{-1}(\alpha)\sigma(T'^l_{S_iM_j}) + \mu(T''^l_{S_iM_j}) + \phi^{-1}(\alpha)\sigma(T''^l_{S_iM_j}) + \mu\left[\dfrac{E(R_{S_iM_j})}{V}\right]$$
$$+ \phi^{-1}(\alpha)\sigma\left[\dfrac{E(R_{S_iM_j})}{V}\right] \leqslant T^l_{S_iM_j} \quad (8.15)$$

随机规划约束 $\Pr\left[T'^l_{M_jP_k} + T''^l_{M_jP_k} + \dfrac{E(R_{M_jP_k})}{V} \leqslant T^l_{M_jP_k}\right] = \beta$ 可转化为

$$\mu(T'^l_{M_jP_k}) + \phi^{-1}(\alpha)\sigma(T'^l_{M_jP_k}) + \mu(T''^l_{M_jP_k}) + \phi^{-1}(\alpha)\sigma(T''^l_{M_jP_k}) + \mu\left[\dfrac{E(R_{M_jP_k})}{V}\right]$$
$$+ \phi^{-1}(\alpha)\sigma\left[\dfrac{E(R_{M_jP_k})}{V}\right] \leqslant T^l_{M_jP_k} \quad (8.16)$$

8.2.3 模型求解方案设计

遗传模拟退火算法的基本思想是:首先对上层规划的变量进行编码,通过求解下层规划计算每个串的适应度。再通过复制、交叉、变异和模拟退火,即可得到最佳串[169]。如图8.1所示,具体步骤如下。

(1)步骤1:初始化设置。

①设定相关参数,包括遗传算法中的交叉概率 P_c、变异概率 P_m、每一代产生的种群中的个体(染色体)数目以及最大进化代数 Maxgen,设置进化代数 gen=0。

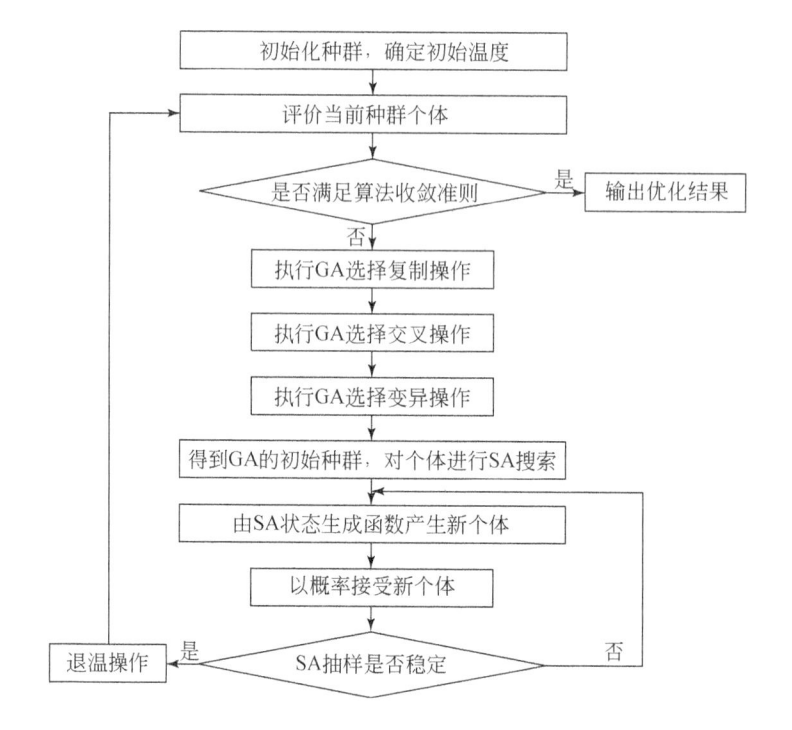

图 8.1 遗传模拟退火算法求解思路

GA 表示遗传算法(genetic algorithm);SA 表示模拟退火算法(simulated annealing algorithm)

②确定模拟退火算法中的内循环次数 M 以及初始温度 T_0,令 $T=T_0$。

③根据上层规划问题的目标函数 F_1 确定合理的适应度函数,确定将上层规划问题的决策变量 u 进行编码的方式,产生初始的种群,$X(1)=[\cdots,x_i(1),\cdots](i=1,2,\cdots,N)$,设置 gen=1。

(2)步骤 2:将 $X(\text{gen})$ 代入下层规划进行 UE(用户均衡)分配计算,得到配流模式,随后计算出每个个体 $x_i(\text{gen})(i=1,2,\cdots,N)$ 的适应度。当 gen=Maxgen 时,适应度最大的染色体即为资源调配的最优解;否则转入步骤 3。

(3)步骤 3:根据适应度分布进行种群的复制 $X(\text{gen})$。

(4)步骤 4:执行交叉操作,交叉概率为 P_c。

(5)步骤 5:执行变异操作,变异概率为 P_m,令 gen=gen+1,得到新的种群 $X(\text{gen})$,计算 $X(\text{gen})$ 中每个个体的适应度。

(6)步骤 6:令 $i=1$,对种群 $X(\text{gen})$ 进行模拟退火操作。

①若 $i=N$,转步骤 7;否则,令循环轮次计数 $k=1$,转步骤 6②。

②利用状态生成函数产生新个体 $x_i(\text{gen})$,并对新个体进行解码后代入下层规划问题 F_2 进行 UE 分配计算,从而得到上层规划的目标函数值,并计算其适应度。

③以梅特罗波利斯(Metropolis)的概率接受公式接受新个体。
④若 $k=M$,令 $i=i+1$,转步骤6①;否则,令 $k=k+1$,转步骤6②。
(7)步骤7:进行退温操作,令 $T=0.5T$,转步骤2。

说明:

(1)上层决策变量一般采取二进制编码,多变量编码方式为

决策变量	$u=u_1$	u_2	…	u_n
映射	↓	↓	↓	↓
染色体(串)	$x=0011$	1011	…	0110

(2)在步骤1③中,子串长度 β 与决策变量所取精度 π 的关系为

$$\beta \geqslant \log_2\left(\frac{u_{max}-u_{min}}{\pi}+1\right) \tag{8.17}$$

(3)在步骤6②中,SA 状态生成函数可以随机交换染色体中两个不同基因的位置,也可将染色体中不同随机位置间的基因串逆序,如

决策变量	$u=$	u_1		u_2
基因位置		2 5		3 7
染色体	$x=$	01100101		10110101

假设各变量随机产生位置分别为 2、5 与 3、7,则进行交换和逆序后的新个体为

$$x_1 = 00101101 \mid 10010111$$
$$x_2 = 00011101 \mid 10010111$$

8.3 资源调配过程算例仿真

协同物流网络资源调配模型是来源于实践物流问题的数学抽象模型,考虑到现实问题的复杂性和数学抽象模型的简洁性,协同物流网络资源调配算例设计并未包括所有的运行细节,仅涉及对网络运行中关键因素及节点的分析。

8.3.1 算例设计

以某运动鞋品牌生产-销售之间形成的协同物流网络为例,产品销售商 P_1 依据拟定的销售计划和各类产品订单数量,向中转仓库提出了某款运动鞋 4000 件的需求。假设物流任务由 4 个供应商、3 个中转仓库可供选择供货,各物流节点之间运

输过程中,车辆平均车速均为 40km/h,供应商到中转仓库、中转仓库到销售商的最大装载量分别为 2000 件和 3000 件,具体安排如图 8.2 所示。各供应商到各中转仓库的距离见表 8.1,提供的原材料价格、单位仓储、生产加工、运输费用见表 8.2。各中转仓库到销售商的距离、提供的单位仓储、生产加工和运输费用见表 8.3。

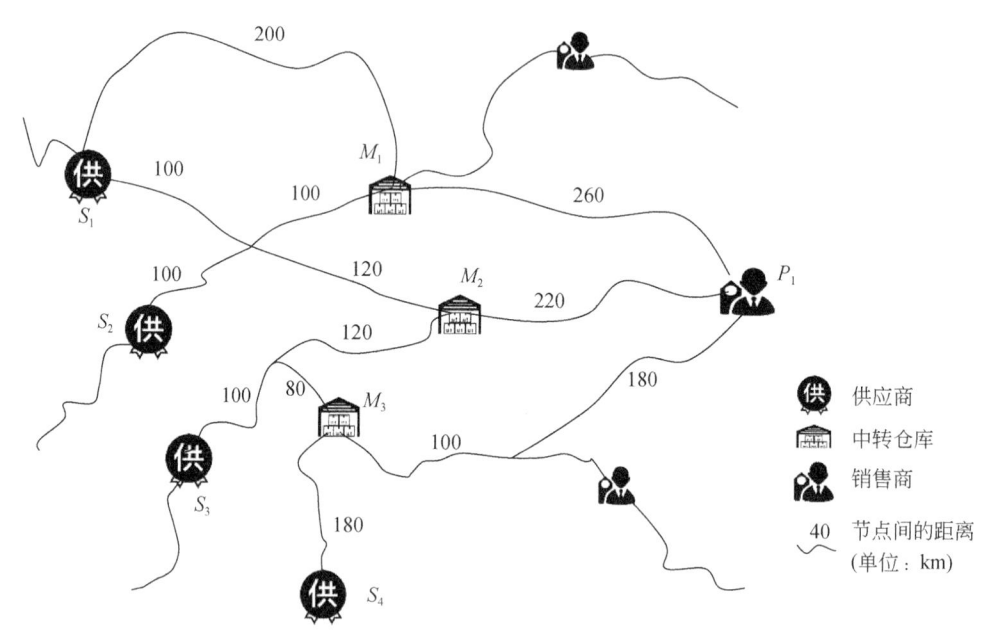

图 8.2 某运动鞋品牌协同物流网络示意图

表 8.1 各供应商到各中转仓库的距离 （单位:km）

供应商	M_1	M_2	M_3
S_1	2.0×10^2	2.4×10^2	∞
S_2	2.4×10^2	2.2×10^2	∞
S_3	∞	2.2×10^2	1.8×10^2
S_4	∞	∞	1.8×10^2

表 8.2 各供应商的原材料价格、单位仓储、生产加工和运输费用 （单位:元）

供应商	原材料价格	仓储费用	加工费用	运输费用
S_1	1.1×10^2	1.0×10^{-1}	1.5×10^{-1}	2.0×10^{-2}
S_2	1.0×10^2	1.5×10^{-1}	1.5×10^{-1}	3.0×10^{-2}
S_3	1.1×10^2	1.0×10^{-1}	1.0×10^{-1}	3.5×10^{-2}
S_4	1.0×10^2	1.5×10^{-1}	1.0×10^{-1}	2.5×10^{-2}

表 8.3 各中转仓库到销售商的距离以及单位仓储、生产加工和运输费用

中转仓库	距离/km	仓储费用/元	加工费用/元	运输费用/元
M_1	2.6×10^2	2×10^{-1}	2.5×10^{-1}	2×10^{-2}
M_2	2.2×10^2	3×10^{-1}	2×10^{-1}	2.5×10^{-2}
M_3	2.8×10^2	2×10^{-1}	1.5×10^{-1}	1.5×10^{-2}

8.3.2 计算分析

根据实际情况,供应商、仓库中转节点和销售商规定单个点的物料送达时间为 10h 和 12h,由于供应商和仓库中转节点在订单处理、生产加工等方面存在不确定因素,时间服从的正态分布见表 8.4,运输上存在不确定因素,时间服从的正态分布见表 8.5,区间以 $\mu \pm 3\sigma$ 取值,即取值点落在该区间的概率为 99.73%,保障各项物流任务在仓库中转节点和销售商规定时间内完成的概率均为 90%,即 α、β 均为 90%。

表 8.4 供应商和仓库中转节点订单处理、生产加工不确定性指标取值区间 (单位:h)

节点	订单处理时间	生产加工时间
供应商	$N(1 \times 10^{-1}, 5)$	$N(1, 5)$
仓库中转节点	$N(2 \times 10^{-1}, 5)$	$N(5 \times 10^{-1}, 5)$

表 8.5 供应商-仓库中转节点-销售商运输时间不确定性指标取值区间 (单位:h)

供应商	中转仓库		
	M_1	M_2	M_3
S_1	$N(5,5)$	$N(6,5)$	∞
S_2	$N(6,5)$	$N(5.5,5)$	∞
S_3	∞	$N(5.5,5)$	$N(4.5,5)$
S_4	∞	∞	$N(4.5,5)$
销售商	$N(6.5,5)$	$N(5.5,5)$	$N(7,5)$

算法参数取值如下:种群规模为 50,交叉概率为 0.6,变异概率为 0.1,降温系数为 0.95,温度初始值为 100。

8.3.3 结果分析

用 MATLAB 7.0 经过多次计算试验,遗传模拟退火算法迭代 5 次后得到最优解,而传统遗传算法迭代次数为 64,如图 8.3 所示,遗传模拟退火算法最优解见表 8.6。

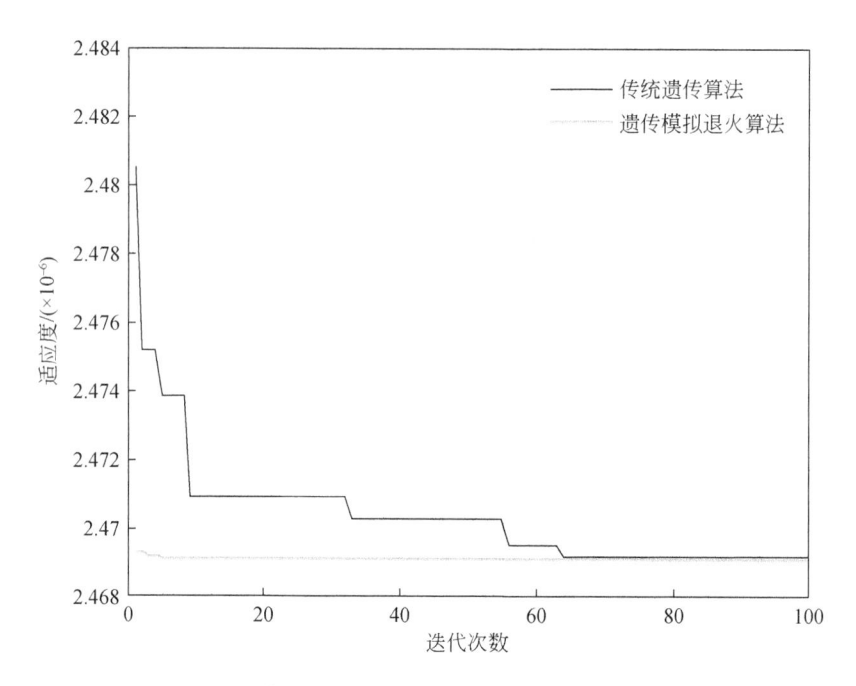

图 8.3　遗传模拟退火算法和传统遗传算法收敛对比图

表 8.6　各供应商到各仓库中转节点资源调配数量

供应商	中转仓库		
	M_1	M_2	M_3
S_1	1×10^3		
S_2			
S_3			
S_4		1.99999×10^3	1.00001×10^3

由表 8.6 可以看出,供应商 S_1 调配 1000 个单位物料到中转仓库 M_1,供应商 S_4 分别调配 1999.99 和 1000.01 个单位物料到 M_2 和 M_3,在满足预期送货时间的基础上,使得供应商利润最大,约为 405000 元,销售商的成本最小,约为 19300 元。而传统遗传算法在满足预期送货时间的基础上,供应商利润最大为 404990 元,说明该解能使得双方利益最大化,由此验证了模型的可操作性以及优化性。

8.4　本章小结

本章建立了一个以供-销网络为基础的协同物流网络资源调配模型,该模型包括协同物流网络供应商、仓库中转节点、销售商以及其节点链路,以销售商需求为出发点,考虑运输时间、数量、调配成本等因素,建立了带有不确定影响的双层规划模型。在此基础上,运用遗传模拟退火算法对该模型进行求解分析,得出了一个既能使供应商利益最大化,又能使销售商成本最小化的最优方案。分析结果验证了模型的可行性和有效性,能够实现对协同物流网络资源调配提供最优的决策和方案。

第 9 章 考虑不确定影响的协同物流网络资源调配有序度研究

基于协同物流网络资源调配任务,在考虑运行时效和服务质量的前提下,提出一般模式下协同物流网络资源调配的有序度控制模型,运用关联维数和 Kolmogorov 熵组合方法,从变量选择、参数调整和强度变化等方面,研究网络资源调配过程中的熵变过程和结构演化,以此判断网络的混沌状态与复杂程度,对其运行状态进行优化控制。

9.1 资源调配有序度分析描述

协同物流网络的有序度是指在物流活动中其功能的准确程度,包括包装、仓储、运输、配送等。如果协同物流网络不能有序进行,将会导致物流网络成本增加、运行效率降低等后果。可见物流网络的有序度贯穿于资源调配的整个过程,所以如何衡量系统在其运行过程中的混沌与复杂程度,并且加以调整控制,是协同物流网络资源调配有序度研究的关键。

9.1.1 问题基本假设

为了更好地进行研究,该问题用数学语言描述为:假设物流网络 N 由供应商 S、中转仓库 M、销售商 P 和节点链路 R 构成,其中物流节点集合为 $\{O|O \in S \cup M \cup P\}$。每个节点包括搬运 w、仓储分拣 x、包装 y、运输 z 四个物流功能流程,功能集合为 $\{E|E \in w \cup x \cup y \cup z\}$,$f_l(P_k)$ 表示销售商 P_k 发出的第 l 项($l=1,2,\cdots,n_l$)物流任务,该项任务需由供应商 $S_{kl}^a(E)[S_{kl}^a(E) \in S, a=1,2,\cdots,A]$、中转仓库 $M_{kl}^b(E)[M_{kl}^b(E) \in M, b=1,2,\cdots,B]$ 和销售商 $P_{kl}^c(E)[P_{kl}^c(E) \in P, c=1,2,\cdots,C]$ 等节点共同协作完成。在特定功能节点处理 $p_{kl}(O^E)$ 单位物料流的额定时间为 $t_{kl}^0(O^E)$,$t_{kl}^0(O^E) \in [t_{1,kl}^0(O^E), t_{2,kl}^0(O^E)]$,实际完成时间为 $t_{kl}^0(O^E)'$,服务质量要求为 $q_{kl}^0(O^E)$,$q_{kl}^0(O^E) \in [q_{1,kl}^0(O^E), q_{2,kl}^0(O^E)]$,实际服务质量为 $q_{kl}^0(O^E)'$。

为给客户提供高效、优质的服务体验,协同物流网络在资源调配实践运作过程中,尤为注重运行时效和服务质量。这也是众多学者在协同物流网络运作管理研究中所关注的焦点。在协同物流网络生命周期中,如何在限定时间区间内有效衔接物流节点与匹配服务资源,并高效完成各项物流任务,是衡量网络运行是否有序的标准。可以说,运行时效和服务质量是评价协同物流网络有序度的重要指标。用 u 表示协同物流网络 N 的运行有序度,u_t 和 u_q 分别表示 N 中物流任务运行时效和服务质量的有序度。因此,$f_l(P_k)$ 项物流任务的综合有序度为 $u[f_l(P_k)]$,其表现水平受物流节点有序度 $u_O[f_l(P_k)]$ 的影响,$u_O[f_l(P_k)]$ 又由节点具体物流功能有序度 $u_O^E[f_l(P_k)]$ 耦合构成,而 $u_O^E[f_l(P_k)]$ 则与该节点物流功能的时效有序度 $u_{tO}^E[f_l(P_k)]$ 和质量有序度 $u_{qO}^E[f_l(P_k)]$ 紧密相关。因此,有效刻画和衡量 $u_{tO}^E[f_l(P_k)]$ 及 $u_{qO}^E[f_l(P_k)]$ 是协同物流网络资源调配有序度分析与控制的核心问题。

9.1.2 不确定性指标描述

协同物流网络资源调配有序度分析的不确定性指标主要体现在每个协作点的功能流程上,包括搬运、仓储分拣、包装以及运输。就一般情况来说,每个物流节点的每项功能流程根据完成量均有额定的限定标准,标准主要包括每项物流任务的服务完成时间和完成质量,而实际运作中,由于诸多不确定因素的影响,在服务完成时间上会使每项功能流程提前完成或推迟完成,在服务完成质量上准确完成是每个协作点所追求的目标。同样,不确定因素或操作失误,也会造成错误完成的情况。例如,仓储分拣过程中,分拣所耗费的时间是由机械设备的性能、分拣人员的数量和工作效率以及分拣资源数量的多少等因素共同决定的;在大批次、大批量的分拣过程中,分拣人员也会存在错分、漏分的可能性,以此降低服务质量和运行效率,从而影响协同物流网络的有序度。

因此,本章将各级协作点或协作厂商的功能流程(搬运、仓储分拣、包装以及运输)以服务时间和服务质量完成情况作为不确定性的指标,并以此共同衡量协同物流网络的有序度。

9.1.3 有序度设计计算

对 $f_l(P_k)$ 项物流任务,假设在运行过程中需要由供应商 S_a 使用其搬运功能 w 处理 p 单位物料,则该节点物流功能时效有序度 $u_{tS_a}^w[f_l(P_k)]$ 的计算表达式为[38]

$$u_{tS_a}^w[f_l(P_k)] = \frac{t_{2,kl}^p(S_a^w) - t_{kl}^p(S_a^w)'}{t_{2,kl}^p(S_a^w) - t_{1,kl}^p(S_a^w)} \tag{9.1}$$

式中,$t_{kl}^p(S_a^w)' \in [t_{1,kl}^p(S_a^w), t_{2,kl}^p(S_a^w)]$。当 $t_{kl}^p(S_a^w)' = t_{2,kl}^p(S_a^w)$ 时,$u_{tS_a}^w[f_l(P_k)] = 0$,表示协同物流网络 N 中该物流节点在 w 功能上处于独立临界,无协同作用产生;当 $t_{kl}^p(S_a^w)' = t_{1,kl}^p(S_a^w)$ 时,$u_{tS_a}^w[f_l(P_k)] = 1$,表示 N 中该物流节点在 w 功能上达到最佳,时效有序度最高。

该节点物流功能质量有序度 $u_{qS_a}^w[f_l(P_k)]$ 的计算表达式为

$$u_{qS_a}^w[f_l(P_k)] = \frac{q_{kl}^p(S_a^w)' - q_{1,kl}^p(S_a^w)}{q_{2,kl}^p(S_a^w) - q_{1,kl}^p(S_a^w)} \tag{9.2}$$

式中,$q_{kl}^p(S_a^w)' \in [q_{1,kl}^p(S_a^w), q_{2,kl}^p(S_a^w)]$。当 $q_{kl}^p(S_a^w)' = q_{1,kl}^p(S_a^w)$ 时,$u_{qS_a}^w[f_l(P_k)] = 0$,表示 N 中该物流节点的 w 功能服务质量低下,系统运行混乱;当 $q_{kl}^p(S_a^w)' = q_{2,kl}^p(S_a^w)$ 时,$u_{qS_a}^w[f_l(P_k)] = 1$,表示 N 中该物流节点的 w 功能服务效果最佳,质量有序度最高。

由节点物流功能的时效和质量有序度,可以得出 $f_l(P_k)$ 中供应商 S_a 使用其搬运功能 w 时的有序度 $u_{S_a}^w[f_l(P_k)]$ 为

$$u_{S_a}^w[f_l(P_k)] = \alpha_1 u_{tS_a}^w[f_l(P_k)] + \alpha_2 u_{qS_a}^w[f_l(P_k)] \tag{9.3}$$

式中,α_1 和 α_2 分别为 N 中节点物流功能的时效和质量有序度所占权重,$\alpha_1 + \alpha_2 = 1$。

$f_l(P_k)$ 中供应商 S_a 的有序度 $u_{S_a}[f_l(P_k)]$ 为

$$u_{S_a}[f_l(P_k)] = \beta_1 u_{S_a}^w[f_l(P_k)] + \beta_2 u_{S_a}^x[f_l(P_k)] + \beta_3 u_{S_a}^y[f_l(P_k)] + \beta_4 u_{S_a}^z[f_l(P_k)] \tag{9.4}$$

式中,β_1、β_2、β_3 和 β_4 分别表示 N 中节点具体物流功能有序度 w、x、y、z 所占权重,$\beta_1 + \beta_2 + \beta_3 + \beta_4 = 1$。

最终,可以得出供应商 S_a、中转仓库 M_b 与销售商 P_c 共同协作完成 $f_l(P_k)$ 项物流任务的综合有序度 $u[f_l(P_k)]$ 为

$$u[f_l(P_k)] = \theta_1 u_{S_a}[f_l(P_k)] + \theta_2 u_{M_b}[f_l(P_k)] + \theta_3 u_{P_c}[f_l(P_k)] \tag{9.5}$$

9.2　资源调配有序度分析模型

在协同物流网络 N 中销售商 P_k 发出的物流任务执行状况 $u[f_l(P_k)]$ 可由时间序列 $\{u[f_1(P_k)], u[f_2(P_k)], \cdots, u[f_{n_l}(P_k)]\}$ 表示,而整个网络的运行状态实质上是诸多物流任务执行所产生时间序列的综合表现。考虑到不确定因素的影响,N 的运行会表现出有序或无序等不同状态。因此,首先需要对 N 的运行特征进行提取分析以判断是否有序。为此,采用关联维数和 Kolmogorov 熵相结合的组合方法,对协同物流网络资源调配的有序度进行评价。

9.2.1　有序度分析关联维数模型

关联维数作为分形维数的一种,能够定量描述系统结构的复杂程度。协同物流网络关联维数的求解采用关联积分 $C(m,r)$ 与欧几里得距离 r 的估计关联维数方法(G-P 算法)[170]。通过对不同运行状态下 N 中物流任务运行所产生的时间序列采用 Takens 提出的相空间重构技术[171],使原序列依次连续漂移构成一个新的

m 维空间点集：

$$\overline{u}[f(P_k)] = \{u[f_k(P_k)], u[f_{k+\tau}(P_k)], \cdots, u[f_{k+(m-1)\tau}(P_k)]\}, \quad k=1,2,\cdots,M \tag{9.6}$$

式中，$M=n-(m-1)\tau$ 为包含 m 个点的空间点集，n 为原序列长度，m 为嵌入维数，τ 为延迟时间。在重构后的协同物流网络维相空间中，任选一对物流任务相点 $\overline{u}[f(P_i)]$ 和 $\overline{u}[f(P_j)]$，假设两个相点之间的欧几里得距离 $r_{ij}(m)$ 为

$$r_{ij}(m) = \|\overline{u}[f(P_i)] - \overline{u}[f(P_j)]\| = \sqrt{\sum_{v=0}^{m-1} \{u[f_{i+v\tau}(P_k)] - u[f_{j+v\tau}(P_k)]\}^2}, \quad i \neq j \tag{9.7}$$

则 N 中重构后时间序列相点间的关联积分 $C(m,r)$ 为

$$C(m,r) = \frac{2}{M(M-1)} \sum_{i,j=1}^{M} H(r-r_{ij}) \tag{9.8}$$

$$H(r-r_{ij}) = \begin{cases} 1, & (r-r_{ij}) \geqslant 0 \\ 0, & (r-r_{ij}) < 0 \end{cases} \tag{9.9}$$

式中，$C(m,r)$ 为协同物流网络 m 维相空间中相点距离小于 r 的累计直方图，$r \in \{\min|u[f_{i+v\tau}(P_k)] - u[f_{j+v\tau}(P_k)]|, \max|u[f_{i+v\tau}(P_k)] - u[f_{j+v\tau}(P_k)]|\}$，该区间实际代表 N 中混沌吸引子自相似结构的无标度区，该区域的选取对 N 运行状态的无序预警可信度具有关键影响；$H(r-r_{ij})$ 为 Heaviside 阶跃函数。当 $C(m,r)$ 在 r 无标度区间中满足 $C(m,r)=r^D$ 时，D 即关联维数，能有效描述自相似结构混沌吸引子的复杂程度。因此，协同物流网络 N 在不同运行状态下关联维数 D 可由 $\ln C(m,r)$-$\ln r$ 组成双对数曲线求得：

$$D = \lim_{r \to 0} \frac{\ln C(m,r)}{\ln r} \tag{9.10}$$

9.2.2 有序度分析 Kolmogorov 熵模型

Kolmogorov 熵作为刻画非线性动态系统的重要特征量，能有效度量系统的混沌程度。在随机运动系统中，Kolmogorov 熵是无界的，而在规则运动系统中，Kolmogorov 熵为零。在混沌系统中，Kolmogorov 熵大于零，且其取值越大表明系统混沌程度越大，系统越复杂[172]。

依据相空间重构技术，可求得 N 中物流任务时间序列产生的 m 维相点间的 $r_{ij}(m)$，随着 $r_{ij}(m)$ 取值的变化，$C(m,r)$ 最终趋于稳定。在此基础上改变相空间维数 m 的大小，计算相应的 $C(m\varepsilon,r)$，$\varepsilon \in [0,1]$，并由此推算 $K(m\varepsilon,r)$ 取值(式(9.11))，当 $K(m\varepsilon,r)$ 的值不再随 $m\varepsilon$ 的增大而变化时，即可求得 N 运行状态的 Kolmogorov 熵。

$$K(m\varepsilon,r) = \frac{1}{\tau} \ln \frac{C(m\varepsilon,r)}{C(m\varepsilon+1,r)} \tag{9.11}$$

9.3 相关参数选取

由式(9.9)和式(9.10)可以看出,无论是关联维数 D 还是 Kolmogorov 熵的求解关键都在于标度 r 的合理选取,而 r 的选取又受到嵌入维数 m 和延迟时间 τ 的影响。因此,在构建协同物流网络有序度控制模型时,需首先确定上述提及的 m、τ 和 r 三个参数。

9.3.1 嵌入维数 m 的确定

嵌入维数 m 取值不当,会影响系统运行状态的可预测性。常用的 m 确定方法有假近邻(false nearest neighbor,FNN)法[173]和 Cao 法[174],FNN 法存在无法有效识别系统混沌信号与噪声的问题,而 Cao 法则更多依赖决策者的主观经验。为此,Takens 提出了确定 m 的新思路,通过定理证明得出当 $m \geqslant 2d + 1$ 时,能较好地预测系统的运行状态,其中,d 为原空间混沌吸引子所处的空间维数。结合 Takens 定理,目前常用的研究方法多采用枚举法,即将 m 值从 3 开始逐次增加,当关联维数趋近饱和时,嵌入维数 m 即为合理值。

9.3.2 延迟时间 τ 的选取

延迟时间 τ 选取不合适,将无法有效反映系统运行特征。常用的 τ 选取方法有自相关函数法、互信息法和平均位移法等[66,67],其中自相关函数法适用于数据序列的线性相关性分析,互信息法更适用于非线性系统分析,平均位移法则主要靠决策者经验。在协同物流网络有序度分析过程中,选取互信息法用以求解 τ。把 $u[f(P_k)]$ 作为原始时间序列 $\{u[f_1(P_k)], u[f_2(P_k)], \cdots, u[f_{n_l}(P_k)]\}$,$u[f_\tau(P_k)]$ 作为重构延迟时间 τ 的时间序列 $\{u[f_{1+\tau}(P_k)], u[f_{2+\tau}(P_k)], \cdots, u[f_{n_l+\tau}(P_k)]\}$,由此产生的二维重构空间中,两个时间序列的互信息计算公式为

$$I\{u[f_i(P_k)], u[f_{j+\tau}(P_k)]\}$$
$$= \sum_i \sum_j P_{ij}\{u[f_i(P_k)], u[f_{j+\tau}(P_k)]\} \log_2 \left\{ \frac{P_{ij}\{u[f_i(P_k)], u[f_{j+\tau}(P_k)]\}}{P_i\{u[f_i(P_k)]\} P_j\{u[f_{j+\tau}(P_k)]\}} \right\}$$
(9.12)

式中,$P_{ij}\{u[f_i(P_k)], u[f_{j+\tau}(P_k)]\}$ 为原始序列 $u[f_i(P_k)]$ 和延迟序列 $u[f_{j+\tau}(P_k)]$ 的联合分布概率,$P_i\{u[f_i(P_k)]\}$ 与 $P_j\{u[f_{j+\tau}(P_k)]\}$ 为边缘分布概率。选取 $I\{u[f_i(P_k)], u[f_{j+\tau}(P_k)]\}$ 计算过程中出现的第一个最小点处的 τ 作为相空间重构的延迟时间。

9.3.3 无标度区间选择

无标度区间 r 的选择对关联维数计算能否准确具有重要影响。常用的求解 r 的方法有全局遍历法、2-means 法和曲线拟合等方法[175,176]。其中,全局遍历法收敛速度较慢,而 2-means 法则容易陷入局部最优的困境,曲线拟合采用最小二乘法做线性回归,并据此求得关联维数 D 和 Kolmogorov 熵的估计值,方法操作简便直观。

9.4 有序度优化算例仿真

协同物流网络资源调配有序度模型是来源于实践物流问题的数学抽象模型,是判断物流网络运行状况是否有序的重要参考基础。考虑到现实问题的复杂性和数学抽象模型的简洁性,协同物流网络有序度算例设计并未包括所有的运行细节,仅涉及对网络运行中关键里程碑节点的分析。

9.4.1 有序度分析算例设计

以某运动鞋品牌生产-销售之间形成的协同物流网络为例,产品销售商 P_1 依据拟定的销售计划和各类产品订单数量,向中转仓库提出了某款运动鞋 100 项物流任务,每项任务有 4000 件的需求。假设物流任务由 4 个供应商、3 个中转仓库选择供货,具体流程安排如图 9.1 所示。

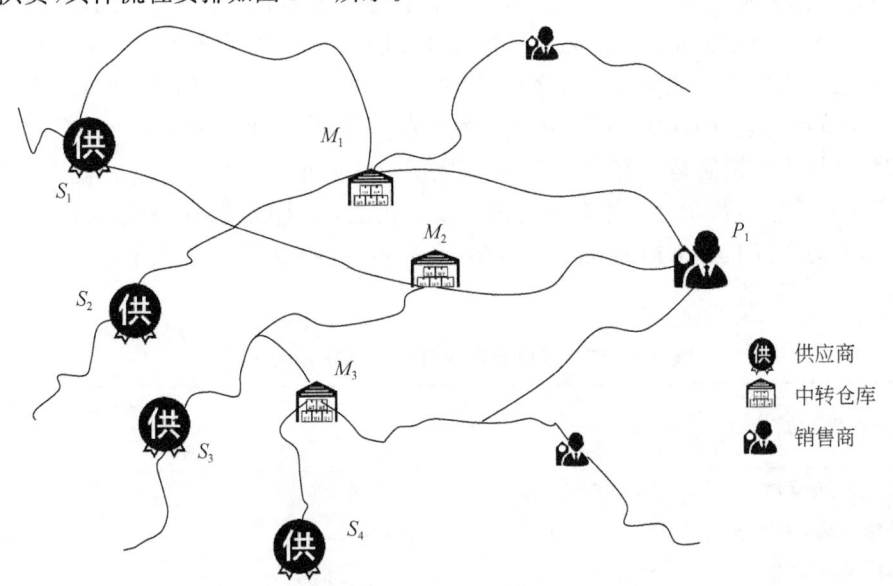

图 9.1 某运动鞋品牌协同物流网络示意图

结合对目标案例实际情况的调查与分析,可确定出协同物流网络 N 中各节点物流功能的正常作业时间和质量要求,并以此得出 N 中节点物流功能的合理运行区间,具体运行时效和服务质量标准要求见表 9.1。

表 9.1 各节点物流功能运行时效与服务质量有序标准

节点功能	时效区间$[t^p_{1,ij}(O_E), t^p_{2,ij}(O_E)]$	质量区间$[q^p_{1,ij}(O_E), q^p_{2,ij}(O_E)]$
S_1M_1、S_2M_1 运输	$[2.1\times10^2, 2.4\times10^2]$	
S_1M_2、S_2M_2、S_3M_2 运输	$[2.4\times10^2, 2.7\times10^2]$	
S_3M_3、S_4M_3 运输	$[1.8\times10^2, 2.1\times10^2]$	
M_1P_1 运输	$[1.8\times10^2, 2.1\times10^2]$	
M_2P_1 运输	$[1.5\times10^2, 1.8\times10^2]$	$[9.995\times10^3, 1\times10^4]$
M_3P_1 运输	$[2.1\times10^2, 2.4\times10^2]$	
搬运	$[1.8\times10^2, 2.1\times10^2]$	
仓储	$[6\times10^1, 9\times10^1]$	
包装	$[6\times10^1, 9\times10^1]$	

注:时效区间单位是 min,质量区间单位是件,正常的服务质量要求破损率低于万分之五,算例设计假设每个节点处理的产品件数是相同的,因此,服务质量标准要求也相同。

9.4.2 不确定性指标 PDF 选择

考虑到协同物流网络有序度控制模型中变量参数的不确定性,需先将不确定性问题转化为确定性问题,采取的方法是依据各节点物流功能变量参数的概率密度函数,产生符合分布要求的独立随机数,将随机模拟数据代入模型中求得物流功能、网络节点以及物流任务的有序度(表 9.2)。当协同物流网络 N 中每项物流任务有序节点功能(即在额定时间内达到额定服务质量)占比超过阈值比例(80%)要求时,则视为该网络运行有序,低于阈值比例要求则视为无序。在此基础上,对 N 在有序和无序运行状态下的有序度进行模拟仿真,以提取网络的复杂程度和混沌特征,并对无序状态下拟采取的控制措施(减少网络物流任务、提高节点专业水平)进行有效性检验。

表 9.2 不确定性物流功能节点 PDF 的选择情况

节点功能	运行时效 有序	运行时效 无序	服务质量 有序	服务质量 无序
S_1M_1、S_2M_1 运输	$N(2.25\times10^2, 5)$	$N(2.25\times10^2, 8.06)$		
S_1M_2、S_2M_2、S_3M_2 运输	$N(2.55\times10^2, 5)$	$N(2.55\times10^2, 8.06)$		
S_3M_3、S_4M_3 运输	$N(1.95\times10^2, 5)$	$N(1.95\times10^2, 8.06)$		
M_1P_1 运输	$N(1.95\times10^2, 5)$	$N(1.95\times10^2, 8.06)$		

续表

节点功能	运行时效		服务质量	
	有序	无序	有序	无序
M_2P_1 运输	$N(1.65\times10^2,5)$	$N(1.65\times10^2,8.06)$	$[9.995\times10^3,$ $1\times10^4]$	$[9.990\times10^3,$ $1\times10^4]$
M_3P_1 运输	$N(2.25\times10^2,5)$	$N(2.25\times10^2,8.06)$		
搬运	$N(1.95\times10^2,5)$	$N(1.95\times10^2,8.06)$		
仓储	$N(7.5\times10^1,5)$	$N(7.5\times10^1,8.06)$		
包装	$N(7.5\times10^1,5)$	$N(7.5\times10^1,8.06)$		

注：有序情况下节点物流功能的时效区间以 $\mu\pm3\sigma$ 取值，即取值点落在该区间的概率为 99.73%，无序情况下时效区间以 $\mu\pm1.86\sigma$ 取值，即取值点落在该区间的概率为 80%。有序情况下节点物流功能的质量区间为破损率低于万分之五，无序情况下为高于万分之五，但根据实际不会超过万分之十。

9.4.3 有序与无序特征分析

结合算例设计说明和变量参数的概率密度函数，运用 MATLAB 求解协同物流网络 N 物流任务的有序度，并借助互信息法求解不同运行状态下协同物流网络的延迟时间 τ。N 的运行状态首先选取了有序和无序两种整体宏观状态，当网络处于无序运行状态时，又分别选取减少 50 项物流任务和减少节点物流功能（将所有节点的运输功能交给物流服务商承担）等调整控制措施，以此观察干预影响下 N 的运行状态，总结分析不同运行状态下 N 有序度的复杂程度与混沌特征，图 9.2(a)、(b)、(c)、(d)分别表示 N 在有序运行、无序运行、减少物流任务和减少节点功能等四种不同状态下有序度时间序列所产生的互信息作用曲线，通过观察曲线中第一个最小点的出现位置，可得出这两种状态下延迟时间 τ 的取值分别为 5、4、4、2。

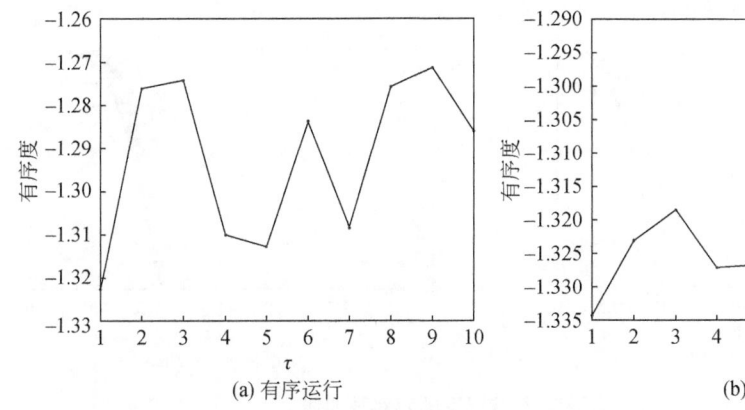

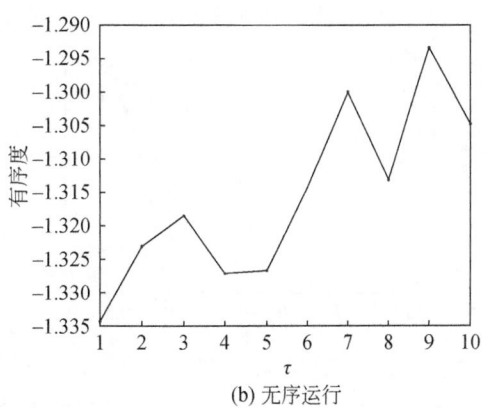

(a) 有序运行

(b) 无序运行

(c) 减少物流任务　　　　　　　　　(d) 减少节点功能

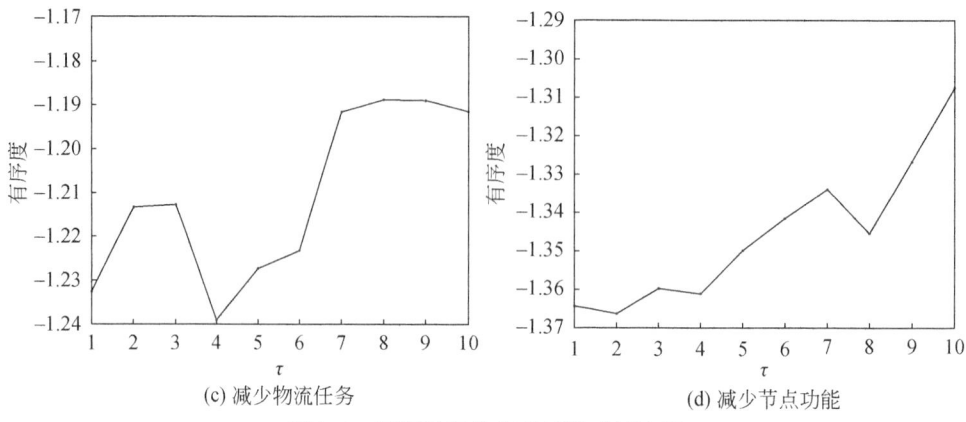

图 9.2　不同运行状态下延迟时间选择

依托求得的延迟时间 τ，设置步长为 1，将嵌入维数 m 从 3 开始依次增加到 30，可求得上述提及的四种不同运行状态下整个协同物流网络的 $\ln C(m,\tau)$-$\ln\tau$ 双对数曲线（图 9.3）。在此基础上，找出双对数曲线中线性明显的部分，采用最小二乘法进行线性拟合，求得不同运行状态下协同物流网络的关联维数和 Kolmogorov 熵。协同物流网络有序度控制模型的变量参数选择和计算结果见表 9.3。

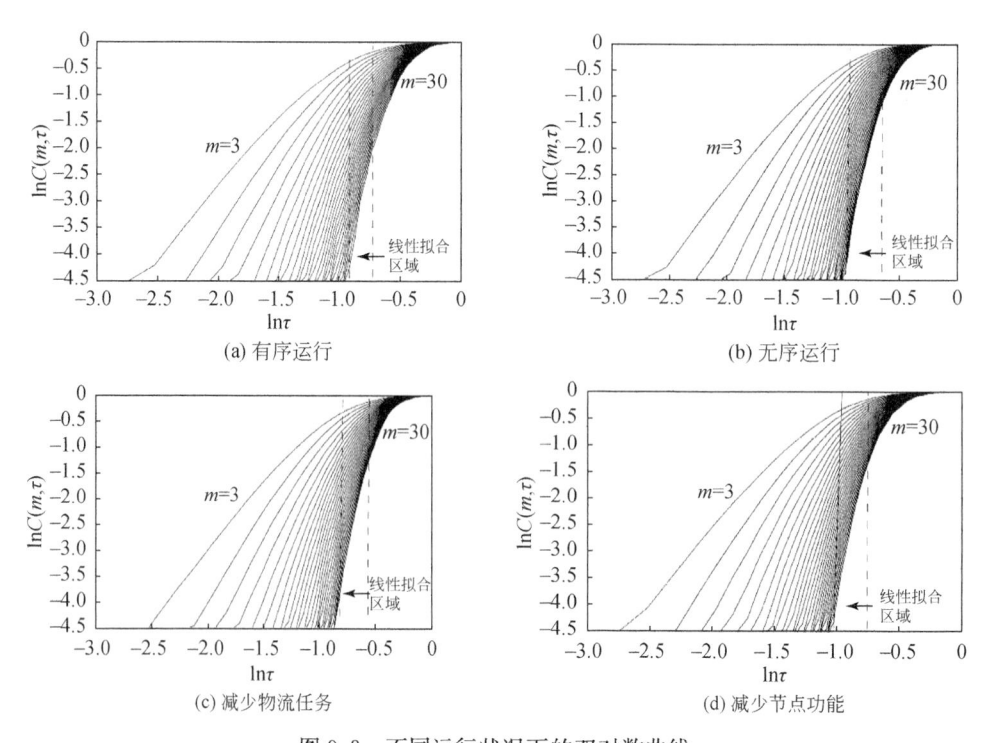

(a) 有序运行　　　　　　　　　　(b) 无序运行

(c) 减少物流任务　　　　　　　　(d) 减少节点功能

图 9.3　不同运行状况下的双对数曲线

表 9.3　不同运行状态下协同物流网络有序度控制模型变量参数选择及计算结果

运行状态	嵌入维数 m	延迟时间 τ	关联维数 D	Kolmogorov 熵
有序运行	[3;1;30]	5	8.3824	8.7×10^{-3}
无序运行	[3;1;30]	4	9.1928	4.13×10^{-2}
减少物流任务(50)	[3;1;30]	4	7.8948	3.31×10^{-2}
减少节点功能(运输)	[3;1;30]	2	7.4764	3.05×10^{-2}

依据协同物流网络有序度控制模型的计算结果，由图9.3和表9.3可以看出，有序运行状态在嵌入维数增加到24时达到稳定，关联维数取值在(8,9)区间内，无序运行状态在嵌入维数增加到26时达到稳定，关联维数取值在(9,10)区间内。对于无序状态，分别采取了减少物流任务和减少节点功能两种控制调节措施，关联维数出现明显下降，在(7,8)区间内达到稳定，这说明两种措施对 N 有序运行起到了积极的调整作用，能够有效降低 N 的复杂程度，也进一步验证了关联维数能有效反映系统的复杂程度。对于同一协同物流网络，有序运行状态时Kolmogorov熵仅为0.0087，而处于无序运行状态时Kolmogorov熵增加为0.0413，变化显著。针对无序状态采取控制调整措施后，N 的Kolmogorov熵出现了明显的降低。说明采取的控制调整措施能有效提升 N 的有序度，减少网络的混沌程度。通过对不同运行状态下关联维数和Kolmogorov熵的对比分析，可以发现有序情况和无序情况中，关联维数的差别并不显著，但Kolmogorov熵的结果却出现显著变化，这说明两者分析系统的有序程度并不是完全同质的，因此具有一定的对比印证和互相参考的特点。

9.5　本章小结

本章以保障物流任务合理的运行时效和服务质量为衡量目标，提出了协同物流网络有序度分析模型。该模型从协同物流网络中物流功能、构成节点和需求任务梯次角度，依次设计了相应的有序度表达式，并对模型中涉及的嵌入维数、延迟时间和无标度区间等变量参数进行了选取确定。在此基础上，运用关联维数和Kolmogorov熵相结合的方法，对网络的复杂程度和混沌特征进行了提取分析。通过设计算例和仿真计算，本章得到了有序运行、无序运行、减少物流任务、减少物流功能节点等四种不同运行状态下协同物流网络的关联维数和Kolmogorov熵取值，其中的特征差异能为协同物流网络运行状态判断提供有力支持，分析结果验证了模型的可行性和有效性，能够实现对协同物流网络在运行过程中的有序分析。

第 10 章　考虑不确定影响的协同物流网络资源优化措施

根据前述章节分析可看出,协同物流网络资源优化过程中有诸多不确定因素,进而影响系统运行和物流运作。因此,本章从资源调配以及系统有序性保障两个维度,对物流资源调配提出相关控制措施。

10.1　协同物流网络资源调配过程控制措施

由协同物流网络资源调配模型以及实践经验可知,协同运行过程需要不断进化、优化,针对订单处理时间、配送路径时长等不确定因素,提出以下控制保障措施。

1. 发挥信息技术优势,实现物流智能化

一般来说,信息共享是协同物流网络资源整合的基础,而信息流则是提高物流网络运作效率的一个重要方面。由第 5 章可看出,资源调配运作过程有诸多不确定因素影响进程。随着信息技术的飞速发展,如果将信息技术应用于运作过程,则物流网络的过程信息能够获得更加实时、更加准确的共享,例如,对资源利用射频识别(radio frequency identification, RFID)进行识别、利用 GNSS 进行实时定位等,以此减少协同物流网络资源调配过程中订单处理、配送时长等不确定因素对网络系统的影响。与此同时,信息技术也能够更加便捷高效地全面搜集销售商客户市场的真实信息,大大提高其对变化的市场环境做出及时应变的能力,能够对需求等不确定因素加以控制。如果没有信息技术作为基础,以客户为中心、高效率的协同物流网络系统也将难以实现。

因此,企业物流管理优化要更加注重物流信息化建设,注重提升物流管理中人力及物力的合理性配置,积极构建全程物流的数据库信息平台,建立集信息收集、整理、加工、反馈等功能于一体的物流信息系统和面向客户的信息应用系统,开发物流企业之间信息有效共享的新模式,从而实现物流网络的智能化。

2. 选择合理配送路径,实现物流最优化

协同物流网络资源调配具有很多通道和路径可供选择,而配送中产生的费用

第10章 考虑不确定影响的协同物流网络资源优化措施

较大,占据成本比例较多,考虑的配送距离、配送时间、配送的工具方式等因素也较复杂,彼此相互联系,但又存在相互矛盾。这就需要综合分析,对配送运输时间等不确定因素加以控制,将整个协同物流网络进行优化。由于每一条配送的路线存在各自特点,不同路径在不同时期、不同时段、不同方式下均存在较大的差异,采取的配送方式、安全程度、保障能力等可能会受到某一外界因素的变化而产生变化。因此,需安排合理的配送路线,认真研究每个配送线路的特点、最优路径的建设和选择,最终实现协同物流网络各个方面的综合目标最优化。

同时,加强配送路径与企业资源计划(enterprise resource planning,ERP)系统的集成程度,拟定相关配送计划,形成以市场为导向、物流为基础的配送路径,提升运输效率,减少不必要的配送时间,通过运输体系系统实现专业化分工,充分利用运输工具的载重量和容积,对运输资源的本身特性(如形状、形态、安全性等)加以考虑,合理安排装载货物的运输方式,按照客户对时间等方面的要求,采用准时化、优质化的服务管理。

3. 提升资源整合能力,实现物流一体化

协同物流网络的资源调配全程不仅涉及上游供应商、中游仓库中转节点、下游销售商等各个相关企业以及相关协作点,还涉及各种运输方式与各种法律规章,更直接涉及各参与协同运作企业的利益分配问题。如果不能通过物流、信息流、资金流等因素形成动态均衡的利益链,就不能整合各方优势和发挥各方积极性,协同物流网络物流通道的不稳定性将会提高,从而难以发挥其服务价值。因此,要建立稳定、安全、高效的协同物流网络渠道,需要更加注重整合各方资源优势,通过建立一体化的利益网,来实现建成一体化的协同物流网络。

在经济全球化、市场竞争国际化、企业边界模糊化、资源整合一体化的大背景下,作为承载协同物流网络资源运输配送的相关企业,一定要更加重视物流模式的系统与优化问题。通过资源整合、加强过程控制与实现管理优化,建立与新竞争环境相适应的安全、高效、低成本的协同物流网络资源调配通道。

10.2 协同物流网络资源调配有序度控制措施

由协同物流网络资源调配有序度控制模型以及实践经验可知,协同运行过程需要不断进化和优化。而实现的前提是在信息共享的信任机制下,保障物流节点功能流程和各个物流节点有序运行,因此优化有序度的措施同样基于10.1节中的三点。

1. 优化物流节点功能流程

协同物流网络中协作点功能流程（包括仓储、包装、分拣、配送）的运行时效、服务质量以及衔接程度会影响网络的运行有序性。在进行商品入库、出库时，应改进传统的对仓储地址登记、根据明细进行逐一核对的方法，而使用 RFID 等扫描技术手持射频（radio frequency，RF）枪进行系统派单。尤其在大批量货物进出库时，根据商品条形码匹配后，采取批量进入、识别、对比、计数等方法，以机械装卸车的方式替代传统的人工搬运，减少物流成本、缩减所用时间、降低功能流程差错率。对于包装功能流程，应替换传统的人工打包方法，引进国内外的先进设备，实现机械化操作，形成包装生产线。同时根据货品大小和包装寻找适合的包装箱和填充物进行包装，也可根据热销商品和热销组合提前预包装，提升物流服务质量；若没有预包装，则根据分拨后的商品统一在打包台扫描明细单，根据系统提示逐一对明细中商品扫描出库打包，再进行封箱、扫描、交接出库，实施无缝链接配送。

对于商品的仓储、包装、分拣、配送，协同物流网络的协作点还可以采取外包的方式减少功能流程，以此降低系统的无序程度，将物流外包给第三方物流公司，企业只需要进行订单的核实确认，其余工作交由第三方平台处理，在此过程中仅需设立一人在第三方物流仓库协调处理异常问题、监控物流运作，作为双方联系的桥梁即可。由于仓储价格、配送价格、分拣包装等功能均以整体形式处理，能实现资源整合集约运作，因此能够大大降低成本；同时，协作点将所有功能流程外包，自身能更加灵活地管理物流网络，将时间留给企业核心业务的发展。

2. 整合物流网络协作节点

协同物流网络中协作点（包括供应商、仓库中转节点以及销售商等）的数量以及协同程度影响网络的运行有序性。因此，在进行物流任务前，首先要选取较少的供应商进行供货，固定的供货商能更好地监控外界环境，根据需求变化及时补给产品需求，较多供应商则会存在扰乱供货需求网络、增加生产成本和库存成本等潜在风险；其次，在满足需求时，较少的仓库中转节点能实现资源统一调配，降低库存成本，也能及时追踪货物情况；再次，协作点形成的链的长短也直接影响协同物流网络的运行，要做到精简不必要的层级，形成最短、最优的供应链物流网络。减少物流节点参与协同运作，能缩减物流的运作线路、降低协作点之间衔接的不确定性，也能降低整个系统的利益背反关系，提升点与点之间的合作性，在信息共享的基础之上完成物流任务，才能优化整个物流网络体系，提升物流网络的运行有序度。

同时，在物流任务进行时，各级协作点要尽快对产生的变化及时做出反应，包括需求变化、信息变化，避免因信息的逐层传递而造成的信息缺失或偏差影响整个网络运行。增强节点之间的协同性,形成长期的合作友好关系,消除彼此之间的博弈,谴责运行过程中的恶性博弈、敌对竞争情形,并予以适当惩戒。

3. 建立信息共享信任机制

企业之间彼此能够相互信任是协同物流网络有序开展的前提条件,借此才能合作、前行。因此,要把诚信的体系作为打造协同物流网络系统的一项重要内容。对于市场的信任危机,需要建立网络体系的信任机制,其中包括完整的信任评估审核体系,对于每一个物流协作点的信任行为需要不间断地、随机地评审,以此提升合作协作点之间相互信任的程度。同时,物流协作点也要建立较高的退出堡垒,完善相应的保护性条例,建立健全一定的担保机制,通过信用文化等途径形成防诈骗和机会主义的运行条约,阻碍成员的投机侥幸行为。最后,建立相应的内部沟通协调策略,加强协作点之间的联系,以此降低合作风险。

在协同物流网络环境下,通过联动协作点的信息和标准,能够提高协同物流网络的总利润、实现各协作点的最大利益,也能够降低因信息不对称而导致的风险,从而实现互信互利的伙伴机制。同时,需建立一个物流信息中枢平台,以此减少物流服务成本,该平台能够实现资源共享、数据共用互通,由物流信息网络系统来管理协作点,实时公布各项业务和物流运作情况,提升彼此信任度,保障协同物流网络能够有序进行。

10.3 本章小结

本章对考虑不确定性协同物流网络资源调配提出了控制对策,宏观层面从实现协同物流网络的智能化、最优化以及一体化对资源调配运作过程进行控制,微观层面从优化物流节点功能流程、整合物流网络协作节点、建立信息共享信任机制对协同物流网络的有序度进行优化控制,微宏观共同作用,以此保障协同物流网络在有序运行的前提下,对资源实施最优调配。

参 考 文 献

[1] 李敬泉. 战略物流分析方法研究[J]. 商业研究,2012,(3):181-187.
[2] 李靖,丁杰. 企业自建物流网络协同路径与结构演化规律研究——基于苏宁电器和宅急送的双案例研究[J]. 北京交通大学学报(社会科学版),2014,13(3):46-53.
[3] 宋琪. 基于CAS理论的地震应急协同物流网络演化与仿真研究[D]. 哈尔滨:哈尔滨工程大学,2012.
[4] 徐小峰,赵金楼,宋杰鲲. 复杂制造协同物流网络资源规划的不确定性控制优化[J]. 系统工程理论与实践,2012,32(4):799-806.
[5] 陈誉文. 协同物流网络资源需求与配送中心运输调度的建模优化[D]. 上海:上海交通大学,2009.
[6] Haken H. Synergetics:Are cooperative phenomena governed by universal principles?[J]. Naturwissenschaften,1980,67(3):121-128.
[7] 唐海丹. 将协同学原理应用于物流领域的理论与实践初探[J]. 物流技术,2003,(3):99-100.
[8] Kahn K B,Mentzer J T. Logistics and interdepartmental integration[J]. International Journal of Physical Distribution & Logistics Management,1996,26(8):6-14.
[9] Langley C J. 7 steps to collaborative[N]. Journal of Commerce (Traffic World Edition),July 31,2000,31.
[10] Chang E,Dillon T,Gardner W,et al. A virtual logistics network and an e-hub as a competitive approach for small to medium size companies[J]. Lecture Notes in Computer Science,2003,2713(1):265-271.
[11] Stefansson G. Collaborative logistics management and the role of third-party service providers and the enabling information systems architecture[D]. Gothenburg:Chalmers University of Technology,2004.
[12] 徐青,缪立新. 区域物流协同内涵及模式研究[J]. 科技进步与对策,2007,24(1):94-97.
[13] 高健智,赵耀,马鹤龄,等. 区域物流系统协调理论的研究[J]. 土木工程与管理学报,2008,(3):222-225.
[14] 鄢飞,董千里,王莉萍. 物流服务供应链协同运作机理分析[J]. 统计与信息论坛,2009,24(8):53-58.
[15] 刘介明. 供应链协同管理的内容与具体实施[J]. 科技创业月刊,2009,22(4):62-64.
[16] 谭跃雄,周娜,林强. 基于网络的企业物流组织及其风险控制[J]. 湖南大学学报(社会科学版),2003,17(6):61-64.
[17] 陈娟,季建华,李美燕. 基于再制造的单双渠道下高残值易逝品闭环供应链管理[J]. 上海交通大学学报,2010,44(3):354-359.
[18] 鄢飞,董千里. 物流网络的协同效应分析[J]. 北京交通大学学报(社会科学版),2009,8(1):29-32.
[19] Ning F H,Wang Z H,Yu W J,et al. Research on mechanism and coordinated strategy of

collaborative logistics network[C]. Proceedings of the 6th International Conference on Machine Learning and Cybernetics, Hong Kong, 2007:225-230.
[20] Lynch K. The 7 immutable laws of collaborative logistics[J]. World Trade, 2000, 13(10): 86-91.
[21] Shimon Y N. Design of effective e-work: Review of models, tools, and emerging challenges [J]. Production Planning & Control, 2003, 14(8):681-703.
[22] Camarinha-Matos L M, Afsarmanesh H. Collaborative networks: A new scientific discipline [J]. Journal of Intelligent Manufacturing, 2005, 16(10):439-452.
[23] Camarinha-Matos L M, Afsarmanesh H. A framework for virtual organization creation in a breeding environment[J]. Annual Reviews in Control, 2007, 31(1):119-135.
[24] Stefansson G. Collaborative logistics management and the role of third-party service[J]. International Journal of Physical Distribution & Logistics Management, 2006, 36(2): 76-92.
[25] Lyons J, Ritter J, Thomas K, et al. Collaborative logistics: Developing a framework to evaluate socio-technical issues in logistic-based networks[J]. Collaborative Technologies and Systems, 2006:208-214.
[26] Lynch K. Collaborative logistics networks: Breaking traditional performance barriers for shippers and carriers[EB/OL]. http://www.nistevo.com[2009-10-6].
[27] 宁方华,陈子辰,熊励. 基于效益协同的物流网络模型研究[J]. 中国机械工程, 2006, 17(20):2151-2154.
[28] 宁方华,陈子辰,熊励. 熵理论在物流协同中的应用研究[J]. 浙江大学学报(工学版), 2006, 40(10):1705-1708,1782.
[29] Ning F H, Chen Z C, Xiong L. Time compression technique of collaborative logistics based on pipeline[C]. International Technology and Innovation Conference, London, 2006: 861-865.
[30] Ergun Ö, Kuyzu G, Savelsbergh M. Shipper collaboration[J]. Computers & Operations Research, 2007, 34(6):1551-1560.
[31] Sun W F, Ye H Z. Research on entropy model of order degree of fractal supply chain network[C]//Proceedings of the International Symposium on Electronic Commerce and Security, New York: IEEE Press, 2008:1006-1009.
[32] Sander D L, Jan F. Drivers of close supply chain collaboration: One size fits all? [J]. International Journal of Operations & Production Management, 2009, 29(7):720-739.
[33] Chiara B, Davide G, Riccardo M, et al. A model of an interregional logistic system for the statement and solution of decision problems at the operational level[C]//Intelligent Vehicle Controls and Intelligent Transportations Systems, Porto: INSTICC Press, 2009:76-85.
[34] Ramesh A, Banwet D K, Shankar R. Modeling the barriers of supply chain collaboration[J]. Journal of Modeling in Management, 2010, 5(2):176-193.
[35] 郭湖斌. 区域物流协同系统的结构熵与有序度研究[J]. 商业时代, 2010, (23):36-37.

[36] 王文波．基于"点-轴"系统理论的区域物流协同发展模式研究[D]．西安:长安大学,2011.
[37] 杨云峰,芮晓丽,袁长伟．区域物流系统协同水平测度模型[J]．长安大学学报(自然科学版),2015,35(4):125-131,152.
[38] 毛向东,袁惠群,孙华刚．关联维数和Kolmogorov熵在变速箱状态判别中的关联性[J]．机床与液压,2015,43(13):189-192.
[39] Hameri A P, Paatela A. Multidimensional simulation as a tool for strategic logistics planning[J]. Computers in Industry,1995,27(3):273-288.
[40] 倪剑．第三方物流网络优化模型研究[D]．天津:天津大学,2007.
[41] Miranda P A, Garrido R A, Ceroni J A. E-work based collaborative optimization approach for strategic logistic network design problem[J]. Computers & Industrial Engineering, 2009,57(1):3-13.
[42] Yu B, Yang Z Z, Yao B Z. A hybrid algorithm for vehicle routing problem with time windows[J]. Expert Systems with Applications,2011,38(1):435-441.
[43] Garcia N A. The vehicle routing problem with backhauls:A multi-objective evolutionary approach[C]. Proceedings of the 12th European Conference on Evolutionary Computation in Combinatorial Optimization,Málaga,2012,7245:255-266.
[44] Mirhassani S A, Abolghasemi N. A particle swarm optimization algorithm for open vehicle routing problem[J]. Expert Systems with Applications,2011,38(9):11547-11551.
[45] Meepetchdee Y, Shah N. Logistical network design with robustness and complexity considerations[J]. International Journal of Physical Distribution & Logistics Management, 2007,37(3):201-222.
[46] Turskis Z, Zavadskas E K. A new fuzzy additive ratio assessment method (ARAS-F). Case study:The analysis of fuzzy multiple criteria in order to select the logistic centers location [J]. Transport,2010,25(4):423-432.
[47] Nozick L K, Turnquist M A. Inventory, transportation, service quality and the location of distribution centers[J]. European Journal of Operational Research,2012,129(2):362-371.
[48] 陈远,阮仁宗,颜梅春．基于GIS的物流配送路径优化算法[J]．地理空间信息,2012, 10(2):104-106,182.
[49] 杨玉香,周根贵．随机需求下闭环供应链网络设施竞争选址模型研究[J]．控制与决策, 2011,26(10):1553-1561.
[50] 尚玲．物流配送中心选址模型及方法研究[D]．青岛:青岛大学,2010.
[51] 陈文．仿真技术在连锁超市配送中心选址中的应用[J]．廊坊师范学院学报(自然科学版),2015,15(1):21-23,32.
[52] 赵志刚,顾新一,李陶深,等．多仓库多分销点的二级分销网络的优化[J]．系统仿真学报, 2008,5(20):1209-1213.
[53] 刘伟华,曲思源,钟石泉．随机环境下的三级物流服务供应链任务分配[J]．计算机集成制造系统,2012,2(18):381-388.
[54] 李高扬．物流网络协同优化理论与方法研究[D]．天津:天津大学,2006.

[55] 陈火根. 网络化制造环境下虚拟网格服务的若干关键技术研究及其应用[D]. 杭州:浙江大学,2007.

[56] Haken H. 高等协同学[M]. 郭治安,译. 北京:科学出版社,1989.

[57] Camarinha-Matos L M, Afsarmanesh H, Galeano N, et al. Collaborative networked organizations—Concepts and practice in manufacturing enterprises[J]. Computers & Industrial Engineering,2009,57(1):46-60.

[58] Camarinha-Matos L M. Collaborative networked organizations: Status and trends in manufacturing[J]. Annual Reviews in Control,2009,33(2):199-208.

[59] 王贵杰. 企业管理革新,协同应变是关键[J]. 电子商务,2004,(11):42-43.

[60] 邹辉霞. 供应链物流管理[M]. 北京:清华大学出版社,2004.

[61] Bowersox D J, Closs D J, Cooper M B. Supply Chain Logistics Management[M]. Boston: McGraw-Hill/Irwin,2007.

[62] Cooper M C, Lambert D M, Pagh J D. Supply chain management: More than a new name for logistics[J]. International Journal of Logistics Management,1997,8(1):1-14.

[63] Strozniak P. Collaborative logistics: Overcoming its challenges can lower transportation and inventory costs and reduce stockouts[J]. Frontline Solutions,2003,(8):18.

[64] 蔡临宁. 物流系统规划-建模及实例分析[M]. 北京:机械工业出版社,2003.

[65] 宁方华. 面向现代制造的协同物流多要素模型与应用研究[D]. 杭州:浙江大学,2006.

[66] Camarinha-Matos L M, Afsarmanesh H, Boucher X. The role of collaborative networks in sustainability[C]. Collaborative Networks for a Sustainable World, St. Etienne,2010:1-16.

[67] 潘雪娇. 协同物流资源选择与网络动态配置建模研究[D]. 上海:上海交通大学,2010.

[68] 秦进. 多商品物流网络设计相关优化模型及算法研究[D]. 天津:天津大学,2006.

[69] 鞠颂东. 物流网络:物流资源的整合与共享[M]. 北京:社会科学文献出版社,2008.

[70] 王晰巍. 知识供应链构建模式及运行机制研究[D]. 长春:吉林大学,2006.

[71] Eigen M. Self-organization of matter and the evolution of biological macromolecules[J]. Naturwissenschaften,1971,58(10):465-523.

[72] 徐向纮,顾新建,陈子辰. 基于网络制造的放生自组织协同进化[J]. 系统工程理论与实践,2002,(2):42-48.

[73] 曾国屏. 超循环自组织理论[J]. 科学、技术与辩证法,1988,4:63-68,85.

[74] 张康之. "协作"与"合作"之辨异[J]. 江海学刊,2006,(2):98-105,239.

[75] 王国跃,李海海. 我国装备制造业产业集群发展模式及对策[J]. 经济纵横,2008,(12):71-73.

[76] Enright M J, Newton J. Tourism destination competitiveness: A quantitative approach[J]. Tourism Management,2004,25(6):777-788.

[77] Iansiti M, Levien R. The Keystone Advantage: What the New Dynamics of Business Ecosystems Mean for Strategy, Innovation, and Sustainability[M]. Cambridge: Harvard Business School Press, 2004.

[78] 刘胜春,李严锋. 第三方物流[M]. 大连:东北财经大学出版社,2006.

[79] 吴清一．物流系统工程[M]．北京：中国物资出版社，2004．

[80] 吕坚，孙林岩，朱云杰，等．组织结构有序度的结构熵评价研究[J]．预测，2003，22(4)：68，72-74．

[81] Markus M L，Robey D．Information technology and organizational change：Casual structure in theory and research[J]．Management Science，1988，34(5)：583-593．

[82] 孟庆松，韩文秀．复合系统协调度模型研究[J]．天津大学学报，2000，33(4)：444-446．

[83] 张佳春，高杰，兰金堂．基于中间产品的造船采购成本控制[J]．船舶工程，2007，29(4)：82-85．

[84] 赵湘莲．商业生态系统的序参量探讨[J]．经济与管理研究，2006，(11)：70-74．

[85] 王金柱．技术自组织演化机制和序参量[J]．自然辩证法研究，2007，23(4)：47-49，78．

[86] 李建华．超循环：一个完整的自组织原理[J]．系统辩证学学报，1995，3(1)：82-87．

[87] 朱永达，张涛，李炳军．区域产业系统的演化机制和优化控制[J]．管理科学学报，2001，4(3)：73-78．

[88] 刘兴堂，梁炳成，刘力，等．复杂系统建模理论、方法与技术[M]．北京：科学出版社，2008．

[89] 阎植林，邱菀华，陈志强．管理系统有序度评价的熵模型[J]．系统工程理论与实践，1997，(6)：45-48．

[90] 李电生，夏国建．基于结构熵理论的供应链系统有序度评价研究[J]．北京交通大学学报（社会科学版），2008，7(4)：40-43．

[91] 王平立，宋斌，王玲．混沌时间序列的 Kolmogorov 熵的应用研究[J]．计算机工程与应用，2006(21)：162-164．

[92] 陈子林，周硕愚．蕴震系统的 Kolmogorov 熵及其可预报性[J]．地壳形变与地震，1994，14(3)：42-50．

[93] Mandelbrot B B．Fractals：Forms，Chance and Dimension[M]．San Francisco：W. H. Freeman & Company，1977．

[94] 陈垒，申维．关联维数在工业"三废"综合利用中的应用[J]．华侨大学学报（自然科学版），2009，30(2)：183-185．

[95] 余波，李应红，张朴．关联维数和 Kolmogorov 熵在航空发动机故障诊断中的应用[J]．航空动力学报，2006，21(1)：219-224．

[96] 常玮洪．考虑不确定影响的协同物流网络资源调配与控制优化研究[D]．青岛：中国石油大学（华东），2017．

[97] 孙捷．京津冀区域物流效率分析与协同发展机制研究[D]．天津：天津大学，2016．

[98] 周爱莲．企业物流系统网络节点选址方法及应用研究[D]．南京：东南大学，2007．

[99] Tansini L，Viera O．New measures of proximity for the assignment algorithms in the MDVRPTW[J]．Journal of the Operational Research Society，2016，57：241-249．

[100] Syam S S．A model and methodologies for the location problem with logistical components [J]．Computers Operations Research，2002，29(9)：1173-1193．

[101] Deb K，Agrawal S，Pratap A，et al．A Fast Elitist Non-dominated Sorting Genetic Algorithm for Multi-objective Optimization：NSGA-II[M]．Berlin：Springer，2002．

[102] Wernerfelt B. A resource-based view of the firm[J]. Strategic Management Journal, 1984, 5(2): 171-180.

[103] Arnoldo C H, Wilde II D L. The delta model—A new framework of strategy[J]. Journal of Strategic Management Education, 2003, 1(1): 1-21.

[104] 贺文锐. 面向网络协同制造的资源优化配置技术研究[D]. 西安: 西北工业大学, 2007.

[105] Donald E. Grierson pareto multi-criteria decision making[J]. Advanced Engineering Informatics, 2008, 22(3): 371-384.

[106] 薄洪光. 钢铁行业集成生产物流管理方法及应用研究[D]. 大连: 大连理工大学, 2008.

[107] Rutner S M, Gibson B J, Williams S R. The impacts of the integrated logistics systems on electronic commerce and enterprise resource planning systems[J]. Transportation Research Part E: Logistics and Transportation Review, 2003, 39(2): 83-93.

[108] 侯君溥, 季延平, 戴逸民. 从不确定性探讨收敛组装型供应链管理策略——以汽车产业为例[J]. 中华管理评论, 2003, 6(6): 113-135.

[109] Santoso T, Ahmed S, Goetschalckx M, et al. A stochastic programming approach for supply chain network design under uncertainty[J]. European Journal of Operational Research, 2005, 167(1): 96-115.

[110] Salema M, Barbosa-Povoa A P, Novais A Q. An optimization model for the design of a capacitated multi-product reverse logistics network with uncertainty[J]. European Journal of Operational Research, 2007, 179(3): 1063-1077.

[111] Lee D H, Meng D. Dynamic network design for reverse logistics operations under uncertainty[J]. Transportation Research Part E: Logistics and Transportation Review, 2009, 45(1): 61-71.

[112] 田俊峰. 不确定条件下供应链管理优化模型及算法研究[D]. 成都: 西南交通大学, 2005.

[113] 代颖. 再制造物流网络优化设计问题研究[D]. 成都: 西南交通大学, 2006.

[114] Liu B D. Uncertain programming: A unifying optimization theory in various uncertain environments[J]. Applied Mathematics and Computation, 2001, 120(1-3): 227-234.

[115] Savkin A V, Petersen I R. An uncertainty averaging approach to optimal guaranteed cost control of uncertain systems with structured uncertainty[J]. Automatica, 1995, 31(11): 1649-1653.

[116] Du R, Hu Q Y, Ai S R. Stochastic optimal budget decision for advertising considering uncertain sales responses[J]. European Journal of Operational Research, 2007, 183(3): 1042-1054.

[117] Uang H J, Chen B S. Robust adaptive optimal tracking design for uncertain missile systems: A fuzzy approach[J]. Fuzzy Sets and Systems, 2002, 126(1): 63-87.

[118] Correa H. Linking Flexibility, Uncertainty and Variability in Manufacturing Systems: Managing Unplanned Change in the Automotive Industry[M]. London: Avebury, 1994.

[119] Ben-Tal A, Nemirovski A. Robust solutions of uncertain linear program[J]. Operations Research Letter, 1999, 25(1): 1-13.

[120] Bertsima D, Sim M. The price of robustness[J]. Operations Research, 2004, 52(1): 35-53.
[121] Bernardo F P, Pistikopoulos E N, Saraiva P M. Quality costs and robustness criteria in chemical process design optimization[J]. Computers & Chemical Engineering, 2001, 25(1): 27-40.
[122] Tsuda T. Monte Carlo Method and Simulation[M]. Tokyo: Baifukan, 1995.
[123] Mak W K, Morton D P, Wood R K. Monte Carlo bounding techniques for determining solution quality in stoehastie programs[J]. Operations Research Letters, 1999, 24: 47-56.
[124] 钱积新, 赵均, 徐祖华. 预测控制[M]. 北京: 化学工业出版社, 2007.
[125] Charnes A, Cooper W W. Chance-constrained programming[J]. Management Science, 1959, 6(1): 73-79.
[126] Liu B. Dependent-chance doal programming and its genetic algorithm based approach[J]. Mathematical and Computer Modelling, 1996, 24(7): 43-52.
[127] Iwamura K, Liu B. Stochastic operation models for open inventory networks[J]. Journal of Information & Optimization Sciences, 1999, 20(3): 347-363.
[128] 丁然. 不确定条件下鲁棒生产调度的研究[D]. 济南: 山东大学, 2006.
[129] Hoeffding W. Probability inequalities for sums of bounded random variables[J]. Journal of the American Statistical Association, 1963, 58(1): 13-30.
[130] 高尚, 杨靖宇. 群智能算法及其应用[M]. 北京: 中国水利水电出版社, 2007.
[131] 张志涌. 精通MATLAB6.5版[M]. 北京: 北京航空航天大学出版社, 2008.
[132] 长青. 工程建设项目成本——进度挣值方法的改进与应用研究[D]. 天津: 天津大学, 2007.
[133] 李世柳. 赢得值理论及其应用[J]. 施工企业管理, 1996, (5): 28-29.
[134] 刘亚丽. 赢得值定量评估原理应用新探[J]. 化工建设工程, 2002, 24(4): 16-17.
[135] Chang S T. Defining cost/schedule performance indices and their ranges for design projects[J]. Journal of Management in Engineering, 2001, 17(2): 122-130.
[136] Khaled M N, Hordur G G, Mohamed Y H. Using weibull analysis for evaluation of cost and schedule performance[J]. Journal of Construction Engineering and Management, 2005, (12): 1257-1262.
[137] Brown J W. Evaluation of project using critical path analysis and earned value in combination[J]. Project Management Journal, 1985, 16(8): 59-63.
[138] 方志凉, 陈向东. 基于关键路径的项目进度挣值分析[J]. 山西建筑, 2008, 34(6): 222-224.
[139] Keppelman F. Earned value management: Mitigating the risks associated with construction projects[J]. Cost Engineering, 2002, 9(4): 32-36.
[140] Kumamoto H, Henley E J. Probabilistic Risk Assessment and Management for Engineers and Scientist[M]. New York: IEEE Press, 1996.
[141] Jarek N. Grid Resource Management—State of the Art and Future Trends[M]. Boston: Kluwer Academic Publishers, 2003.
[142] 石胜友. 制造网络资源管理与配置关键技术研究[D]. 西安: 西北工业大学, 2007.

[143] 刘丽兰．制造网格及其基于 QoS 资源管理系统研究[D]．上海：上海大学，2004．

[144] Cloutier L, Frayret J M, D'Amours S, et al. A commitment-oriented framework for networked manufacturing coordination[J]. International Journal of Computer Integrated Manufacturing, 2001, 14(6): 522-534.

[145] Jopp D, Smith J. Resources and life-management strategies as determinants of successful aging: On the protective effect of selection, optimization, and compensation[J]. Psychology and Aging, 2006, 21(2): 253-265.

[146] Castro H, Cavalca K L. Maintenance resources optimization applied to a manufacturing system[J]. Reliability Engineering & System Safety, 2006, 91(4): 413-420.

[147] Lu M, Lam H C, Dai F. Resource-constrained critical path analysis based on discrete event simulation and particle swarm optimization[J]. Automation in Construction, 2008, 17(6): 670-681.

[148] Ota J. Goal state optimization algorithm considering computational resource constraints and uncertainty in task execution time[J]. Robotics and Autonomous Systems, 2009, 57(4): 403-410.

[149] 董肇君．系统工程与运筹学[M]．北京：国防工业出版社，2007．

[150] Adams S S, Seberry J, Karst N, et al. Quaternion orthogonal designs from complex companion designs[J]. Linear Algebra and Its Applications, 2008, 428(4): 1056-1071.

[151] Georgiou S D. Orthogonal Latin hypercube designs from generalized orthogonal designs[J]. Journal of Statistical Planning and Inference, 2009, 139(4): 1530-1540.

[152] 余建英，何旭宏．数据统计分析与 SPSS 应用[M]．北京：人民邮电出版社，2007．

[153] 赵小惠，孙林岩，张涛．网络化制造资源集成研究[J]．中国机械工程，2002，13(14)：1206-1208．

[154] 张智勇，刘世荣，程涛．网络化制造系统中资源快速重组的策略研究[J]．中国机械工程，2002，13(1)：77-80．

[155] 郑德涛．集成制造中的特征映射[M]．北京：机械工业出版社，1999．

[156] 严隽薇．现代集成制造系统概论[M]．北京：清华大学出版社，2003．

[157] 邱晓峰，高亮，张洁，等．面向敏捷制造的资源集成系统研究[J]．机械设计与制造工程，2000，29(5)：34-36．

[158] 孙海潮．敏捷制造模式下资源集成系统的研究[D]．合肥：合肥工业大学，2005．

[159] 李玲．协同制造资源集成与优化配置方法研究[D]．武汉：华中科技大学，2007．

[160] 邱晓峰，饶运清，高亮．敏捷制造模式下资源快速重构方法[J]．制造业自动化，2000，22(10)：11-14．

[161] 尹术海．基于移动 Agent 的制造资源共享技术研究[D]．武汉：武汉理工大学，2006．

[162] 温智民，孙小明，陆志强．集装箱码头运输设备调度研究[J]．机械，2008，35(7)：61-63．

[163] 闫丽新．网络化制造的车间调度方法研究[D]．沈阳：沈阳工业大学，2006．

[164] 夏文明，李国富．资源调度问题研究综述[J]．机电工程，2009，26(7)：100-104．

[165] 袁崇义．Petri 网原理[M]．北京：电子工业出版社，2005．

[166] Bell W,Cameron D,Capozza L. OptorSim:A grid simulator for studying dynamic data replication strategies[J]. International Journal of High Performance Computing Applications,2003,17(4):403-416.

[167] Kouissk P M. Using multi-agent architecture in FMS for dynamic scheduling[J]. Journal of Intelligent Manufacturing,1997,8(1):41-47.

[168] 柳伍生,谭倩. 基于混合算法的实时订货信息下的车辆调度优化[J]. 应用数学与计算数学学报,2012,26(1):53-65.

[169] 刘伟铭,姜山. 基于GASA混合优化策略的双层规划模型求解算法研究[J]. 土木工程学报,2003,7(36):27-32.

[170] 赵吉文,孔凡让,谢峰,等. 机械动态系统混沌状态特征与判据应用研究[J]. 运筹与管理,2003,12(4):76-80.

[171] Takens F. Detecting strange attractors in turbulence//Rand D, Young L. Dynamical Systems and Turbulence[M]. Berlin:Springer,1981:366-381.

[172] Grassberger P,Procaccia I. Characterization of strange attractors[J]. Physical Review Letters,1983,50(5):346-349.

[173] Carrión I M,Antúnez E A. A distributed memory architecture implementation of the false nearest neighbors method based on distribution of dimensions[J]. Journal of Supercomputing,2012,59(3):1596-1618.

[174] 岳顺,李小奇,翟长治. 基于改进Cao算法确定奇异谱嵌入维数及应用[J]. 测绘工程,2015,(3):64-68.

[175] 马军海,盛昭瀚,陈春旺. 经济时序动力系统的分形及混沌特性研究[J]. 系统工程学报,2000,15(1):13-18.

[176] 周双,冯勇,吴文渊. 一种识别关联维数无标度区间的新方法[J]. 物理学报,2015,64(13):1-6.

附　　录

附录 A　各节点的经纬度值

序号	标记	经度/(°)	纬度/(°)
1	S0	120.444441	36.152933
2	S1	120.396954	36.12929
3	S2	120.375194	36.107165
4	S3	120.384042	36.145139
5	S4	120.399147	36.102889
6	S5	120.390046	36.189164
7	S6	120.445724	36.168118
8	S7	120.402274	36.193918
9	S8	120.402088	36.174743
10	S9	120.426636	36.144113
11	S10	120.468693	36.142727
12	Z0	120.395045	36.12236
13	Z1	120.371406	36.101745
14	Z2	120.378431	36.104633
15	Z3	120.376028	36.1349
16	Z4	120.41381	36.116678
17	Z5	120.477099	36.118335
18	Z6	120.358842	36.132087
19	Z7	120.432352	36.172027
20	Z8	120.430927	36.16033
21	Y0	120.405985	36.156422
22	Y1	120.371738	36.105519
23	Y2	120.455638	36.116934
24	Y3	120.41227	36.117151
25	Y4	120.44533	36.133253
26	Y5	120.389769	36.191946
27	Y6	120.425477	36.187077
28	Y7	120.473724	36.166714
29	Y8	120.37284	36.148259
30	Y9	120.380116	36.169893

附录B　各节点的相对位置坐标

序号	标记	$x/(°)$	$y/(°)$
1	S0	0.094441	0.052933
2	S1	0.046954	0.02929
3	S2	0.025194	0.007165
4	S3	0.034042	0.045139
5	S4	0.049147	0.002889
6	S5	0.040046	0.089164
7	S6	0.095724	0.068118
8	S7	0.052274	0.093918
9	S8	0.052088	0.074743
10	S9	0.076636	0.044113
11	S10	0.118693	0.042727
12	Z0	0.045045	0.02236
13	Z1	0.021406	0.001745
14	Z2	0.028431	0.004633
15	Z3	0.026028	0.0349
16	Z4	0.06381	0.016678
17	Z5	0.127099	0.018335
18	Z6	0.008842	0.032087
19	Z7	0.082352	0.072027
20	Z8	0.080927	0.06033
21	Y0	0.055985	0.056422
22	Y1	0.021738	0.005519
23	Y2	0.105638	0.016934
24	Y3	0.06227	0.017151
25	Y4	0.09533	0.033253
26	Y5	0.039769	0.091946
27	Y6	0.075477	0.087077
28	Y7	0.123724	0.066714
29	Y8	0.02284	0.048259
30	Y9	0.030116	0.069893

原点：经度＝120.35°；纬度＝36.1°

附 录

附录 C 各节点之间的距离关系

(单位：km)

序号	节点标记	1 S0	2 S1	3 S2	4 S3	5 S4	6 S5	7 S6	8 S7	9 S8	10 S9	11 S10	12 Z0	13 Z1	14 Z2
1	S0	0.00	27.54	43.50	31.11	36.13	34.26	8.45	31.30	24.76	10.32	13.60	30.37	46.85	43.03
2	S1	27.54	0.00	16.55	10.99	14.70	33.42	32.91	35.97	25.36	17.23	37.34	3.97	20.09	16.63
3	S2	43.50	16.55	0.00	21.55	12.44	46.14	49.38	50.09	39.94	33.30	51.61	13.18	3.58	2.17
4	S3	31.11	10.99	21.55	0.00	24.68	24.62	33.94	28.62	18.83	21.73	43.19	13.83	24.93	22.66
5	S4	36.13	14.70	12.44	24.68	0.00	48.11	43.30	50.55	39.91	26.83	41.80	11.01	14.16	10.61
6	S5	34.26	33.42	46.14	24.62	48.11	0.00	30.70	6.77	22.56	16.50	47.68	37.16	49.44	47.29
7	S6	8.45	32.91	49.38	33.94	43.30	30.70	0.00	26.38	10.64	30.31	18.33	36.23	52.85	49.19
8	S7	31.30	35.97	50.09	28.62	50.55	6.77	26.38	0.00	21.11	30.31	44.21	39.89	53.52	51.02
9	S8	24.76	25.36	39.94	18.83	43.30	22.56	16.50	10.64	0.00	21.11	38.34	29.29	43.43	40.74
10	S9	10.32	17.23	33.30	21.73	39.91	16.50	18.33	30.31	21.11	0.00	21.46	20.13	36.69	32.93
11	S10	13.60	37.34	51.61	43.19	41.80	47.68	36.23	44.21	38.34	21.46	0.00	39.22	54.58	50.66
12	Z0	30.37	3.97	13.18	13.83	11.01	37.16	37.16	39.89	29.29	20.13	39.22	0.00	16.62	12.98
13	Z1	46.85	20.09	3.58	24.93	14.16	49.44	52.85	53.52	43.43	36.69	54.58	16.62	0.00	3.92
14	Z2	43.03	16.63	2.17	22.66	10.61	47.29	49.19	51.02	40.74	32.93	50.66	12.98	3.92	0.00
15	Z3	36.30	11.12	15.40	7.00	21.32	30.95	40.04	35.38	25.80	26.31	47.46	11.94	18.55	16.84
16	Z4	25.47	11.09	20.39	21.91	10.70	42.02	32.86	43.27	32.78	16.57	31.50	10.08	23.16	19.24
17	Z5	25.42	41.32	52.34	49.74	40.67	59.30	31.93	56.71	49.43	29.45	14.20	41.91	54.68	50.89
18	Z6	45.16	19.50	16.15	14.75	26.17	35.45	48.61	40.84	32.36	35.21	56.33	19.24	18.02	18.22
19	Z7	12.26	29.81	46.32	28.80	41.94	23.58	7.16	19.57	15.51	15.76	24.66	33.49	49.88	46.42
20	Z8	8.02	24.43	40.97	25.35	35.76	26.28	8.70	23.69	16.74	9.26	21.60	27.91	44.48	40.89
21	Y0	19.71	15.75	31.53	12.82	29.91	19.91	21.28	20.90	10.36	12.55	32.87	19.71	35.10	31.99
22	Y1	45.47	18.42	1.99	22.87	14.05	47.35	51.29	51.47	41.42	35.25	53.59	15.12	2.10	3.45
23	Y2	20.78	30.70	41.38	39.73	29.85	52.21	28.85	50.66	42.13	21.13	15.79	31.05	43.78	39.96
24	Y3	25.76	10.32	19.70	21.18	10.37	41.54	33.03	42.91	32.38	16.66	32.09	9.25	22.53	18.60
25	Y4	10.93	24.77	38.59	31.95	28.96	41.93	19.35	40.20	31.88	11.28	13.02	26.35	41.56	37.63
26	Y5	35.30	34.97	47.64	26.14	49.66	1.55	31.45	6.47	11.43	32.53	48.65	38.71	50.93	48.80
27	Y6	21.28	35.22	51.23	31.44	48.62	18.11	14.74	12.43	13.75	23.85	33.04	39.13	54.80	51.67
28	Y7	16.78	44.32	60.14	47.28	51.97	44.46	14.30	39.44	36.81	27.09	13.56	47.08	63.43	59.57
29	Y8	36.61	16.19	22.84	5.97	28.53	24.34	38.77	29.45	20.94	27.53	48.98	18.30	25.83	24.38
30	Y9	34.13	24.12	34.90	13.88	38.43	11.83	33.47	17.48	11.52	27.71	47.62	27.46	38.08	36.23

续表

序号	节点标记	15 Z3	16 Z4	17 Z5	18 Z6	19 Z7	20 Z8	21 Y0	22 Y1	23 Y2	24 Y3	25 Y4	26 Y5	27 Y6	28 Y7	29 Y8	30 Y9
1	S0	36.30	25.47	25.42	45.16	12.26	8.02	19.71	45.47	20.78	25.76	10.93	35.30	21.28	16.78	36.61	34.13
2	S1	11.12	11.09	41.32	19.50	29.81	24.43	15.75	18.42	30.70	10.32	24.77	34.97	35.22	44.32	16.19	24.12
3	S2	15.40	20.39	52.34	16.15	46.32	40.97	31.53	1.99	41.38	19.70	38.59	47.64	51.23	60.14	22.84	34.90
4	S3	7.00	21.91	49.74	14.75	28.80	25.35	12.82	22.87	39.73	21.18	31.95	26.14	31.44	47.28	5.97	13.88
5	S4	21.32	10.70	40.67	26.17	41.94	35.76	29.91	14.05	29.85	10.37	28.96	49.66	48.62	51.97	28.53	38.43
6	S5	30.95	42.02	59.30	35.45	23.58	26.28	19.91	47.35	52.21	41.54	41.93	1.55	18.11	44.46	24.34	11.83
7	S6	40.04	32.86	31.93	48.61	7.16	8.70	21.28	51.29	28.85	33.03	19.35	31.45	14.74	14.30	38.77	33.47
8	S7	35.38	43.27	56.71	40.84	19.57	23.69	20.90	51.47	50.66	42.91	40.20	6.47	12.43	39.44	29.45	17.48
9	S8	25.80	32.78	49.43	32.36	15.51	16.74	10.36	41.42	42.13	32.38	31.88	11.43	13.75	36.81	20.94	11.52
10	S9	26.31	16.57	29.45	35.21	15.76	9.26	12.55	35.25	21.13	16.66	11.28	32.53	23.85	27.09	27.53	27.71
11	S10	47.46	31.50	14.20	56.33	24.66	21.60	32.87	53.59	15.79	32.09	13.02	48.65	33.04	13.56	48.98	47.62
12	Z0	11.94	10.08	41.91	19.24	33.49	27.91	19.71	15.12	31.05	9.25	26.35	38.71	39.13	47.08	18.30	27.46
13	Z1	18.55	23.16	54.68	18.02	49.88	44.48	35.10	2.10	43.78	22.53	41.56	50.93	54.80	63.43	25.83	38.08
14	Z2	16.84	19.24	50.89	18.22	46.42	40.89	31.99	3.45	39.96	18.60	37.63	48.80	51.67	59.57	24.38	36.23
15	Z3	0.00	21.76	52.36	8.90	35.35	31.35	19.39	16.45	41.81	20.94	35.36	32.43	38.40	52.86	7.59	19.53
16	Z4	21.76	0.00	32.29	29.31	32.14	25.75	22.42	22.33	21.33	0.83	18.52	43.54	39.52	41.29	27.27	34.17
17	Z5	52.36	32.29	0.00	60.79	37.53	33.13	41.98	54.20	10.97	33.07	18.20	60.44	46.35	26.91	55.71	57.14
18	Z6	8.90	29.31	60.79	0.00	43.55	39.97	27.58	16.15	50.08	28.48	44.11	36.78	45.68	61.66	11.47	23.62
19	Z7	35.35	32.14	37.53	43.55	0.00	6.53	15.99	48.15	32.80	32.13	22.51	24.37	9.06	21.30	33.09	26.67
20	Z8	31.35	25.75	33.13	39.97	6.53	0.00	12.90	42.86	27.18	25.78	16.73	27.36	15.10	22.11	30.37	26.45
21	Y0	19.39	22.42	41.98	27.58	15.99	12.90	0.00	33.21	33.49	22.03	23.83	21.38	19.70	35.02	17.50	15.16
22	Y1	16.45	22.33	54.20	16.15	48.15	42.86	33.21	0.00	43.26	21.66	40.57	48.84	52.92	62.12	23.73	35.98
23	Y2	41.81	21.33	10.97	50.08	32.80	27.18	33.49	43.26	0.00	22.12	10.47	53.49	41.86	29.13	45.67	48.45
24	Y3	20.94	0.83	33.07	28.48	32.13	25.78	22.03	21.66	22.12	0.00	19.08	43.07	39.39	41.70	26.50	33.55
25	Y4	35.36	18.52	18.20	44.11	22.51	16.73	23.83	40.57	10.47	19.08	0.00	43.17	31.54	23.55	37.90	38.98
26	Y5	32.43	43.54	60.44	36.78	24.37	27.36	21.38	48.84	53.49	43.07	43.17	0.00	18.41	45.05	25.74	13.19
27	Y6	38.40	39.52	46.35	45.68	9.06	15.10	19.70	52.92	41.86	39.39	31.54	18.41	0.00	27.08	34.42	25.02
28	Y7	52.86	41.29	26.91	61.66	21.30	22.11	35.02	62.12	29.13	41.70	23.55	45.05	27.08	0.00	52.46	47.77
29	Y8	7.59	27.27	55.71	11.47	3.09	30.37	17.50	23.73	45.67	26.50	37.90	25.74	34.42	52.46	0.00	12.57
30	Y9	19.53	34.17	57.14	23.62	26.67	26.45	15.16	35.98	48.45	33.55	38.98	13.19	25.02	47.77	12.57	0.00